DER NACHHALTIGKEITS-KOMPASS

Kraft und Klugheit zu einer grünen Zukunft

Nachhaltigkeit im Alltag entdecken und gestalten

Mandy Hindenburg

Die Life & Food Farm

DANKSAGUNG

Herzliche Danksagung an meine Unterstützer und Inspirationsquellen

Mit großer Freude und Dankbarkeit möchte ich an dieser Stelle meinen aufrichtigen Dank an alle jene Personen aussprechen, die mich auf meiner Reise begleitet haben. Ihr wertvolles Feedback und Ihre investierte Zeit als „Testleser“ haben mir geholfen, meine Arbeit zu verfeinern und zu verbessern. Die Unterstützung dieser engagierten Menschen, dazu gehören Luisa Wagner, Cindy Issel, Igor Adolph, Kerstin Patene Thomar, Daniela Zöller, Juliane Fröhlich , Daniela Wirth, Karin Ockert-Höfler, Elita Wiegand, Julia Kounlavong, Stefanie Asbe, Annika Wagner, Lena Petrides, Anette Deiters, Zeynep Ünal, Anke Breternitz und Heike Fischer haben maßgeblich dazu beigetragen, dass dieses Projekt zu dem geworden ist, was es heute ist.

Doch nicht nur diese direkte Unterstützung ist es, wofür ich meinen Dank ausspreche. Mein Herz ist auch erfüllt von Wertschätzung gegenüber all den inspirierenden Menschen, die mir immer wieder neue Blickwinkel eröffnen und mich auf spannende Ansätze, Forschungen und Maßnahmen hinweisen. Es sind diese wertvollen Interaktionen, die meinen eigenen Arbeitsbereich ergänzen und mir die Möglichkeit geben, stetig zu wachsen und zu lernen.

In diesem Sinne möchte ich meine Dankbarkeit nicht nur in Worten ausdrücken, sondern auch in meine Zukunft streben, indem ich das Erlernte und die Erkenntnisse in meine Arbeit einfließen lasse. Nochmals herzlichen Dank an alle, die mich unterstützen und inspirieren.

Inhaltsverzeichnis

VORWORT

In einer Welt, die mit Umweltproblemen wie Klimawandel und Ressourcenknappheit konfrontiert ist, wird eine nachhaltige Lebensweise immer wichtiger.

Eine nachhaltige Lebensweise bedeutet, bewusste Entscheidungen zu treffen, die sowohl unsere eigene Gesundheit als auch die Gesundheit unseres Planeten unterstützen.

Eine zentrale Säule ist eine gesunde Ernährung, die nicht nur unserem Körper, sondern auch der Umwelt zugutekommt. Bei der Wahl unserer Lebensmittel sollten wir auf lokale, saisonale und biologische Produkte achten. Indem wir regionale Lebensmittel bevorzugen, reduzieren wir den Transportaufwand und unterstützen gleichzeitig lokale Bauern und Produzenten. Der Verzehr saisonaler Produkte verringert den Energieaufwand für den Anbau in Gewächshäusern oder den Transport aus entfernten Regionen. Biologische Lebensmittel, die ohne den Einsatz von Pestiziden und chemischen Düngemitteln angebaut werden, schonen nicht nur unsere Gesundheit, sondern auch die Artenvielfalt und den Boden.

Auch unser Konsumverhalten beim Einkaufen spielt eine entscheidende Rolle für eine nachhaltige Lebensweise. Anstatt auf Massenproduktion und Einwegartikel zu setzen, sollten wir uns für qualitativ hochwertige Produkte entscheiden, die langlebig sind und repariert werden können. Der bewusste Verzicht auf überflüssige Käufe und Impulskäufe reduziert nicht nur den Ressourcenverbrauch, sondern auch die Menge an Abfall, die wir produzieren. Beim Einkaufen sollten wir zudem auf umweltfreundliche Verpackungen achten und nach Möglichkeit auf wiederverwendbare Alternativen wie Stofftaschen oder Mehrwegbehälter zurückgreifen.

Eine nachhaltige Lebensweise endet jedoch nicht beim Einkaufen. Auch unterwegs und zu Hause können wir unseren ökologischen Fußabdruck reduzieren. Indem wir öffentliche Verkehrsmittel, Fahrräder oder Car-Sharing-Dienste nutzen, anstatt das Auto zu benutzen, verringern wir den Ausstoß von Treibhausgasen und entlasten den Verkehr. Auch die bewusste Wahl von energieeffizienten Haushaltsgeräten und die Reduzierung unseres Energieverbrauchs im Alltag durch das Ausschalten von Geräten im Standby-Modus oder die Nutzung von natürlicher Beleuchtung tragen zur Nachhaltigkeit bei.

Schließlich sollten wir auch bei der Wahl von Dienstleistern auf Nachhaltigkeit achten. Wir können Unternehmen und Dienstleister unterstützen, die umweltfreundliche Praktiken und ethische Standards Verfolgen. Dadurch können wir dazu beitragen, dass nachhaltige Geschäftsmodelle gefördert und vorangetrieben werden.

Eine nachhaltige Lebensweise ist ein Prozess, der Zeit und Engagement erfordert. Es geht darum, bewusste Entscheidungen zu treffen und kleine Veränderungen in unserem Alltag vorzunehmen.

Herzlich willkommen in meinem Buch über nachhaltiges Handeln im Leben! In einer Welt, die mit Umweltproblemen und Herausforderungen konfrontiert ist, habe ich mich dazu entschlossen, meine Gedanken, Erfahrungen und Lösungen in diesem Buch zu teilen. Mein Ziel ist es, ein Bewusstsein zu schaffen und praktische Wege aufzuzeigen, wie wir alle zu einer nachhaltigeren Zukunft beitragen können. Gemeinsam können wir den Wandel bewirken und unsere Welt zu einem besseren Ort machen.

Ich bin Mandy Hindenburg, und meine Leidenschaft für nachhaltiges Handeln ist tief in meiner Identität verankert. Bereits seit meiner Kindheit hege ich eine innige Verbundenheit zur Natur und trage ein starkes Bewusstsein dafür, welch große Verantwortung auf unseren Schultern lastet, unseren geliebten Planeten zu bewahren. Als Kochbuchautorin mit Schwerpunkt auf nachhaltigen Kochkonzepten unter Verwendung regionaler und saisonaler Zutaten habe ich meine vielfältigen Erkenntnisse und Erfahrungen gebündelt. Diese fließen zusammen mit meiner Rolle als Nachhaltigkeitsvisionärin in die Entwicklung von Lösungsansätzen für dringende Umweltprobleme ein.

Ich habe festgestellt, dass viele Menschen zwar den Wunsch haben, nachhaltiger zu leben, jedoch oft unsicher sind, wie sie dies im Alltag umsetzen können. Daher habe ich mich dazu entschlossen, dieses Buch zu schreiben. Um somit einen Leitfaden sowie eine Informationsquelle zu bieten, die nicht nur die Umwelt schützen, sondern auch Dein eigenes Leben bereichern.

In diesem Buch gehe ich auf die verschiedene Aspekte des nachhaltigen Handelns, von der Ernährung über den Konsum bis hin zur Energieeffizienz und vielem mehr. Ich werde Dir praktische Ratschläge geben, wie Du diese Prinzipien in Deinem Alltag umsetzen kannst.
Gleichzeitig möchte ich Dich ermutigen, Deine eigene Kreativität und Individualität einzubringen, um nachhaltige Veränderungen in Deinem Leben vorzunehmen.

Ich glaube fest daran, dass jeder Einzelne eine bedeutende Rolle dabei spielen kann, die Welt zu einem nachhaltigeren Ort zu machen. Es ist an der Zeit, gemeinsam zu handeln und positive Veränderungen zu bewirken. Ich lade Dich ein, dieses Buch zu nutzen, um Deine eigene Reise zu einem nachhaltigeren Leben zu beginnen.

Start - Umsetzung - Zeit - Kosten

Um Deinen optimalen Start in die Umsetzung nachhaltiger Maßnahmen zu unterstützen, ist es wichtig, präziser auf Deine individuellen Voraussetzungen einzugehen. Vielleicht hast Du bereits erste Schritte unternommen, um nachhaltiger zu leben, und suchst nun nach weiteren Möglichkeiten, diese zu intensivieren. Oder vielleicht bist Du gerade dabei, Deine Gedanken in die Tat umzusetzen und suchst nach praktischen Anleitungen, um effektiv voranzukommen.

Die Struktur dieses Buches ermöglicht es Dir, die einzelnen Absätze als separate Punkte zu betrachten oder die aufeinanderfolgenden Abschnitte als Leitfaden zu nutzen. Jeder Absatz bietet Raum für Deine persönlichen Gedanken und Anmerkungen. Nutze die Gelegenheit, Notizen zu machen und Stellen zu markieren, die Dich besonders ansprechen. Diese persönlichen Anmerkungen können Dir dabei helfen, Deine eigenen Ziele und Schwerpunkte zu definieren.

Ein wichtiger Aspekt, den Du bei der Umsetzung nachhaltiger Maßnahmen berücksichtigen solltest, ist das Thema Kosten. Während einige Veränderungen möglicherweise Investitionen erfordern, gibt es zahlreiche, ohne große Ausgaben zu erzielen. Beachte, dass nicht alle Bereiche eine sofortige Notwendigkeit erfordern, um kosteneffizientere Investitionen zu ermöglichen.

Denke daran, dass Nachhaltigkeit nicht nur mit großen Veränderungen verbunden ist. Kleine Schritte können ebenfalls einen erheblichen Beitrag leisten. Es ist wichtig, Dich nicht von scheinbaren Hürden entmutigen zu lassen. Konzentriere Dich auf die Maßnahmen, die Du sofort umsetzen kannst, und spüre die positiven Auswirkungen, die sie in verschiedenen Bereichen Deines Lebens haben werden.

Abschließend sei darauf hingewiesen, dass dieses Buch dazu dient, Dich zu motivieren, Deine Reise zu einem nachhaltigen Lebensstil anzutreten oder fortzusetzen. Sei geduldig mit Dir selbst und erfreue Dich an den kleinen Erfolgen, die Du auf dem Weg erzielst. Perfektion ist nicht das Ziel, sondern der Fortschritt und die positive Veränderung. Verwende dieses Buch als Werkzeug, um Dich inspirieren zu lassen und konkrete Schritte in Richtung Nachhaltigkeit zu unternehmen.

Gemeinsam können wir die Zukunft gestalten, die unsere Erde verdient.

Lasst uns loslegen und nachhaltige Veränderungen in unserem Leben schaffen! Jeder so wie er kann!

Kapitel 1

Die Nachhaltigkeitsreise

Nachhaltigkeitsreise: Eine tiefgreifende Auseinandersetzung mit Wissen und Handeln

In einer Welt, die von stetig wachsendem Umweltbewusstsein und der nachhaltigen Lebensweise geprägt ist, habe ich mich über viele Jahre hinweg intensiv mit dem Thema der Nachhaltigkeit auseinandergesetzt. Mein Interesse für dieses wichtige Anliegen ist nicht nur oberflächlich, sondern tiefgreifend und von einem unermüdlichen Drang nach Wissen und Handeln getragen. Ich betrachte mich als einen engagierten Verfechter der nachhaltigen Lebensweise und habe mich mit Leidenschaft der Aufgabe verschrieben, sowohl mein eigenes Verhalten zu verändern als auch andere auf diesem Weg zu begleiten.

Meine Reise in die Welt der Nachhaltigkeit begann nicht erst gestern, sondern hat sich über die Jahre hinweg entwickelt und gefestigt. Es begann mit einem Bedürfnis, mehr zu verstehen, wie unsere Handlungen und Entscheidungen die Umwelt und die Zukunft unseres Planeten beeinflussen. Die Fülle an Informationen, die das Internet bietet, wurde zu meiner Wissensquelle, und ich begann Blogs, Newsletter und Zeitungsartikel zu verfolgen, die sich mit Nachhaltigkeit beschäftigten. Doch ich wollte über oberflächliche Betrachtungen hinausgehen und tiefer in das Thema eintauchen.

Der Hunger nach Wissen führte mich zu einer breiten Palette von Quellen – von wissenschaftlichen Artikeln bis hin zu populärwissenschaftlichen Ratgebern. Dabei war es mir wichtig, meine Informationen aus zuverlässigen und gründlich recherchierten Quellen zu beziehen. Meine Quellenangaben sind nicht nur leeres Versprechen, sondern das Ergebnis akribischer Suche und Auswahl. Dennoch bin ich mir bewusst, dass mein Wissen das Ergebnis vieler Einflüsse und Informationskanäle ist. Ich habe viele Wege beschritten, um zu dem umfassenden Verständnis zu gelangen, das ich heute besitze.

Nicht nur das passive Sammeln von Informationen war mir wichtig, sondern auch der aktive Austausch mit Gleichgesinnten. Ich trat Netzwerken bei, engagierte mich in Diskussionsrunden und nahm an Veranstaltungen teil, die sich der Förderung nachhaltiger Lebensweisen widmeten. Dieser Austausch ermöglicht es mir, nicht nur mein Wissen zu teilen, sondern auch von den Erfahrungen und Erkenntnissen anderer zu profitieren. Ich erkannte, dass die Vielfalt der Perspektiven und Herangehensweisen einen großen Wert für meine eigene Entwicklung darstellt.

Die Strukturierung meines Wissens war für mich von zentraler Bedeutung, um sowohl mir selbst als auch anderen auf verständliche Weise den Zugang zu nachhaltigem Denken und Handeln zu erleichtern. Aus diesem Grund habe ich meine Quellen nach Kapiteln sortiert, um Themenfelder geordnet und zugänglich zu machen. Diese Herangehensweise war für mich nicht nur eine Methode der Wissensorganisation, sondern auch ein Mittel, um Menschen anzusprechen, die möglicherweise von der Informationsflut überwältigt sind und nach praktischen Ansätzen suchen.

In einer Zeit, in der die Welt um uns herum immer komplexer wird und die Auswirkungen unseres Handelns deutlicher denn je spürbar sind, sehe ich es als meine Verantwortung, mein Wissen und meine Erfahrungen zu teilen. Diese Reise der Nachhaltigkeit ist keine schnelle Modeerscheinung, sondern ein kontinuierlicher Prozess, der Geduld, Engagement und vor allem Bildung erfordert. Ich hoffe, dass meine Versuche, Menschen auf ihrem eigenen Weg zu einer nachhaltigen Lebensweise zu unterstützen, einen Beitrag dazu leisten, unsere Welt für zukünftige Generationen zu erhalten.

Platz für Deine Notizen:

Nachhaltiges Leben beginnt mit bewusstem Handeln: Schritte zur Integration nachhaltiger Gewohnheiten in den Alltag

Ein nachhaltiges Leben zu führen erfordert einen bewussten Start. Informiere Dich über nachhaltige Praktiken und Ziele, die Du erreichen möchtest. Setze klare Absichten und plane, wie Du Deine Gewohnheiten anpassen kannst.

Erstelle einen Plan, wie Du Deine Ziele umsetzen möchtest. Dies könnte bedeuten, eine Liste von nachhaltigen Gewohnheiten zu erstellen, die Du Schritt für Schritt in Deinen Alltag integrierst.

Nimm Dir Zeit, um darüber nachzudenken, welche Bereiche Deines Lebens Du nachhaltiger gestalten möchtest.

Beginne mit einem Bereich, der für Dich am sinnvollsten ist oder wo Du den größten Einfluss siehst. Wenn Du Dich auf zu viele Dinge gleichzeitig konzentrierst, kann es überwältigend werden.

Setze einen Zeitrahmen für die Umsetzung jedes Ziels.

Sei offen für Anpassungen. Manchmal wirst Du feststellen, dass bestimmte Ziele für Dich nicht funktionieren oder dass Du neue Ansätze finden musst.

Stelle Dir vor, wie Dein Leben aussieht, wenn Du nachhaltigere Gewohnheiten etabliert hast. Dies kann dir Motivation und einen positiven Fokus geben.

Überprüfe regelmäßig Deine Fortschritte und reflektiere, was gut funktioniert und was verbessert werden könnte. Gebe Deine Ziele und Pläne entsprechend an.

Belohne Dich selbst für erreichte Ziele, egal wie klein sie auch sein mögen. Das Feiern von Erfolgen fördert positive Energie und Motivation.

Umsetzung - Wie kann Deine Nachhaltigkeitsreise aussehen

Beginne mit kleinen Schritten und arbeite Dich schrittweise vor. Setze realistische Ziele und integriere nachhaltige Praktiken in Deinen Alltag. Mache Dir bewusst, dass nachhaltige Veränderungen Zeit und Anpassungen erfordern können.

Wenn Du nun direkt in die Umsetzung starten möchtest, könntest Du wie folgt vorgehen:

Selbstreflexion: Gehe jeden der aufgeführten Schritte durch und überlege, wo Du aktuell stehst. Identifiziere Bereiche, in denen Du bereits nachhaltige Praktiken anwendest und solche, in denen Du Verbesserungspotenzial siehst. Liste siehe Seite: 246

Ziele setzen: Definiere klare, realistische Ziele für jeden Bereich. Zum Beispiel könntest Du Dir vornehmen, Deinen Fleischkonsum um eine bestimmte Anzahl von Mahlzeiten pro Woche zu reduzieren oder innerhalb eines Monats auf energieeffiziente Glühbirnen umzusteigen. Liste siehe Seite: 248

Schrittweise Umsetzung: Beginne mit kleinen Schritten, um nicht überwältigt zu werden. Zum Beispiel könntest Du Dich darauf konzentrieren, Einwegplastik in Deinem Haushalt zu reduzieren, indem Du wiederverwendbare Alternativen verwendest. Liste siehe Seite: 247

Bildung: Vertiefe Dein Wissen über die Hintergründe und Auswirkungen Deiner Entscheidungen. Lies Bücher, schaue Dokumentationen oder recherchiere online, um besser zu verstehen, wie bestimmte Handlungen die Umwelt und die Gesellschaft beeinflussen.

Integration in den Alltag: Finde kreative Wege, um die nachhaltigen Praktiken nahtlos in Deinen Alltag einzubauen. Zum Beispiel könntest Du eine Einkaufsliste mit umweltfreundlichen Produkten erstellen oder Dir feste Tage für den öffentlichen Verkehr oder Fahrradfahren setzen.

Verbindung mit der Gemeinschaft: Teile Dein Vorhaben mit Freunden, Familie oder Online-Communities. Du kannst Tipps austauschen, Ratschläge bekommen und gemeinsam nachhaltige Projekte unterstützen. Oder nutze Social Media Kanäle sowie Foren, Du kannst auch Blogbeiträge schreiben.

Geduld haben: Veränderungen brauchen Zeit. Erwarte nicht, dass Du sofort perfekt nachhaltig lebst. Es ist okay, Rückschläge zu haben, solange Du daraus lernst und weitermachst.

Feiern von Erfolgen: Halte fest, welche Fortschritte Du machst, und feiere die kleine Siege. Dies kann Dir Motivation und positive Energie geben, um weiterzumachen.

Platz für Deine Notizen:

Zeit - Nachhaltigkeit ist ein langfristiger Prozess

Erinnere Dich daran, dass Nachhaltigkeit ein langfristiger Prozess ist, der Zeit und Geduld erfordert. Beginne mit kleinen Schritten und arbeite dich schrittweise vor. Gib Dir selbst den Raum, um nachhaltige Praktiken zu erlernen und in Dein Leben zu integrieren. Setze realistische Ziele und Erkenne an, dass es Zeit braucht, um Veränderungen zu festigen.

Stelle Dir vor, Du wanderst auf einem Pfad der Nachhaltigkeit. In den ersten Wochen oder Monaten kannst Du kleine, aber bedeutsame Veränderungen vornehmen, wie den Einsatz wiederverwendbarer Wasserflaschen oder das Reduzieren von Einwegplastik. Über die nächsten Monate hinweg vertiefst Du Deine Bemühungen, indem Du Dich auf Deine Ernährung, Dein Energieverbrauchsverhalten und Dein Konsumverhalten konzentrierst.

Im Laufe von sechs Monaten bis zu einem Jahr könntest Du bereits eine solide Basis nachhaltiger Praktiken geschaffen haben. Du wirst feststellen, dass sich diese Gewohnheiten in Deinem Alltag verankern und Du bewusster über Deine Entscheidungen wirst.

Denke daran, dass niemand erwartet, dass Du sofort alle Aspekte Deines Lebens auf einmal änderst. Gib Dir die Erlaubnis, schrittweise vorzugehen und Dich auf das zu konzentrieren, was Du in diesem Moment bewältigen kannst. Es ist ein Prozess des Lernens, Anpassens und Fortschreitens.

In der zweiten Phase Deiner Nachhaltigkeitsreise könntest Du beginnen, fortgeschrittenere Schritte zu unternehmen. Dies könnte das Entdecken alternativer Transportmittel, das Hinterfragen Deiner Finanzgewohnheiten und das Engagieren in nachhaltigen Projekten in Deiner Gemeinschaft einschließen. Während dieser Zeit kannst Du stolz auf die Fortschritte sein, die Du bereits gemacht hast, und Dich auf die Zukunft freuen.

Denke immer daran, dass Nachhaltigkeit eine Reise ist, keine rasche Veränderung. Es geht darum, kontinuierlich zu wachsen und zu lernen, während Du Dich auf einen nachhaltigen Weg begibst. Die Zeit, die Du investierst, wird sich auszahlen, nicht nur für Dich selbst, sondern auch für unsere Planeten und kommende Generationen.

Kosten - Nachhaltigkeit muss nicht teuer sein

Nachhaltigkeit muss nicht zwangsläufig teuer sein. Es gibt viele nachhaltige Alternativen, die kostengünstig oder sogar kosteneffizienter sein können. Plane Deine Ausgaben und investiere in nachhaltige Optionen, die langfristig Kosten sparen können, wie z.B. energiesparende Geräte oder umweltfreundliche Verpackungen.

Die Kostenersparnis ist ein wichtiger Aspekt eines nachhaltigen Lebensstils, der oft übersehen wird. Hier sind einige Möglichkeiten, wie Du die Kostenersparnis bei der Umsetzung nachhaltiger Praktiken hervorheben kannst:

Langfristige Perspektive: Betone, dass viele nachhaltige Entscheidungen zwar anfangs eine Investition erfordern können, sich aber langfristig als kosteneffizient erweisen. Energiesparende Geräte, LED-Lampen und wiederverwendbare Produkte sparen im Laufe der Zeit Energie- und Materialkosten.

Reduzierung von Verschwendung: Nachhaltige Praktiken zielen oft darauf ab, Verschwendung zu minimieren. Dies führt dazu, dass Du weniger Produkte kaufst, die Du später wegwerfen würdest. Dadurch sparst Du langfristig Geld, das Du sonst für unnötige Anschaffungen ausgegeben hättest.

Vermeidung von Einwegprodukten: Durch die Nutzung wie wiederverwendbarer Alternativen wie Wasserflaschen, Kaffeebecher und Einkaufstaschen kannst Du die Kosten für Einwegprodukte einsparen.

Wartung und Reparatur: Nachhaltige Produkte sind oft langlebiger und reparierbar. Du sparst Geld, indem du Dinge reparierst, anstatt sie sofort zu ersetzen.

Niedrige Energie- und Wasserkosten: Indem Du bewusst mit Energie und Wasser umgehst, senkst Du Deine monatlichen Rechnungen. Kleinere Änderungen wie das Ausschalten von Lichtern oder das Abdrehen des Wasserhahns können zusammengefasst werden.

Essenskosten reduzieren: Durch den Verzicht auf teures Fleisch und den Fokus auf pflanzliche Lebensmittel kannst Du Deine Lebensmittelkosten senken. Lokale und saisonale Produkte sind oft günstiger und frischer.

Öffentlicher Verkehr und Fahrradnutzung: Die Nutzung öffentlicher Verkehrsmittel oder des Radfahrens anstelle des Autofahrens kann Treibstoffkosten und Verschleiß am Auto minimieren.

Teilen und tauschen: Teilen oder tauschen von Gegenständen und Dienstleistungen mit anderen in Deiner Gemeinschaft können Kosten reduzieren. Dies könnten Dinge wie Werkzeuge, Fahrten oder Fähigkeiten sein.

Minimalismus: Nachhaltigkeit kann dazu führen, dass Du bewusster kaufst und nur das kaufst, was Du wirklich brauchst. Dies hilft Dir, unnötige Ausgaben zu vermeiden.

Gesundheitsvorteile: Ein nachhaltiger Lebensstil kann oft auch zu besserer Gesundheit führen, was langfristig zu geringeren Gesundheitskosten führen kann.

Betone in Deiner Kommunikation, dass die Kostenersparnis ein positiver Nebeneffekt ist, der sich mit der Zeit einstellt, und ermutige die Menschen, die langfristigen finanziellen Vorteile zu erkennen, während sie gleichzeitig die Umwelt und die Gesellschaft unterstützen.

Es ist wichtig zu bedenken, dass jeder individuelle Umstände und Ressourcen hat. Finde nachhaltige Lösungen, die zu Deinem Lebensstil und Deinem Budget passen. Mache Dir bewusst, dass jede positive Veränderung, auch wenn sie klein ist, einen Unterschied macht und zu einer nachhaltigeren Zukunft beiträgt.

Denke daran, dass jedes nachhaltige Handeln, das Du umsetzt, eine positive Wirkung hat. Jeder kleine Schritt zählt und gemeinsam können wir eine nachhaltigere Zukunft gestalten. Sei stolz auf Deine Bemühungen und lass Dich von der Vorstellung inspirieren, dass Du einen Beitrag leistest, um unseren Planeten zu schützen und eine bessere Welt für zukünftige Generationen zu hinterlassen. Du bist ein Teil der

Lösung - also bleib motiviert, beständig und ermutige auch andere, nachhaltige Entscheidungen zu treffen.

Jeder Schritt hin zu einem nachhaltigen Leben zählt und kann einen positiven Beitrag leisten. Beginne mit kleinen Veränderungen und erweitere diese nach und nach.

Es ist ganz normal, sich ab und zu zu wiederholen, insbesondere bei längeren Inhalten oder wenn es um wichtige Punkte geht, wie Nachhaltigkeit. Wiederholungen können dazu dienen, bestimmte Informationen zu betonen oder sicherzustellen, dass der Punkt klar verstanden wurde.

Viele Maßnahmen kannst Du in verschieden Kategorien der Nachhaltigkeit verwenden und somit wiederholten sich Informationen. In solchen Fällen bitte ich um Verständnis und bitte Dich, die wiederholten Informationen einfach besser zu verinnerlichen. Solange meine Wiederholungen Dich nicht übermäßig stören, dienen sie dazu den Fluss der Inhalte nicht zu beeinträchtigen und ich hoffe es ist für Dich in Ordnung gewesen.

Platz für Deine Notizen:

Nachhaltigkeit im Alltag mit Kindern entdecken und gestalten

Nachhaltigkeit ist keine Modeerscheinung, sondern ein grundlegendes Konzept, das unsere aller Zukunft beeinflusst. Wenn es darum geht, nachhaltige Gewohnheiten im Alltag zu etablieren, können Eltern eine Schlüsselrolle spielen, indem sie ihre Kinder in diesen Prozess einbeziehen. Die frühe Einbindung in nachhaltiges Denken und Handeln kann nicht nur die Umwelt schützen, sondern auch wichtige Werte und Fähigkeiten bei den Kindern fördern. Hier sind einige Methoden, wie Eltern ihre Kinder auf dieser Nachhaltigkeitsreise mitnehmen können:

Vorbild sein: Kinder lernen am besten durch Beobachtung. Zeige Deinen Kindern, wie wichtig es Dir ist, nachhaltige Entscheidungen zu treffen. Trenne Abfall richtig, spare Energie und Wasser, kaufe bewusst ein und erkläre dabei, warum Du diese Entscheidungen triffst. Dein Verhalten wird wahrscheinlich auf die Kinder abfärben.

Gemeinsam die Natur erkunden: Unternehme regelmäßige Ausflüge in die Natur, sei es in den Wald, an den Strand oder in einen Park. Nutze diese Gelegenheiten, um über die Schönheit der Natur zu sprechen, aber auch über die Herausforderungen, denen sie gegenübersteht. Durch direkten Kontakt werden Kinder ein besseres Verständnis für die Bedeutung des Umweltschutzes entwickeln.

Praktisches Lernen: Baue den Nachhaltigkeitsgedanken in alltäglichen Aktivitäten ein. Gemeinsames Kochen kann zu Gesprächen über saisonale Lebensmittel und Essensverschwendung führen. Das Anpflanzen von Gemüse im eigenen Garten oder auf dem Balkon zeigt den Kindern, wie Lebensmittel wachsen und fördert die Wertschätzung für Lebensmittel.

Upcycling und Bastelprojekte: Nutze kreative Projekte, um Nachhaltigkeit greifbar zu machen. Sammel recycelbare Materialien wie Kartons, Flaschenverschlüsse oder Stoffreste und bastelt gemeinsame nützliche Gegenstände oder Kunstwerke. Dies vermittelt den Kindern, dass Dinge, die wir wegwerfen würden, oft noch einen Wert haben können.

Geschichten erzählen: Nutze Bücher und Geschichten, um Kindern die Prinzipien der Nachhaltigkeit näherzubringen. Es gibt viele Kinderbücher, die Umweltthemen auf kindgerechte Weise behandeln und Raum für Diskussionen bieten.

Warum ist es wichtig, Kinder auf der Nachhaltigkeitsreise mitzunehmen?

Zukunftsgestaltung: Die heutigen Kinder sind die Entscheidungsträger von morgen. Indem sie von klein auf lernen, wie sie einen positiven Einfluss auf die Umwelt haben können, werden sie besser gerüstet sein, um nachhaltige Entscheidungen zu treffen und innovative Lösungen für zukünftige Herausforderungen zu finden.

Werterziehung: Die Vermittlung von Werten wie Verantwortung, Rücksichtnahme und Wertschätzung für die Natur sind wesentliche Bestandteile der Erziehung. Nachhaltigkeit verknüpft diese Werte und zeigt, wie sie im Alltag angewendet werden können.

Sensibilisierung: Kinder, die in die Nachhaltigkeit eingeführt werden, werden sensibilisiert für die Auswirkungen ihres Handelns auf die Umwelt. Dies kann dazu beitragen, ein Bewusstsein für nachhaltige Entscheidungen bei ihnen zu schaffen, das sie in ihrem ganzen Leben begleiten wird.

Die Einbindung von Kindern in die Nachhaltigkeitsreise ist also nicht nur eine Investition in die Zukunft der Umwelt, sondern auch in die Zukunft der Kinder selbst. Indem sie von klein auf lernen, wie sie Teil der Lösung sein können, werden sie zu verantwortungsbewussten und nachhaltig denkenden Individuen heranwachsen.

Platz für Deine Notizen:

Kapitel 2

Die Grundlagen der Nachhaltigkeit

Definition von Nachhaltigkeit und ihre Bedeutung

Nachhaltigkeit bezieht sich auf die Fähigkeit, natürliche Ressourcen und ökologische Systeme auf eine Weise zu nutzen, die ihre langfristige Stabilität und Regeneration gewährleistet. **Es geht darum, die Bedürfnisse der aktuellen Generation zu erfüllen, ohne die Möglichkeiten zukünftiger Generationen zu gefährden, ihre eigenen Bedürfnisse zu befriedigen.**

Die Bedeutung von Nachhaltigkeit besteht darin, die begrenzten Ressourcen unseres Planeten anzuerkennen und sie intelligent zu nutzen, um Umweltverschmutzung, Biodiversitätsverlust, Klimawandel und weitere Umweltauswirkungen zu reduzieren. Dies erfordert eine kluge Nutzung von Stratgien, Praktiken und neuen Gewohnheiten zum Wohl unserer Umwelt, um negative Folgen zu minimieren.

Umweltaspekte der Nachhaltigkeit beinhalten den Schutz der natürlichen Ressourcen wie Wasser, Luft, Boden und Artenvielfalt. Es geht auch um die Verringerung von Emissionen, den effizienten Einsatz von Energie und die Förderung erneuerbarer Energiequellen.

Soziale Aspekte der Nachhaltigkeit beziehen sich auf die Förderung von sozialer Gerechtigkeit, Gleichberechtigung, Bildung, Gesundheitsversorgung und Armutsbekämpfung. Es geht auch darum, die Rechte von Arbeitnehmern zu schützen, sichere Arbeitsbedingungen zu gewährleisten und die lokale Gemeinschaft einzubeziehen.

Wirtschaftliche Aspekte der Nachhaltigkeit beinhalten die Förderung einer nachhaltigen Wirtschaftsentwicklung, die langfristig rentabel ist und gleichzeitig die Umwelt und soziale Aspekte berücksichtigt. Es geht um die Förderung von grünen Technologien, Kreislaufwirtschaften, nachhaltigen Konsum und verantwortungsvolles Unternehmertum.

Nachhaltigkeit ist wichtig, um den Fortbestand unseres Planeten und das Wohlergehen der Menschen langfristig zu gewährleisten. Indem wir nachhaltige Praktiken übernehmen, können wir den Klimawandel bekämpfen, die Umwelt schützen, soziale Ungerechtigkeiten verringern und eine lebenswerte Zukunft für kommende Generationen schaffen. Es erfordert Zusammenarbeit auf globaler, nationaler und individueller Ebene, um eine nachhaltige Transformation zu erreichen.

Die Zusammenhänge zwischen individuellen Entscheidungen und globalen Auswirkungen

Die Zusammenhänge zwischen individuellen Entscheidungen und globalen Auswirkungen sind von zentraler Bedeutung, wenn es um das Thema Nachhaltigkeit im Alltag geht. Oftmals neigen wir dazu, den Einfluss unserer persönlichen Handlungen auf die größere globale Herausforderung zu unterschätzen. Doch in der heute vernetzten Welt haben unsere Entscheidungen und Verhaltensweisen direkte und indirekte Folgen, die weit über unseren unmittelbaren Horizont hinausreichen.

Jede Wahl, die wir treffen – sei es in Bezug auf Ernährung, Konsum, Energieverbrauch oder Mobilität – kann eine Kaskade von Effekten auslösen. Nehmen wir zum Beispiel unsere Ernährungsgewohnheiten: Indem wir uns für lokal produzierte, saisonale Lebensmittel entscheiden und unseren Fleischkonsum reduzieren, verringern wir nicht nur unseren ökologischen Fußabdruck, sondern unterstützen auch nachhaltigere landwirtschaftliche Praktiken. Dies trägt zur Reduzierung von Entwaldung, Wasserverbrauch und Treibhausgasemissionen bei – alle globalen Probleme, die durch kollektive individuelle Anstrengungen angegangen werden können.

Unser Konsumverhalten ist ebenfalls eng mit globalen Auswirkungen verknüpft. Wenn wir uns dafür entscheiden, Produkte von Unternehmen zu kaufen, die ökologische und ethische Standards einhalten, senden wir ein Signal an den Markt. Dies kann dazu beitragen, den Übergang zu einer nachhaltigen Produktion und Lieferkette zu beschleunigen.

Unsere Entscheidungen beeinflussen somit die Produktionspraktiken, die Arbeitsbedingungen und die Ressourcennutzung in verschiedenen Teilen der Welt.

Der Energieverbrauch ist ein weiterer Bereich, in dem individuelle Entscheidungen globale Auswirkungen haben. Die Wahl von erneuerbaren Energien und energieeffizienten Geräten trägt nicht nur zur Verringerung der Umweltbelastung bei, sondern stärkt auch die Nachfrage nach sauberer Energieerzeugung. Dies kann wiederum die Investitionen in erneuerbare Energien auf globaler Ebene ankurbeln und zur Umstellung auf eine kohlenstoffärmere Energieversorgung beitragen.

Die Kunst und Weise, wie wir uns fortbewegen, ist ebenfalls von großer Bedeutung. Die Entscheidung für grüne Transportmittel reduziert nicht nur den Verkehr und die Emissionen vor Ort, sondern hat auch positive Auswirkungen auf die Luftqualität und das Klima im Allgemeinen.

Es ist wichtig zu erkennen, dass individuelle Entscheidungen nicht isoliert existieren. Sie sind Teil eines größeren Netzwerks von Wechselwirkungen und Abhängigkeiten, das unser Weltbild prägt. Wenn wir nachhaltige Praktiken in unseren Alltag integrieren, tragen wir dazu bei, diese globalen Zusammenhänge in eine positive Richtung zu lenken.

Jede bewusste Wahl, die wir treffen, mag auf den ersten Blick klein erscheinen, aber wenn sie von vielen geteilt wird, kann sie eine transformative Kraft haben. Die Verbindung zwischen individuellem Handeln und globalen Auswirkungen verdeutlicht somit, dass wir als Individuen die Macht haben, gemeinsam positive Veränderungen auf globaler Ebene herbeizuführen.

Individuelle Entscheidungen können erhebliche Auswirkungen auf die globale Nachhaltigkeit haben.

Nachhaltige Ernährung: Nachhaltige Ernährung beinhaltet die Entscheidung für Lebensmittel, die lokal angebaut, in der entsprechenden Saison geerntet und nach biologischen Prinzipien produziert werden. Dies trägt dazu bei, den ökologischen Fußabdruck der Nahrungsmittelherstellung zu minimieren. Eine Reduzierung des Fleischkonsums zugunsten einer vermehrten Aufnahme pflanzlicher Proteine kann den

Ressourcenverbrauch senken und die Emission von Treibhausgasen reduzieren. Dies hat nicht nur positive Auswirkungen auf die Umwelt, sondern fördert auch die Gesundheit.

Nachhaltiger Konsum: Indem wir bewusster einkaufen, langlebige Produkte bevorzugen und auf übermäßigen Konsum verzichten, können wir die Entstehung von Abfall minimieren. Die Unterstützung von Unternehmen, die umweltfreundliche Praktiken und ethische Herstellungsverfahren verfolgen, fördert nachhaltiges Wirtschaften und beeinflusst die gesamte Produktionskette positiv.

Energieeffizienz und erneuerbare Energie: Die Nutzung von Energiequellen wie Sonne, Wind und Wasser zur Stromerzeugung reduziert die Abhängigkeit von fossilen Brennstoffen und mindert somit die Emission von Treibhausgasen. Energieeffizienz in Gebäuden, Fahrzeugen und Technologien verringert den Energieverbrauch und spart Kosten.

Nachhaltige Mobilität: Durch den Umstieg auf öffentliche Verkehrsmittel, Fahrräder oder Elektrofahrzeuge kann der Verkehrssektor umweltfreundlicher gestaltet werden. Dies reduziert Luftverschmutzung, Staus und Abhängigkeit von begrenzten fossilen Brennstoffen.

Abfallmanagement und Recycling: Richtiges Abfallmanagement, Trennung und Recycling von Abfällen tragen dazu bei, Deponien zu vermeiden und Rohstoffe wiederzuverwerten. Dadurch werden natürliche Ressourcen geschont und die Umweltbelastung reduziert.

Nachhaltigkeit am Arbeitsplatz: Arbeitgeber können durch flexible Arbeitsmodelle, Homeoffice-Möglichkeiten und umweltfreundliche Büropraktiken den Energieverbrauch senken und die Work-Life-Balance der Angestellten verbessern.

Nachhaltigkeit bei der Auswahl von Dienstleistern: Die Wahl von Dienstleistern und Lieferanten, die nachhaltigen Praktiken verfolgen, fördert die Verbreitung dieser Prinzipien in der Wirtschaft. Dies ermutigt Unternehmen dazu, umweltfreundlicher zu agieren und soziale Verantwortung zu übernehmen.

Nachhaltigkeit in der Gemeinschaft: Die Förderung nachhaltiger Praktiken in der lokalen Gemeinschaft stärkt das Bewusstsein und die Zusammenarbeit. Gemeinschaftsgärten, Müllsammelaktionen und Bildungsinitiativen können dazu beitragen, ein nachhaltiges Denken zu fördern und positive Veränderungen anzustoßen.

Positive Auswirkungen von mehr Nachhaltigkeit im Alltag

Die Einführung von nachhaltigen Praktiken im Alltag eröffnet ein breites Spektrum an positiven Auswirkungen, die weit über das individuelle Handeln hinausgehen. Indem wir bewusstere Entscheidungen in Bezug auf Ernährung, Konsum, Energie, Mobilität und mehr treffen, können wir kollektiv zu einer nachhaltigen und gesünderen Zukunft beitragen. Diese positiven Effekte erstrecken sich von der persönlichen Gesundheit über den Umweltschutz bis hin zur Förderung sozialer Gerechtigkeit und wirtschaftlicher Stabilität.

Umweltschutz: Weniger Ressourcenverbrauch und geringere Emissionen tragen dazu bei, die Umweltbelastung zu reduzieren und Ökosysteme zu erhalten.

Klimaschutz: Die Verringerung von Treibhausgasen unterstützt globale Bemühungen zur Eindämmung des Klimawandels und seiner Auswirkungen.

Gesundheit: Nachhaltige Ernährung und Mobilität fördern eine bessere Gesundheit und Wohlbefinden, indem sie die Luftqualität verbessern und die körperliche Aktivität steigern.

Wirtschaftliche Stabilität: Nachhaltige Wirtschaftspraktiken können langfristig wirtschaftliche Stabilität fördern und neue Geschäftsmöglichkeiten im Bereich der grünen Technologien schaffen.

Soziale Gerechtigkeit: Nachhaltige Praktiken berücksichtigen soziale Aspekte, wie fairere Arbeitsbedingungen und gerechte Ressourcenverteilung, was zu einer gerechteren Gesellschaft beiträgt.

Resilienz gegenüber Krisen: Nachhaltigkeit erhöht die Widerstandsfähigkeit von Gemeinschaften und Wirtschaftssystemen gegenüber Umwelt- und sozialen Herausforderungen.

Ressourcenschonung: Durch nachhaltiges Handeln können knappe Ressourcen wie Wasser, Boden und Rohstoffe effizienter genutzt und für zukünftige Generationen erhalten bleiben.

Bewusstseinsbildung: Nachhaltige Praktiken fördern ein besseres Verständnis für Umwelt- und Sozialfragen und tragen dazu bei, ein nachhaltiges Bewusstsein in der Gesellschaft zu etablieren.

Vorbildwirkung: Individuelles Engagement kann andere inspirierende, nachhaltige Veränderungen anzustoßen, sei es in der Familie, im Freundeskreis oder im beruflichen Umfeld.

Langfristige Lebensqualität: Nachhaltige Entscheidungen zielen darauf ab, eine lebenswerte Zukunft für kommende Generationen zu schaffen, in der natürliche Ressourcen und Lebensgrundlagen intakt sind.

Insgesamt trägt die Integration von Nachhaltigkeit in den Alltag dazu bei, eine harmonische Balance zwischen ökologischer, sozialer und wirtschaftlicher Dimension zu erreichen und eine bessere Welt für heute und morgen zu gestalten.

In den kommenden Kapiteln werden wir uns eingehend mit verschiedenen Themen befassen und hilfreiche Ratschläge sowie praktische Tipps vorstellen, die Du leicht nachmachen und umsetzen kannst. Diese Ratschläge sollen Dir dabei helfen, positive Veränderungen in Deinem Leben anzustoßen und kleine Schritte in die gewünschte Richtung zu unternehmen.

wichtig!

Zwar erscheinen individuelle Entscheidungen klein, aber kollektiv haben sie große Auswirkungen. Wenn viele Menschen nachhaltige Entscheidungen treffen, entsteht ein kumulativer Effekt, der positive Veränderungen auf globaler Ebene bewirken kann. Darüber hinaus können individuelle Entscheidungen als Vorbild für andere dienen und Bewusstsein für nachhaltiges Handeln schaffen, was zu einem größeren Wandel in der Gesellschaft führen kann.

wichtig!

Lass uns Schritt für Schritt vorgehen und uns daran erfreuen, selbst kleine Erfolge zu erzielen. Perfektionismus ist nicht unser Ziel, sondern Fortschritt und positive Veränderung. Es ist wichtig, dass wir uns nicht überfordern und verstehen, dass es nicht möglich ist, alles auf einmal zu verändern oder jede Veränderung zu 100 % umzusetzen. Kleine Schritte sind auch Erfolge und bringen uns unseren Zielen näher. Lasst uns geduldig und achtsam sein, während wir uns auf den Weg machen, um unser Bestes zu geben, ohne uns von Perfektionismus bremsen zu lassen.

Platz für Deine Notizen:

Der Klimawandel und seine Verbindung zur Nachhaltigkeit im Alltag

In der heutigen Zeit ist der Klimawandel zu einer der drängendsten globalen Herausforderungen geworden. Der Klimawandel bezieht sich auf die langfristige Veränderung der durchschnittlichen Temperatur und der klimatischen Bedingungen auf der Erde, die in erster Linie auf menschliche Aktivitäten zurückzuführen sind. Die Verbrennung fossiler Brennstoffe wie Kohle, Öl und Gas sowie die Entwaldung haben zu einem Anstieg von Treibhausgasen in der Atmosphäre geführt, die dadurch die natürliche Fähigkeit der Erde, Wärme zu absorbieren, stören. Dies hat weitreichende Auswirkungen auf die Umwelt, die Ökosysteme und die Lebensgrundlagen von Menschen weltweit.

Der Klimawandel ist eng mit dem Konzept der Nachhaltigkeit verbunden. Nachhaltigkeit zielt darauf ab, natürliche Ressourcen zu bewahren und ökologische Systeme zu schützen, um die Bedürfnisse der aktuellen und zukünftigen Generationen zu erfüllen. Angesichts der Auswirkungen des Klimawandels ist es unerlässlich, dass Nachhaltigkeit in den Alltag integriert wird, um die negativen Effekte zu minimieren und eine lebenswerte Zukunft zu gewährleisten.

Der Einfluss des Klimawandels auf Nachhaltigkeit

Der Klimawandel hat direkte Auswirkungen auf die verschiedenen Aspekte der Nachhaltigkeit:

Umweltaspekte: Die steigenden Temperaturen führen zu schmelzenden Gletschern, dem Anstieg des Meeresspiegels und einer Zunahme extremer Wetterereignisse wie Stürmen und Dürren. Diese Veränderungen bedrohen die Verfügbarkeit von Wasser, den Schutz der Artenvielfalt und die Gesundheit des Ökosystems.

Soziale Aspekte: Der Klimawandel verschärft bestehende soziale Ungerechtigkeiten. Menschen in ärmeren Ländern sind oft stärker von den Auswirkungen betroffen, da sie weniger Ressourcen haben, um sich anzupassen. Naturkatastrophen können ganze Gemeinschaften aus ihrer Heimat vertreiben und Konflikte über begrenzte Ressourcen auslösen.

Wirtschaftliche Aspekte: Extremwetterereignisse können erhebliche wirtschaftliche Schäden verursachen, die auf lange Sicht zu einer Instabilität der Märkte führen. Landwirtschaft, Fischerei und Tourismus sind Beispiele für Wirtschaftsbereiche, die stark vom Klima abhängig sind und daher von den Auswirkungen des Klimawandels betroffen sind.

Die Macht der Kollektivität

Individuelle Handlungen mögen zunächst klein erscheinen, aber ihre Wirkung multipliziert sich, wenn viele Menschen sich für nachhaltiges Verhalten entscheiden. Die kollektive Anstrengung, den Klimawandel zu bekämpfen, kann eine erhebliche positive Veränderung auf globaler Ebene bewirken. Die Einführung erneuerbarer Energien, die Förderung nachhaltiger Transportmittel und die Unterstützung umweltfreundlicher Unternehmen sind nur einige Beispiele für Maßnahmen, die zur Reduzierung von Treibhausgasen beitragen können.

wichtig! Der Klimawandel ist eine Herausforderung, die unser kollektives Engagement erfordert. Individuelle Handlungen sind der Grundstein für positive Veränderungen, die die Auswirkungen des Klimawandels mildern können. Die Integration von Nachhaltigkeit in den Alltag ist entscheidend, um die langfristige Erhaltung unseres Planeten zu gewährleisten und eine nachhaltige Zukunft für kommende Generationen zu schaffen. Jede bewusste Wahl, die wir treffen, kann eine Welle des Wandels auslösen und einen bedeutenden Beitrag zur globalen Nachhaltigkeit leisten.

Kapitel 3

Nachhaltige Ernährung

Die Auswirkungen unserer Ernährungsgewohnheiten auf die Umwelt

Unsere Ernährungsgewohnheiten haben erhebliche Auswirkungen auf die Umwelt. Hier sind einige der Hauptpunkte, die verdeutlichen, wie unsere Ernährung die Umwelt beeinflusst:

Treibhausgasemissionen: Die Landwirtschaft ist für einen erheblichen Teil der globalen Treibhausgasemissionen verantwortlich, insbesondere durch die Viehhaltung. Die Produktion von Fleisch und Milchprodukten erzeugt große Mengen an Methan, einem starken Treibhausgas. Zudem werden bei der Herstellung von Düngemitteln und dem Betrieb von landwirtschaftlichen Maschinen große Mengen an Kohlendioxid freigesetzt.

Landnutzung: Die Erzeugung tierischer Produkte erfordert große Flächen für Weide- und Futtermittelanbau. Die Abholzung von Wäldern, insbesondere in den tropischen Regionen, um Platz für Weideland und den Anbau von Futtermitteln zu schaffen, führt zu einem Verlust an natürlichen Lebensräumen, zur Zerstörung von Ökosystemen und zum Artensterben.

Wasserverbrauch: Die landwirtschaftliche Produktion erfordert große Mengen an Wasser, insbesondere für den Anbau von Futtermitteln. Die Bewässerung von Feldern führt zu einem erhöhten Wasserverbrauch und kann zu Wasserknappheit in bestimmten Regionen führen.

Verschmutzung von Gewässern: Der Einsatz von Pestiziden und Düngemitteln in der Landwirtschaft kann zu einer Verschmutzung von Gewässern führen. Übermäßige Mengen an Düngemitteln gelangen in Flüsse und Meere und verursachen Algenblüten und sauerstoffarme Todeszonen.

Energieverbrauch: Die industrielle Lebensmittelproduktion erfordert erhebliche Mengen an Energie für den Betrieb von Maschinen, die Kühlung, die Verarbeitung und den Transport von Lebensmitteln. Der Einsatz fossiler Brennstoffe zur Energieerzeugung trägt zur Freisetzung von Treibhausgasen bei und verstärkt den Klimawandel.

Lebensmittelverschwendung: Die Verschwendung von Lebensmitteln ist ein weiteres Problem, das mit unseren Ernährungsgewohnheiten zusammenhängt. Wenn Lebensmittel weggeworfen werden, werden nicht nur Ressourcen wie Wasser, Energie und Land verschwendet, sondern auch die Treibhausgasemissionen aus der Produktion und dem Transport dieser Lebensmittel umsonst freigesetzt.

wichtig!

Nicht alle Ernährungsgewohnheiten sind gleich. Pflanzliche Ernährungsweisen wie eine vegetarische oder vegane Ernährung haben in der Regel einen geringeren ökologischen Fußabdruck im Vergleich zu einer Ernährung, die reich an tierischen Produkten ist. Eine bewusste Entscheidung für eine nachhaltigere Ernährung kann dazu beitragen, die Auswirkungen auf die Umwelt zu verringern.

Platz für Deine Notizen:

Praktische Wege für eine umweltfreundliche Ernährung im Alltag

Eine nachhaltige Ernährungsweise im Alltag beinhaltet verschiedene Praktiken, die dazu beitragen, die Auswirkungen der eigenen Ernährung auf die Umwelt zu verringern. Hier sind einige konkrete Möglichkeiten, wie man eine nachhaltige Ernährungsweise in den Alltag integrieren kann:

Wähle saisonale und regionale Lebensmittel

Entscheide Dich für Lebensmittel, die zu der jeweiligen Jahreszeit in Deiner Region angebaut werden. Regionale Lebensmittel haben oft einen geringeren ökologischen Fußabdruck, da sie weniger Transportwege und Lagerung erfordern.

Wie setzt sich der ökologische Fußabdruck zusammen:

Weniger Transport: Regionale Lebensmittel werden in der Regel in der Nähe angebaut und müssen somit kürzere Transportwege zurücklegen. Dies bedeutet weniger Energieverbrauch und geringere Emissionen durch den Transport.

Geringerer Energieverbrauch: Der Anbau von saisonalen Lebensmitteln erfolgt unter natürlichen Bedingungen während der entsprechenden Jahreszeit. Es sind weniger künstliche Beleuchtung, Heizung oder Kühlung erforderlich, was den Energieverbrauch im Vergleich zu Gewächshausanbau oder dem Anbau außerhalb der Saison reduziert.

Natürlicheres Wachstum: Saisonale Lebensmittel werden in der Regel unter natürlichen Bedingungen angebaut, wodurch weniger Ressourcen wie Wasser und Energie für künstliche Bewässerung oder Klimatisierung benötigt werden.

Weniger Pestizide: Saisonale Lebensmittel sind oft widerstandsfähiger gegen Schädlinge und Krankheiten, die in anderen Jahreszeiten auftreten können. Dadurch ist der Einsatz von Pestiziden und chemischen Schutzmitteln möglicherweise geringer oder sogar unnötig.

Vielfalt und Anpassungsfähigkeit: Der Verzehr saisonaler Lebensmittel fördert die Vielfalt in der Ernährung, da verschiedene Arten von Obst, Gemüse und anderen Produkten zu verschiedenen Zeiten des Jahres verfügbar sind. Es ermöglicht auch eine Anpassung an lokale klimatische Bedingungen und Ressourcen.

wichtig!

Saisonale Lebensmittel sind nicht zwangsläufig immer umweltfreundlich. Der ökologische Fußabdruck kann auch von anderen Faktoren abhängen, wie zum Beispiel von den Anbaupraktiken, dem Einsatz von Düngemitteln oder der Art der Landwirtschaft. Dennoch ist der Konsum saisonaler Lebensmittel ein guter Schritt hin zu einer nachhaltigeren Ernährung und trägt zur Reduzierung des ökologischen Fußabdrucks bei.

Platz für Deine Notizen:

Tipps

Es gibt verschiedene Möglichkeiten, um herauszufinden, welche Lebensmittel in Deiner Region zu welcher Jahreszeit verfügbar sind. Hier sind einige Tipps, die Dir dabei helfen können:

Lokale Bauernmärkte und Lebensmittelgeschäfte: Besuche lokale Bauernmärkte und Lebensmittelgeschäfte, um einen Überblick darüber zu erhalten, welche frischen Produkte gerade angeboten werden. Oft sind diese Märkte auf saisonale Produkte spezialisiert.

Saisonkalender: Es gibt zahlreiche Online-Saisonkalender, die anzeigen, welche Lebensmittel in Deiner Region zu welcher Jahreszeit am besten verfügbar sind. Du kannst nach „Saisonkalender" + den Namen Deines Landes oder Deiner Region suchen.

Apps und Websites: Es gibt verschiedene Apps und Websites, die saisonale Lebensmittelverfügbarkeit verfolgen. Einige beliebte Optionen sind „Seasonal Food Guide", „Harvest" und „Eat Seasonably". Diese Apps können Dich benachrichtigen, wenn bestimmte Lebensmittel in der Saison sind.

Soziale Medien: Folge lokalen Landwirten, Bauernmärkten, Food-Bloggern und nachhaltigen Ernährungsorganisationen in sozialen Medien. Sie teilen häufig Informationen über saisonale Lebensmittel und regionale Veranstaltungen.

Regionale Landwirtschaftsverbände: Oft haben regionale Landwirtschaftsverbände oder Kooperativen Websites oder Newsletter, die Informationen über saisonale Lebensmittel bieten. Recherchiere nach solchen Organisationen in Deiner Nähe.

Gespräche mit Landwirten: Wenn Du die Gelegenheit hast, mit lokalen Landwirten zu sprechen, können sie Dir wertvolle Informationen darüber geben, welche Produkte zu welcher Jahreszeit angebaut werden.

Kochbücher und Rezepte: Saisonale Rezepte aus Kochbüchern oder Online-Plattformen können Dir Hinweise darauf geben, welche Zutaten zu bestimmten Zeiten am besten sind. Gerne verweise ich hier auf meine Kochbuchreihe „Tu Genuss rein"

Gartenarbeit und eigener Anbau: Wenn Du einen Garten hast oder Interesse an Gartenarbeit zeigst, kannst Du selbst saisonale Lebensmittel anbauen und so einen noch besseren Einblick in die Verfügbarkeit bekommen.

Gemeinschaftsgärten und Farm-to-Table-Initiativen: Informiere Dich über lokale Gemeinschaftsgärten oder Initiativen, die Farm-to-Table-Prinzipien umsetzen. Diese Orte könnten Ressourcen und Veranstaltungen rund um saisonale Lebensmittel bieten.

Werde aktiv in Nachhaltigkeitsorganisationen: Schließe Dich lokale Nachhaltigkeitsorganisationen oder Umweltgruppen an. Diese Gruppen könnten Veranstaltungen, Workshops oder Ressourcen anbieten, die sich auf saisonale Ernährung und den Schutz der Umwelt konzentrieren.

Regionale Lebensmittelführer: In einigen Ländern gibt es gedruckte oder Online-Lebensmittelführer, die Informationen über lokale Erzeuger, Märkte und Restaurants mit Fokus auf Nachhaltigkeit und Saisonalität bieten. Diese Ressourcen können Dir helfen, die besten Quellen für frische Lebensmittel in Deiner Region zu finden.

Lerne die Jahreszeiten kennen: Verfolge die natürlichen Veränderungen in Deiner Umgebung, um ein Gefühl dafür zu bekommen, welche Lebensmittel zu welcher Zeit wachsen. Wenn bestimmte Bäume blühen oder Pflanzen in Deinem Garten reifen, ist das oft ein Hinweis darauf, dass bestimmte Lebensmittel in der Saison sind.

Online-Foren und Community-Gruppen: Suche nach Online-Foren, Diskussionsgruppen oder sozialen Medien, in denen Menschen aus Deiner Region über nachhaltige Ernährung und saisonale Lebensmittel sprechen. Dort kannst Du Fragen stellen, Ratschläge einfordern und selbst Dein Wissen teilen.

Durch die Nutzung dieser verschiedenen Ressourcen wirst Du Dir ein umfassendes Bild von den saisonalen und regionalen Lebensmitteln machen können, die in Deiner Nähe verfügbar sind.

Platz für Deine Notizen:

Vermeide Lebensmittelverschwendung

Plane Deine Mahlzeiten im Voraus, erstelle Einkaufslisten und kaufe nur die Menge ein, die Du tatsächlich benötigst. Verwerte Reste und lerne, wie Du Lebensmittel richtig lagerst, um ihre Haltbarkeit zu verlängern.

Um Lebensmittelverschwendung optimal zu vermeiden, kannst Du folgende Maßnahmen ergreifen:

Einkaufsplanung: Plane Deine Mahlzeiten im Voraus und erstelle eine Einkaufsliste, basierend auf den benötigten Zutaten. Kaufe nur die Menge ein, die Du tatsächlich benötigst, um Reste zu minimieren.

Tip! Du findest einen „Foodmanager“ auf meiner Homepage als Anregung.

Richtige Lagerung: Bewahre Lebensmittel richtig auf, um ihre Haltbarkeit zu verlängern. Informiere Dich über die empfohlenen Lagerbedingungen für verschiedene Lebensmittel, einschließlich Temperatur, Feuchtigkeit und Lichteinfall.

Tip! Du findest einen Artikel auf meinen Blog

Verwertung von Resten: Sei kreativ bei der Verwendung von übrig gebliebenen Lebensmitteln. Reste können zu neuen Gerichten umgewandelt werden, zum Beispiel als Zutaten für Suppen, Eintöpfe, Pfannengerichte oder Salate.

Tipp! Gerne verweise ich hier auf meine Kochbücher. In meinen Kochbüchern findest Du eine Fülle von einfachen Rezepten, die auf wiederkehrenden Zubereitungsvorgehensweisen und meinen einzigartigen Konzepten basieren. Meine Kochideen sind darauf ausgerichtet, dass Du mit nur wenigen Grundzutaten und einfachen Kochtechniken eine Vielzahl von Gerichten zaubern kannst. Mit ein paar geschickten Variationen und der Verwendung saisonaler Zutaten lassen sich meine Konzepte flexibel anpassen

Richtig portionieren: Achte darauf, angemessene Portionsgrößen zu wählen, um Überreste zu vermeiden. Du kannst kleinere Portionen zubereiten und bei Bedarf nachfüllen.

Verfallsdaten verstehen: Verstehe die Unterschiede zwischen Verbrauchsdatum und Mindesthaltbarkeitsdatum. Das Verbrauchsdatum bezieht sich auf Lebensmittel, die schnell verderben können und sicher vor diesem Datum verzehrt werden sollten. Das Mindesthaltbarkeitsdatum gibt an, bis zu welchem Datum das Lebensmittel seine Qualität garantiert. Oft sind Lebensmittel nach dem Mindesthaltbarkeitsdatum immer noch sicher zu verzehren, solange sie keine Anzeichen von Verderb aufweisen. * MHD siehe Seite: 40

Weitergabe und Teilen: Wenn Du überschüssige Lebensmittel hast, die Du selbst nicht verwenden kannst, teile sie mit Familie, Freunden, Nachbarn oder Spendenorganisationen. Dies hilft nicht nur, Lebensmittelverschwendung zu reduzieren, sondern unterstützt auch Menschen in Not.

Kompostierung: Falls Du Lebensmittelabfälle hast, die nicht mehr verwertbar sind, kannst Du sie kompostieren. Kompostierung verwandelt organische Abfälle in nährstoffreichen Dünger für Pflanzen.

Sensibilisierung und Bildung: Informiere Dich über die Problematik der Lebensmittelverschwendung und teile Dein Wissen mit anderen. Sensibilisiere Familie und Freunde für das Thema und motiviere sie dazu, ebenfalls Maßnahmen zur Reduzierung von Lebensmittelverschwendung zu ergreifen.

Indem Du diese Praktiken in Deinen Alltag integrierst, kannst Du dazu beitragen, Lebensmittelverschwendung zu minimieren und einen positiven Beitrag zu einer nachhaltigeren Ernährung zu leisten.

Platz für Deine Notizen:

MHD

* Mindesthaltbarkeitsdatum

Nach dem Mindesthaltbarkeitsdatum (MHD) sind viele Lebensmittel immer noch gut und sicher zu verzehren, sofern sie keine Anzeichen von Verderb zeigen. Einige Beispiele für Lebensmittel, die in der Regel auch nach dem MHD noch genießbar sein können, sind:

Trockene Lebensmittel: Dazu gehören beispielsweise Nudeln, Hülsenfrüchte, Müsli, Mehl, Zucker und Gewürze. Solange sie in einem luftdichten Behälter aufbewahrt werden und keine Feuchtigkeit aufnehmen, können sie oft noch lange nach dem MHD verwendet werden.

Konserven: Konserven wie Bohnen, Tomaten oder Fisch sind oft noch über einen längeren Zeitraum haltbar, wenn sie richtig gelagert wurden und die Dose unbeschädigt ist.

Gefriergetrocknete Lebensmittel: Gefriergetrocknete Früchte, Gemüse oder Instant-Kaffee können oft auch nach Ablauf des MHDs noch verwendet werden, wenn sie trocken und kühl gelagert wurden.

Trockenobst: Rosinen, Datteln oder getrocknete Aprikosen sind in der Regel auch nach dem MHD noch genießbar, wenn sie keine Anzeichen von Schimmel oder Verderb aufweisen.

Kekse und Snacks: Gut verschlossene Kekse, Cracker oder andere trockene Snacks können oft noch einige Zeit nach dem MHD gegessen werden, ohne an Qualität zu verlieren.

wichtig! Die Haltbarkeit von Lebensmitteln nach dem MHD hängt von verschiedenen Faktoren ab, wie zum Beispiel der Lagerung, der Art des Lebensmittels und der Verpackung. Wenn Du unsicher bist, ob ein Lebensmittel noch gut ist, prüfe es auf Verfärbungen, Geruch oder ungewöhnliche Konsistenz. Und wenn es Zweifel gibt, ist es besser, es nicht zu essen und auf Nummer sicher zu gehen.

Reduziere den Konsum von Fleisch und Milchprodukten

Fleisch- und Milchproduktion haben oft einen hohen Ressourcenverbrauch und tragen zur Entwaldung sowie zu Treibhausgasemissionen bei. Ersetze einige Fleisch- und Milchprodukte durch pflanzliche Alternativen oder probiere vegetarische oder vegane Mahlzeiten aus.

Die Fleisch- und Milchproduktion haben oft einen hohen Ressourcenverbrauch aus mehreren Gründen:

Futtermittelproduktion: Die Aufzucht von Tieren für Fleisch und Milch erfordert große Mengen an Futtermitteln wie Getreide, Soja und Mais. Diese Futtermittel müssen angebaut, geerntet und transportiert werden, was zu einem erheblichen Verbrauch von Land, Wasser und Energie führt.

Landnutzung: Die Fleisch- und Milchproduktion erfordert große Flächen für die Viehzucht und Futtermittelproduktion. Dies führt zur Entwaldung von natürlichen Ökosystemen wie Regenwäldern, um Platz für Weideflächen und den Anbau von Futtermitteln zu schaffen. Die Entwaldung trägt zum Verlust von Biodiversität bei und trägt zur Freisetzung von Treibhausgasen bei.

Wasserressourcen: Die Tierhaltung erfordert erhebliche Mengen an Wasser für Trinkwasser, Bewässerung von Futtermitteln und die Verarbeitung von Fleisch und Milchprodukten. Der Wasserverbrauch in der Fleisch- und Milchindustrie ist im Vergleich zu pflanzlichen Lebensmitteln hoch.

Treibhausgasemissionen: Die Tierhaltung, insbesondere die intensive Massentierhaltung, ist eine bedeutende Quelle von Treibhausgasemissionen. Rinder produzieren Methan, ein starkes Treibhausgas, während die Produktion und der Transport von Futtermitteln sowie die Verarbeitung und Kühlung von Fleisch und Milchprodukten zu CO2-Emissionen führen.

Antibiotikaeinsatz: In der industriellen Tierhaltung werden häufig Antibiotika eingesetzt, um Krankheiten und Infektionen zu bekämpfen und das Wachstum der Tiere zu fördern. Der übermäßige Einsatz von Antibiotika in der Tierhaltung trägt zur Entstehung von antibiotikaresistenten Bakterien bei, was ein ernstes Gesundheitsrisiko für Mensch und Tier darstellt.

Abfall- und Umweltprobleme: Die Konzentration großer Tierbestände in der industriellen Tierhaltung führt zu erheblichen Mengen an tierischem Abfall, der eine Belastung für Boden, Wasser und Luft darstellt. Der Umgang mit diesen Abfällen kann zu Umweltproblemen wie Gewässerverschmutzung und Geruchsbelästigung führen.

wichtig! Nicht alle Formen der Fleisch- und Milchproduktion haben den gleichen Ressourcenverbrauch. Eine nachhaltigere Produktion, wie etwa Weidehaltung, ökologische Landwirtschaft und artgerechte Tierhaltung, kann den Ressourcenverbrauch reduzieren. Dennoch bleibt die industrielle Massenproduktion von Fleisch und Milchprodukten in der Regel mit einem hohen ökologischen Fußabdruck verbunden. Eine Reduzierung des Konsums von tierischen Produkten oder der Wechsel zu pflanzlichen Alternativen kann dazu beitragen, den Ressourcenverbrauch zu verringern und eine nachhaltigere Ernährung zu fördern.

wichtig!

Eine vollständige Abkehr von Lebensmitteln aus der Fleisch- und Milchproduktion wird nicht empfohlen. Die Landwirtschaft ist auf eine Vielzahl von Pflanzen angewiesen, sei es als Zwischenprodukte oder zur Regeneration landwirtschaftlicher Flächen, die ausschließlich für die Tierfütterung verwendet werden.

Die Agrarindustrie hat eine komplexe Wechselwirkungen mit dem Ökosystem. Die nachhaltige Bewirtschaftung landwirtschaftlicher Flächen erfordert oft eine ausgewogene Kombination aus Tier- und Pflanzenproduktion. Die Nutztierhaltung kann einen wichtigen Beitrag zur Kreislaufwirtschaft leisten, indem sie organische Abfälle recycelt und Düngemittel für Pflanzen produziert.

Darüber hinaus ist tierisches Protein eine wichtige Nahrungsquelle für viele Menschen auf der Welt und spielt eine entscheidende Rolle in der Ernährung. Fleisch- und Milchprodukte können wertvolle Nährstoffe liefern, die für eine ausgewogene Ernährung von Bedeutung sind.

Dennoch ist es von großer Bedeutung, dass wir in der Landwirtschaft und Lebensmittelproduktion auf Nachhaltigkeit achten. Es ist notwendig, tierische Produkte verantwortungsvoll und ressourcenschonend zu produzieren, um die Auswirkungen auf die Umwelt zu minimieren. Dies kann durch verbesserte Haltungsbedingungen, die Förderung artgerechter Tierhaltung und den Einsatz ressourcenschonender Anbaumethoden erreicht werden.

Eine ausgewogene Ernährung, die tierische und pflanzliche Lebensmittel einschließt, kann somit einen wichtigen Beitrag zu einer nachhaltigen Lebensmittelproduktion und einer gesunden Gesellschaft leisten. Es liegt in unserer Verantwortung, bewusste Entscheidungen zu treffen und die Landwirtschaft in eine Richtung zu lenken, die sowohl die Umwelt als auch die Ernährungsbedürfnisse der Menschen berücksichtigt.

Die Reduzierung des Konsums von Fleisch- und Milchprodukten ist eine großartige Möglichkeit, einen nachhaltigen Lebensstil anzunehmen. Hier sind einige Schritte, die Dir bei dieser Umstellung helfen können:

Bewusstsein schaffen: Informiere Dich über die Umweltauswirkungen der Fleisch- und Milchproduktion, wie z.B. Treibhausgasemissionen, Wasserverbrauch und Landnutzung. Ein besseres Verständnis dieser Zusammenhänge kann Deine Motivation stärken.

Ziele setzen: Lege klare Ziele fest, wie oft pro Woche oder pro Monat Du Fleisch und Milchprodukte essen möchtest. Du könntest beispielsweise Meatless Monday einführen, an dem Du einen Tag oder mehrere in der Woche komplett auf Fleisch verzichtest.

Pflanzenbasierte Alternativen entdecken: Probiere pflanzenbasierte Lebensmittel wie Tofu, Tempeh, Hülsenfrüchte (Linsen, Bohnen, Kichererbsen), Nüsse und Samen. Diese können eine hervorragende Proteinquelle sein.

Kochen lernen: Lerne, wie man schmackhafte vegetarische und vegane Gerichte zubereitet. Es gibt eine Fülle von Rezepten online, die Dir helfen können, abwechslungsreiche und köstliche Mahlzeiten ohne Fleisch und Milchprodukte zu zaubern.

Schrittweise Umstellung: Du könntest zunächst damit beginnen, bestimmte Fleischsorten zu reduzieren oder durch pflanzenbasierte Alternativen zu ersetzen. Dann könntest Du nach und nach weitere Schritte gehen, bis Du Dich wohlfühlst.

Lebensmitteleinkauf planen: Plane Deine Mahlzeiten im Voraus und stelle eine Einkaufsliste auf. So vermeidest Du Impulskäufe von Fleisch- und Milchprodukten.

Restaurantbesuche: Wenn Du auswärts isst, suche nach Restaurants, die pflanzenbasierte Optionen anbieten. Immer mehr Restaurants haben mittlerweile vegetarische und vegane Gerichte auf ihrer Speisekarte.

Informiere Dein soziales Umfeld: Teile Deine Entscheidung, Deinen Fleisch- und Milchkonsum zu reduzieren, mit Deinen Freunden und Deiner Familie. Sie könnten sich anschließen oder zumindest Verständnis für Deine Wahl haben.

Geduld mit Dir selbst haben: Eine Umstellung der Ernährungsgewohnheiten erfordert Zeit und Geduld. Es ist in Ordnung, gelegentlich Rückschläge zu haben. Wichtig ist, dass Du weiterhin an Deinem Ziel arbeitest.

wichtig! Denke daran, dass es kein „richtig" oder „falsch" gibt, wie schnell Du Dich in Richtung einer pflanzenbasierten Ernährung bewegst. Jeder kleine Schritt zählt und trägt zur Reduzierung Deines ökologischen Fußabdrucks bei.

Platz für Deine Notizen:

Es gibt aber auch viele Möglichkeiten, einige Fleisch- und Milchprodukte durch pflanzliche Alternativen zu ersetzen.

In einer zunehmend umweltbewussten Welt erkunden immer mehr Menschen Wege, ihren Konsum von Fleisch- und Milchprodukten zu reduzieren. Eine vielversprechende Option, die sich hierbei bietet, ist die Ersetzung dieser Produkte durch pflanzliche Alternativen. Diese nicht nur gesunde, sondern auch nachhaltige Wahl kann sowohl individuell als auch kollektiv einen positiven Beitrag zu Umwelt und Gesundheit leisten.

Pflanzliche Milch: Statt Kuhmilch kannst Du pflanzliche Milchsorten wie Hafermilch oder Sojamilch verwenden. Diese pflanzlichen Milchalternativen aus Deutschland sind in den meisten Lebensmittelgeschäften erhältlich und eignen sich zum Trinken, Kochen und Backen.

Tofu und Tempeh: Tofu und Tempeh sind proteinreiche Alternativen zu Fleisch. Sie können mariniert, gebraten, gegrillt oder in verschiedenen Gerichten verwendet werden. Tofu hat eine neutrale Geschmacksrichtung und nimmt die Aromen der Gewürze und Saucen auf, während Tempeh einen nussigen Geschmack hat.

Hülsenfrüchte: Bohnen, Linsen, Kichererbsen und andere Hülsenfrüchte sind hervorragende pflanzliche Proteinquellen. Sie können in Suppen, Eintöpfen, Salaten oder als Fleischersatz in Burger- und Hackfleischrezepten verwendet werden.

Gemüse und Pilze: Gemüse wie Auberginen, Pilze, Zucchini oder Paprika können verwendet werden, um fleischige Texturen und Aromen zu erzeugen. Du kannst sie grillen, braten oder als Füllung in Gerichten verwenden.

Nüsse und Samen: Nüsse wie Mandeln oder Walnüsse sowie Samen wie Sonnenblumenkerne oder Sesam können eine cremige Konsistenz und reichhaltigen Geschmack bieten. Sie können zu Saucen, Dips oder als Topping in Gerichten verwendet werden.

Fermentierte Produkte: Fermentierte Produkte wie fermentierter Tofu (auch bekannt als „Feto"), fermentierte Sojaprodukte (z. B. Miso, Tempeh) oder Sauerkraut können als geschmacksintensive Zutaten verwendet werden und bieten eine Alternative zu fermentierten Fleischprodukten.

wichtig! Pflanzliche Alternativen bieten eine Vielzahl von Geschmacks- und Texturprofilen. Du kannst experimentieren, verschiedene Rezepte ausprobieren und herausfinden, welche pflanzlichen Alternativen Dir am besten gefallen. Eine ausgewogene und vielfältige pflanzliche Ernährung kann alle notwendigen Nährstoffe liefern und zu einer nachhaltigeren Ernährungsweise beitragen.

Platz für Deine Notizen:

Kaufe biologische und nachhaltige Produkte

Unterstütze Landwirte, die ökologische und nachhaltige Anbauweisen verwenden. Biologisch angebaute Lebensmittel reduzieren den Einsatz von Pestiziden und unterstützen eine gesündere Umwelt.

Biologisch angebaute Lebensmittel unterstützen eine gesündere Umwelt aus mehreren Gründen:

Verzicht auf synthetische Pestizide und chemische Düngemittel: Bei biologischem Anbau werden keine synthetischen Pestizide oder chemischen Düngemittel eingesetzt. Stattdessen werden natürliche Methoden wie Fruchtfolge, Kompostierung, biologische Schädlingsbekämpfung und die Nutzung natürlicher Ressourcen zur Bodenverbesserung verwendet. Dies reduziert die Belastung von Böden, Gewässern und Ökosystemen durch schädliche Chemikalien.

Erhaltung der Bodengesundheit: Biologischer Anbau legt Wert auf den Erhalt der Bodengesundheit und Fruchtbarkeit. Durch den Verzicht auf chemische Düngemittel wird der Boden weniger ausgelaugt, und durch den Einsatz von organischen Düngemitteln und natürlichen Anbaumethoden wird die Bodenstruktur verbessert und die Artenvielfalt gefördert. Dies führt zu einem gesünderen Ökosystem und einer besseren Wasserspeicherungsfähigkeit des Bodens.

Schutz der Artenvielfalt: Biologischer Anbau fördert die Erhaltung der Artenvielfalt. Der Verzicht auf Pestizide und der Einsatz von ökologischen Anbaumethoden ermöglichen Lebensräume für eine Vielzahl von Pflanzen und Tieren. Durch den Schutz natürlicher Lebensräume und die Förderung von Biodiversität werden wichtige Ökosystemdienstleistungen wie Bestäubung und Schädlingskontrolle unterstützt.

Wasser- und Luftqualität: Biologisch angebaute Lebensmittel tragen zur Verbesserung der Wasserqualität bei. Durch den Verzicht auf synthetische Pestizide gelangen weniger schädliche Chemikalien in das Grundwasser und Oberflächengewässer. Zudem kann der biologische Anbau dazu beitragen, den Ausstoß von Luftschadstoffen zu reduzieren, da weniger Energie für die Herstellung und den Transport von chemischen Düngemitteln und Pestiziden benötigt wird.

Reduzierung des Treibhausgasausstoßes: Biologischer Anbau kann den Treibhausgasausstoß verringern. Durch den Verzicht auf synthetische Düngemittel und die Förderung natürlicher Anbaumethoden wird der Einsatz fossiler Brennstoffe reduziert. Zudem kann der biologische Anbau Kohlenstoff im Boden speichern und somit zur Reduzierung von Treibhausgasen beitragen.

wichtig! Biologisch angebaute Lebensmittel sind nicht automatisch immer umweltfreundlich und es gibt auch andere nachhaltige Anbaumethoden. Dennoch tragen biologische Lebensmittel dazu bei, den Einsatz schädlicher Chemikalien zu reduzieren, die Boden- und Wasserqualität zu verbessern, die Artenvielfalt zu schützen und den ökologischen Fußabdruck der Lebensmittelproduktion insgesamt zu verringern.

Platz für Deine Notizen:

Biologische und Nachhaltige Landwirte in Deiner Region finden

Glücklicherweise gibt es heutzutage eine Vielzahl von Möglichkeiten, um Landwirte zu finden, die umweltfreundliche Anbaumethoden anwenden und hochwertige biologische Produkte anbieten.

Online-Suche: Nutze Suchmaschinen, um nach biologischen und nachhaltigen Landwirten in Deiner Region zu suchen. Verwende Schlüsselwörter wie „biologische Landwirtschaft", „nachhaltige Landwirtschaft" oder „Bio-Produkte" in Verbindung mit dem Namen Deiner Stadt oder Region.

Bio-Zertifizierung: Suche nach Landwirten, die eine offizielle Bio-Zertifizierung haben. Bio-Zertifizierungsstellen veröffentlichen oft Listen von zertifizierten Betrieben, die biologische Produkte anbauen und vertreiben. Überprüfe die Website der Bio-Zertifizierungsstelle in Deinem Land, um eine solche Liste zu finden.

Bauernmärkte und Lebensmittelkooperativen: Besuche Bauernmärkte und Lebensmittelkooperativen in Deiner Nähe. Dort findest Du oft Landwirte, die biologische und nachhaltige Produkte anbieten. Sprich mit den Landwirten und fragen Sie nach ihren Anbaumethoden.

Online-Plattformen und Apps: Es gibt verschiedene Online-Plattformen und Apps, die Dir helfen können, biologische und nachhaltige Landwirte in Deiner Umgebung zu finden. Einige Beispiele sind „Regional Heroes" oder „Etepetete" (für Deutschland). Diese Plattformen bieten eine Übersicht über lokale Landwirte und ermöglichen es Dir, direkt bei ihnen einzukaufen.

Mundpropaganda: Frage Deine Freunde, Familie und Nachbarn nach Empfehlungen für biologische Landwirte in Deiner Region. Oft haben Menschen bereits positive Erfahrungen mit bestimmten Landwirten gemacht und teilen gerne ihre Erkenntnisse.

Soziale Medien: Nutze Plattformen wie Facebook, Instagram oder Twitter, um nach Landwirten in Deiner Nähe zu suchen. Viele Landwirte haben eigene Seiten oder Konten, auf denen sie ihre Produkte bewerben. Du kannst auch spezifische Hashtags verwenden, um Deine Suche zu verfeinern.

wichtig! Wenn Du einen biologischen und nachhaltigen Landwirt gefunden hast, ist es ratsam, direkt mit ihm Kontakt aufzunehmen, um mehr über seine Anbaumethoden und den Kauf seiner Produkte zu erfahren.

wichtig! Gute Dinge sollten geteilt werden! Wenn Du von der Qualität eines Produkts oder einer Dienstleistung überzeugt bist, warum lassen sich dann auch andere nicht daran beteiligen? Deine positiven Erfahrungen können für Deine Freunde, Bekannten und Familienmitglieder von unschätzbarem Wert sein.

Platz für Deine Notizen:

Vermeide übermäßig verpackte Lebensmittel

Achte auf Lebensmittel mit möglichst wenig Verpackung oder wähle umweltfreundlichere Verpackungsalternativen wie Glas oder Papier.

Um übermäßig verpackte Lebensmittel zu erkennen, kannst Du folgenden Punkte beachten:

Verpackungsmaterial: Achte auf die Art und Menge des Verpackungsmaterials. Übermäßig verpackte Lebensmittel werden oft in mehreren Schichten von Plastik, Folien oder Kartons verpackt. Wenn das Produkt mehr Verpackung als Inhalt zu haben scheint, ist es wahrscheinlich übermäßig verpackt.

Portionsgröße: Überprüfe die Portionsgröße des Produkts. Manchmal werden Lebensmittel in einzelnen Portionen verpackt, obwohl es nicht unbedingt notwendig ist. Wenn Du feststellst, dass kleine Mengen eines Produkts in separaten Verpackungen angeboten werden, könnte dies auf übermäßige Verpackung hinweisen.

Verhältnis von Inhalt zu Verpackung: Schätze das Verhältnis von Produktinhalt zu Verpackungsgröße ab. Wenn die Verpackung im Vergleich zum Inhalt unverhältnismäßig groß oder sperrig ist, wird wahrscheinlich zu viel Verpackung verwendet.

Mehrweg- oder Einwegverpackungen: Übermäßig verpackte Lebensmittel werden oft in Einwegverpackungen angeboten, die nach einmaligem Gebrauch weggeworfen werden. Achte auf die Art der Verpackung, insbesondere wenn es um Frischwaren, wie Obst und Gemüse, geht. Mehrwegverpackungen sind oft umweltfreundlicher.

Kennzeichnungen: Einige Hersteller setzen Kennzeichnungen wie „umweltfreundliche Verpackung“ auf ihre Produkte, um auf die Nachhaltigkeit ihrer Verpackungen hinzuweisen. Lese die Produktbeschreibung und achte auf solche Informationen.

Kauf in loser Form: Wenn möglich, kaufe Lebensmittel in loser Form. Viele Supermärkte und Unverpackt-Läden bieten Bereiche an, in denen Du Obst, Gemüse, Brot oder andere Lebensmittel ohne zusätzliche Verpackung kaufen kannst.

wichtig! Nicht alle Verpackungen sind per se übermäßig. Manchmal dient die Verpackung dem Schutz des Produkts oder der Verlängerung der Haltbarkeit. Dennoch ist es sinnvoll, bewusst auf übermäßig verpackte Lebensmittel zu achten und nach umweltfreundlicheren Alternativen zu suchen, wenn möglich.

Es gibt verschiedene umweltfreundlichere Verpackungsalternativen, die dazu beitragen können, den Verbrauch von Einwegverpackungen und die Umweltauswirkungen zu reduzieren. Hier sind einige Beispiele:

Mehrwegverpackungen: Mehrwegverpackungen sind eine nachhaltige Alternative zu Einwegverpackungen. Dies umfasst wiederverwendbare Behälter, Flaschen, Gläser oder Dosen, die immer wieder verwendet werden können. Beispiele dafür sind Mehrwegglasflaschen für Getränke oder wiederverwendbare Lebensmittelbehälter.

Kompostierbare Verpackungen: Kompostierbare Verpackungen bestehen aus Materialien, die biologisch abbaubar sind und sich in einer industriellen Kompostieranlage oder sogar im eigenen Gartenkompost zersetzen können. Diese Verpackungen minimieren die Umweltauswirkungen, da sie keinen Abfall hinterlassen. Beispiele für kompostierbare Materialien sind Biokunststoffe auf pflanzlicher Basis oder Verpackungen aus Karton oder Papier.

Papier- und Kartonverpackungen: Papier und Karton sind natürliche, erneuerbare und recycelbare Materialien. Produkte, die in Papier- oder Kartonverpackungen angeboten werden, sind oft umweltfreundlicher als solche in Kunststoffverpackungen. Achte jedoch darauf, dass die Papier- oder Kartonverpackungen aus nachhaltiger Forstwirtschaft stammen und mit umweltfreundlichen Druckfarben behandelt wurden.

Verpackungsreduzierung: Einige Unternehmen setzen auf Verpackungsreduzierung, indem sie die Größe oder das Gewicht der Verpackungen minimieren, ohne die Funktionalität oder den Schutz des Produkts zu beeinträchtigen. Das Ziel ist es, weniger Material zu verwenden und weniger Platz im Transport und in den Regalen einzunehmen.

Biobasierte Verpackungen: Biobasierte Verpackungen werden aus erneuerbaren Rohstoffen hergestellt, wie zum Beispiel Pflanzenfasern, Stärke oder biologisch abbaubaren Kunststoffen. Sie bieten eine Alternative zu herkömmlichen Verpackungen, die auf fossilen Rohstoffen basieren.

Verpackungen aus recycelten Materialien: Verpackungen, die aus recycelten Materialien hergestellt werden, helfen dabei, den Bedarf an neuen Rohstoffen zu verringern und den Abfall zu reduzieren. Es lohnt sich, nach Produkten zu suchen, die mit recyceltem Papier, Karton oder Kunststoff verpackt sind.

wichtig! Die Umweltfreundlichkeit einer Verpackung ist von verschiedenen Faktoren abhängt, wie der Herstellung, dem Transport, der Entsorgung und dem Recycling. Eine ganzheitliche Betrachtung des gesamten Lebenszyklus der Verpackung ist entscheidend, um ihre Umweltauswirkungen zu bewerten.

Platz für Deine Notizen:

Wie man definiert, ob Lebensmittel übermäßig verpackt sind

Die Entscheidung, ob ein Lebensmittel übermäßiges verpackt ist, hängt von mehreren Faktoren ab, darunter Umweltbewusstsein, Recyclingfähigkeit, praktische Notwendigkeit und persönliche Vorlieben. Hier sind einige Beispiele, die Dir helfen könnten, zu beurteilen, ob ein übermäßig verpacktes Lebensmittel vorhanden ist:

Verhältnis von Verpackung zu Produkt: Wenn das Verhältnis zwischen der Größe des Lebensmittels und der Menge der Verpackung stark unausgewogen ist. Zum Beispiel: Ein kleiner Snack, der in einer großen Plastikschale mit viel Luft verkauft wird.

Mehrere Schichten von Verpackung: Wenn das Lebensmittel in mehreren Schichten von Verpackungsmaterialien, wie Plastikfolie, Karton und dann wieder Plastik, eingewickelt ist.

Verpackung, die nicht recycelbar ist: Wenn die Verpackung nicht recycelbar ist oder aus schwer abbaubaren Materialien besteht, wie beispielsweise nicht wiederverwertbare Kunststoffe.

Große Luftpolsterung oder Leerraum: Wenn viel Platz innerhalb der Verpackung leer bleibt, zum Beispiel in Form von Luftpolstern oder unnötigem Füllmaterial.

Alternative Verpackungsoptionen: Wenn es offensichtlich praktische und umweltfreundliche Verpackungsalternativen gibt, die weniger Ressourcen verbrauchen, aber stattdessen übermäßige Verpackung verwendet wird.

Einwegverpackung bei langlebigen Produkten: Wenn ein langlebiges Produkt, das keine sofortige Einwegverpackung erfordert, in einer nicht wiederverschließbaren, einmaligen Verpackung verkauft wird.

wichtig! Letztendlich ist es wichtig, bewusste Entscheidungen zu treffen, die die Umweltbelastung minimieren. Wenn Du feststellst, dass ein Lebensmittel übermäßig verpackt ist, solltest Du folgende Überlegungen anstellen:

Alternativen wählen, die weniger Verpackung haben.

Unternehmen ansprechen und nach umweltfreundlicheren Verpackungsoptionen fragen.

Produkte in größeren Mengen kaufen, um den Verpackungs-Müll pro Produkt zu reduzieren. Nur bei lagerfähigen Produkten zu empfehlen.

Auf wiederverwendbare oder recycelbare Verpackungen achten.

Generell wird auf Produkte geachtet, die ressourcenschonend verpackt sind.

Indem Du bewusst solche Entscheidungen triffst, kannst Du dazu beitragen, den Verpackungsmüll zu reduzieren und die Umweltbelastung zu minimieren.

Platz für Deine Notizen:

Nutze lokale Märkte und Bauernhöfe

Kaufe direkt bei lokalen Bauernhöfen oder auf Bauernmärkten ein, um den Transportaufwand zu reduzieren und die lokale Wirtschaft zu unterstützen.

Die Entscheidung, beim Bauern seine Lebensmittel zu kaufen, obwohl Du dafür oft das Auto benutzen musst, hängt von verschiedenen Faktoren ab. Hier sind einige Aspekte, die Du berücksichtigen kannst:

Entfernung zum Bauernhof: Wenn der Bauernhof relativ nahe gelegen ist und Du nur kurze Strecken zurücklegen musst, um dorthin zu gelangen, ist der Umweltaufwand durch die Autofahrten wahrscheinlich geringer. In diesem Fall kann es sinnvoll sein, Deine Lebensmittel direkt beim Bauernhof zu kaufen.

Transporteffizienz: Überlege, wie effizient Du Deine Einkäufe organisieren kannst, um die Autofahrten zu minimieren. Versuche, größere Mengen einzukaufen, um seltener fahren zu müssen, oder kombiniere den Besuch beim Bauernhof mit anderen Erledigungen in der Nähe, um Fahrten zu bündeln.

Verkehrsmittelalternativen: Prüfe, ob es alternative Transportmöglichkeiten gibt, um den Bauernhof zu erreichen. Kannst Du beispielsweise öffentliche Verkehrsmittel, Fahrrad oder Fahrgemeinschaften nutzen? Wenn ja, könnten diese Optionen umweltfreundlicher sein als die Verwendung eines Autos.

Gesamtbilanz: Berücksichtige die Gesamtbilanz Deiner Einkäufe. Wenn Du beim Bauernhof frische, biologische und nachhaltige Lebensmittel kaufst, unterstützt Du die lokale Landwirtschaft und trägst zur Reduzierung des Verpackungsmülls bei. Dies kann positive Umweltauswirkungen haben, auch wenn der Autofahrtaufwand erhöht ist.

Weitere Faktoren: Denke auch an andere Faktoren wie die Qualität der Lebensmittel, die Unterstützung lokaler Landwirte, die persönliche Beziehung zum Bauernhof und die Freude am Einkaufen beim Bauern.

Wenn du die genannten Punkte abwägst, kannst Du eine fundierte Entscheidung treffen, ob es sinnvoll ist, mit dem Auto zum Bauernhof zu fahren, um Lebensmittel zu kaufen. Möglicherweise kannst Du auch verschiedene Einkaufsmöglichkeiten kombinieren, um eine Balance zwischen Bequemlichkeit, Umweltbewusstsein und Unterstützung lokaler Landwirte zu finden.

Es gibt mehrere Gründe, warum es sinnvoll ist, die lokale Wirtschaft zu unterstützen:

Stärkung der Gemeinschaft: Indem Du lokale Unternehmen unterstützt, trägst Du zur Stärkung Deiner Gemeinschaft bei. Lokale Unternehmen sind oft ein wichtiger Bestandteil des sozialen Gefüges und tragen zur Schaffung von Arbeitsplätzen und Wohlstand vor Ort bei. Durch Deine Unterstützung hilfst Du, die lokale Wirtschaft zu fördern und die Lebensqualität in Deiner Gemeinschaft zu verbessern.

Förderung der regionalen Vielfalt: Lokale Unternehmen tragen zur Vielfalt und Einzigartigkeit einer Region bei. Sie bieten oft spezialisierte Produkte oder Dienstleistungen an, die es in großen, nationalen Ketten nicht gibt. Indem Du diese Unternehmen unterstützt, trägst Du zur Erhaltung der regionalen Identität und Kultur bei.

Nachhaltigkeit und Umweltschutz: Lokale Unternehmen haben in der Regel kürzere Lieferketten und sind weniger auf den Transport von Waren über weite Strecken angewiesen. Dadurch kannst Du den $CO2$-Ausstoß und den ökologischen Fußabdruck reduzieren.

Wirtschaftliches Wachstum: Die Unterstützung der lokalen Wirtschaft kann zu einem nachhaltigen wirtschaftlichen Wachstum führen. Wenn lokale Unternehmen florieren, schaffen sie Arbeitsplätze, erhöhen das Einkommen der Menschen und stärken die Wirtschaftskraft der Region. Dies kann wiederum zu einer positiven wirtschaftlichen Entwicklung und einem höheren Lebensstandard führen.

Persönliche Beziehungen und Kundenservice: Der Kauf bei lokalen Unternehmen ermöglicht oft persönlichere und individuellere Erfahrungen. Du kannst direkten Kontakt zu den Inhabern oder Mitarbeitern haben, die oft ein persönliches Interesse an der Zufriedenheit ihrer Kunden haben. Dies kann zu einem besseren Kundenservice und einer engeren Bindung zwischen Kunden und Unternehmen führen.

zur Anregung! Es lässt sich sagen, dass die Unterstützung der lokalen Wirtschaft positive Auswirkungen auf die Gemeinschaft, die Umwelt, die Wirtschaft und Deine eigenen Erfahrungen haben kann. Es ist eine Möglichkeit, aktiv zu einer nachhaltigen und lebendigen Gemeinschaft beizutragen.

Platz für Deine Notizen:

Pflanze einen eigenen Garten

Wenn möglich, ziehe Dein eigenes Obst, Gemüse oder Kräuter zu Hause an. Das ermöglicht Dir, frische Lebensmittel direkt vor Deiner Tür anzubauen und zu ernten.

Es gibt mehrere Gründe, warum es gut ist, Lebensmittel selbst anzupflanzen, wenn es möglich ist:

Frische und Qualität: Durch den Anbau von Lebensmitteln in Deinem eigenen Garten hast Du die volle Kontrolle über den Anbauprozess. Du kannst hochwertige, frische und geschmackvolle Lebensmittel ernten. Die kurze Distanz zwischen Garten und Teller bedeutet, dass Du Lebensmittel in Deinem optimalen Reifezustand genießen kannst.

Nachhaltigkeit: Selbst angebaute Lebensmittel sind in der Regel umweltfreundlicher als solche, die über weite Strecken transportiert werden. Du reduzierst den CO2-Ausstoß und den ökologischen Fußabdruck, da keine langen Transportwege, Verpackungen oder energieintensive Lagerung erforderlich sind.

Unabhängigkeit und Selbstversorgung: Durch den Anbau Deiner eigenen Lebensmittel kannst Du einen Teil Deiner eigenen Nahrungsmittelversorgung selbst übernehmen. Dies kann Dir ein Gefühl der Unabhängigkeit und Selbstversorgung geben. Du bist nicht vollständig von Supermärkten oder externen Lieferketten abhängig.

Gesundheitliche Vorteile: Durch den Anbau eigener Lebensmittel hast Du die Kontrolle über den Einsatz von Pestiziden, Herbiziden und anderen Chemikalien. Du kannst nachhaltige und gesunde Anbaumethoden wählen, wie z.B. den Einsatz von organischen Düngemitteln und natürlichen Schädlingsbekämpfungsmethoden. Dadurch erhältst Du Lebensmittel mit höherem Nährstoffgehalt und ohne potenziell schädliche Rückstände.

Bildung und Verbindung zur Natur: Der Anbau von Lebensmitteln bietet eine großartige Möglichkeit, sich mit der Natur zu verbinden und mehr über Pflanzen, Boden und die natürlichen Kreisläufe zu lernen. Es ist eine praktische Bildungserfahrung, die sowohl Erwachsenen als auch Kindern Wissen über Lebensmittel und Landwirtschaft vermittelt.

Kostenersparnis: Der Anbau eigener Lebensmittel kann auch zu erheblichen Kosteneinsparungen führen. Du sparst Geld, indem Du Samen und Setzlinge verwendest und Deine eigenen Produkte erntest, anstatt teure Lebensmittel im Laden zu kaufen.

wichtig! Der Anbau von Lebensmitteln kostet Zeit, Engagement und erfordert gewisse Fähigkeiten. Nicht jeder hat Zugang zu einem Garten oder ausreichend Platz. Aber selbst das Anpflanzen von ein paar Kräutern auf dem Balkon oder das Einrichten eines kleinen Gemüsegartens in Töpfen kann bereits viele der genannten Vorteile bieten.

Platz für Deine Notizen:

Klein aber fein: Obst, Gemüse und Kräuter zu Hause anbauen – Tipps für begrenzten Platz

Selbst wenn Du keinen großen Garten hast, gibt es viele Möglichkeiten, Obst, Gemüse und Kräuter zu Hause anzupflanzen. Hier sind einige Ideen, wie Du das erreichen kannst:

Container-Gärtnerei: Nutze Töpfe, Behälter, Kisten oder Hängekörbe, um Pflanzen anzubauen. Du kannst sie auf Balkonen, Terrassen, Fensterbrettern oder in Innenräumen platzieren. Wähle Pflanzen, die gut in Containern wachsen, wie Tomaten, Paprika, Kräuter und Erdbeeren.

Vertikaler Gartenbau: Verwende vertikale Strukturen wie Regale, Gitter oder hängende Taschen, um Pflanzen in die Höhe zu ziehen. Dies maximiert den verfügbaren Raum und ermöglicht den Anbau von Pflanzen wie Kletterbohnen, Gurken und hängenden Kräutertöpfen.

Fensterbrett-Gärtnerei: Nutze sonnige Fensterbretter, um Kräuter wie Basilikum, Oregano, Minze und Petersilie anzupflanzen. Diese kleinen Pflanzen werden oft in Innenräumen aufbewahrt und sind leicht zugänglich.

Hochbeete: Wenn Du einen begrenzten Bodenplatz hast, kannst Du Hochbeete bauen oder kaufen. Diese erlauben es Dir, eine Vielzahl von Pflanzen auf kleinem Raum aufzubauen. Hochbeete sind oft einfacher zu pflegen und bieten eine gute Drainage.

Gemeinschaftsgärten: In vielen Gemeinden gibt es Gemeinschaftsgärten, in denen Du einen kleinen Platz mieten oder nutzen kannst, um Deine Pflanzen anzubauen. Dies ist eine großartige Möglichkeit, mehr Platz zu haben, um Lebensmittel anzubauen, wenn Du selbst keinen Garten hast.

Hydroponik oder Aeroponik: Diese Methoden erlauben Dir, Pflanzen ohne Erde anzubauen, was den Platzbedarf reduziert. Du kannst sie drinnen oder draußen nutzen und verschiedene Pflanzen wie Salate, Kräuter und grüne Zwiebeln anbauen.

Mini-Obstbäume: Es gibt Zwerg- oder Miniaturvarianten von Obst wie Äpfeln, Birnen oder Kirschen, die auch in Containern oder kleinen Gärten wachsen können.

Küchenreste anbauen: Einige Lebensmittel wie Lauch, Sellerie oder Kartoffeln können aus ihren eigenen Resten nachwachsen. Dies ist eine einfache Möglichkeit, frische Zutaten ohne großen Platzbedarf zu erhalten.

Kräuterfenster oder Kräuterwand: Du könntest ein spezielles Kräuterfenster gestalten oder eine vertikale Kräuterwand erstellen, um eine Vielzahl von frischen Kräutern aufzubauen.

Salat und Mikrogrün-Anbau: Salate und Mikrogrüns wachsen schnell und benötigen nur wenig Platz. Du könntest sie in flachen Behältern auf Deinem Balkon oder Fensterbrett anbauen.

Denke daran, den richtigen Standort, die geeigneten Erde, Bewässerung und Lichtverhältnisse für jede Pflanze zu berücksichtigen. Der Schlüssel zum erfolgreichen Anbau von Obst, Gemüse und Kräutern in begrenztem Raum ist Kreativität, Planung und Geduld.

Platz für Deine Notizen:

Trinke Leitungswasser oder nutze wiederverwendbare Behälter

Vermeide den Kauf von Einweg-Plastikflaschen und trinke stattdessen Leitungswasser.

Es gibt mehrere Gründe, warum es sinnvoll ist, Leitungswasser zu trinken anstatt Mineralwasser zu kaufen:

Umweltauswirkungen: Die Produktion und der Transport von Flaschenwasser verursachen erhebliche Umweltauswirkungen. Der Abbau, die Herstellung und der Transport der Plastikflaschen erfordern eine beträchtliche Menge an Energie und natürlichen Ressourcen. Darüber hinaus führt die Entsorgung von Plastikflaschen zu großen Mengen an Abfall und kann negative Auswirkungen auf die Umwelt haben. Durch das Trinken von Leitungswasser reduzierst Du Deinen Beitrag zu Plastikverschmutzung und CO2-Emissionen.

Kostenersparnis: Leitungswasser ist im Vergleich zu Mineralwasser deutlich kostengünstiger. Das regelmäßige Kaufen von Flaschenwasser kann sich im Laufe der Zeit zu einer beträchtlichen Ausgabe addieren. Leitungswasser hingegen ist in den meisten Ländern von hoher Qualität und kann direkt aus dem Wasserhahn genossen werden, ohne dass zusätzliche Kosten anfallen.

Qualität und Regulierung: In vielen Ländern unterliegt Leitungswasser strengen Qualitätskontrollen und -standards. Wasserwerke überwachen und behandeln das Leitungswasser, um sicherzustellen, dass es den gesetzlichen Vorgaben entspricht und sicher zum Verzehr ist. In einigen Fällen kann Leitungswasser sogar strengeren Vorschriften unterliegen als Flaschenwasser. Durch das Trinken von Leitungswasser kannst Du also eine qualitativ hochwertige und sichere Wasserquelle nutzen.

Bequemlichkeit und Zugänglichkeit: Leitungswasser ist praktisch und leicht zugänglich. Du kannst jederzeit frisches Wasser direkt aus dem Wasserhahn erhalten, ohne auf den Kauf und Transport von Flaschen angewiesen zu sein. Das spart Zeit und Mühe, insbesondere wenn Du viel Wasser trinkst oder unterwegs bist.

Gesundheitliche Vorteile: Leitungswasser ist ein gesundes Getränk. Es enthält keine zusätzlichen Inhaltsstoffe wie Zucker oder künstliche Zusatzstoffe, die in einigen Flaschenwässern enthalten sein können. Es ist eine kalorienfreie Option und hilft Dir, Deinen Flüssigkeitsbedarf zu decken.

wichtig! Die Qualität des Leitungswassers je nach Region kann variieren. Wenn Du Bedenken hinsichtlich der Wasserqualität hast, kannst Du einen Wasserfilter verwenden, um eventuelle Verunreinigungen zu reduzieren. In vielen Fällen ist das Trinken von Leitungswasser jedoch eine nachhaltige, kostengünstige und gesunde Wahl.

In den meisten entwickelten Ländern ist das Leitungswasser sicher und entspricht strengen Qualitätsstandards. Die Wasserversorgungsunternehmen überwachen und behandeln das Wasser, um sicherzustellen, dass es den gesetzlichen Vorgaben und Gesundheitsstandards entspricht. Leitungswasser enthält normalerweise keine schädlichen Bakterien, Viren oder chemischen Verunreinigungen.

Dennoch gibt es einige Faktoren, die zu gesundheitlichen Bedenken führen können:

Veraltete oder unsichere Wasserleitungen: In einigen älteren Gebäuden können die Wasserleitungen aus Materialien bestehen, die das Wasser mit Schwermetallen wie Blei oder Kupfer verunreinigen können. Wenn Du in einem älteren Gebäude wohnst, ist es ratsam, die Wasserqualität überprüfen zu lassen und gegebenenfalls einen Wasserfilter zu verwenden.

Kontamination durch Umweltverschmutzung: In seltenen Fällen kann das Leitungswasser durch Umweltverschmutzung oder Industrieabfälle kontaminiert werden. Dies ist jedoch eher eine Ausnahme und wird normalerweise durch strenge Überwachungs- und Filtersysteme verhindert.

Regionale Unterschiede: Die Wasserqualität kann von Region zu Region unterschiedlich sein. In einigen Gegenden können spezifische Verunreinigungen oder Mineralien im Wasser vorkommen, die sich auf den Geschmack oder die Qualität auswirken können. Es ist ratsam, sich über die Wasserqualität in Deiner Region zu informieren oder gegebenenfalls Wasseruntersuchungen durchführen zu lassen.

Wenn Du Bedenken hinsichtlich der Wasserqualität hast oder in einer Region lebst, in der die Wasserqualität als unsicher gilt, gibt es verschiedene Maßnahmen, die Du ergreifen kannst:

Verwende einen hochwertigen Wasserfilter, um mögliche Verunreinigungen zu reduzieren.

Konsultiere örtliche Gesundheitsbehörden oder Wasserwerke, um Informationen zur Wasserqualität zu erhalten.
Lasse Dein Wasser regelmäßig auf Verunreinigungen testen, insbesondere wenn Du Dich in einer Risikoregion befinden.

wichtig! Die individuellen gesundheitlichen Bedenken können variieren. Wenn Du spezifische gesundheitliche Probleme oder Bedenken hinsichtlich der Wasserqualität hast, ist es am besten, einen Arzt oder einen Fachmann für öffentliche Gesundheit zu konsultieren.

Platz für Deine Notizen:

Verwende wiederverwendbare Behälter für Getränke, Snacks und Mahlzeiten unterwegs

Die Verwendung wiederverwendbarer Behälter bietet eine Vielzahl von Vorteilen, sowohl für die Umwelt als auch für Deine eigene Bequemlichkeit. Hier sind einige Gründe, warum es sinnvoll ist, wiederverwendbare Behälter zu benutzen:

Umweltschutz: Wiederverwendbare Behälter helfen dabei, die Menge an Einwegverpackungen und Abfall zu reduzieren. Einwegverpackungen, insbesondere Kunststoffverpackungen, haben einen erheblichen negativen Einfluss auf die Umwelt. Sie tragen zur Plastikverschmutzung bei, verursachen hohe Energie- und Ressourcenverbrauch bei der Herstellung und benötigen oft lange Zeit zum Abbau. Durch den Einsatz von wiederverwendbaren Behältern kannst Du dazu beitragen, den Abfall zu reduzieren und die Umweltbelastung zu verringern.

Kostenersparnis: Wiederverwendbare Behälter können auf lange Sicht zu erheblichen Kostenersparnissen führen. Anstatt immer wieder Einwegverpackungen zu kaufen, kannst Du Deine eigenen Behälter verwenden und dadurch Geld sparen. Ob es sich um Trinkflaschen, Brotdosen, Lebensmittelbehälter oder Einkaufstaschen handelt - die Investition in wiederverwendbare Behälter amortisiert sich im Laufe der Zeit und hilft Dir, Kosten für Einwegverpackungen zu reduzieren.

Gesundheitliche Aspekte: Einige Einwegverpackungen, insbesondere solche aus Plastik, können potenziell schädliche Chemikalien enthalten, die in Lebensmittel oder Getränke übergehen können. Durch die Verwendung von wiederverwendbaren Behältern hast Du mehr Kontrolle über die Qualität und Sicherheit der von Dir verwendeten Verpackungen. Du kannst Behälter aus hochwertigen Materialien wie Glas oder Edelstahl wählen, die keine schädlichen Chemikalien freisetzen und somit Deine Gesundheit schützen.

Bequemlichkeit: Wiederverwendbare Behälter sind in der Regel langlebig, robust und für den wiederholten Gebrauch ausgelegt. Sie können leicht gereinigt und wiederverwendet werden. Sie sind oft auch praktisch und funktional gestaltet, um den Transport von Lebensmitteln, Getränken und anderen Gegenständen zu erleichtern. Mit wiederverwendbaren Behältern kannst Du Deine eigenen Speisen und Getränke mitnehmen, Deine Einkäufe aufbewahren und eine Vielzahl von Aufgaben erfüllen, ohne auf Einwegverpackungen angewiesen zu sein.

Nachhaltigkeit: Die Verwendung von wiederverwendbaren Behältern ist ein Beitrag zur nachhaltigen Lebensweise. Du trägst dazu bei, den Verbrauch von Ressourcen wie Wasser, Energie und Rohstoffen zu reduzieren, die für die Herstellung von Einwegverpackungen benötigt werden. Durch die Entscheidung für wiederverwendbare Behälter zeigst Du ein Bewusstsein für Umweltfragen und trägst zum Schutz unseres Planeten bei.

Die Verwendung wiederverwendbarer Behälter ist eine einfache und effektive Möglichkeit, um einen positiven Beitrag zur Umwelt zu leisten.

Platz für Deine Notizen:

Wiederverwendbare Behälter als umweltfreundliche Lösung

Es gibt eine Vielzahl von umweltfreundlichen wiederverwendbaren Behältern, die Du im Alltag verwenden kannst. Hier sind einige Beispiele:

Trinkflaschen: Statt Einweg-Plastikflaschen kannst Du wiederverwendbare Trinkflaschen aus Glas, Edelstahl oder BPA-freiem Kunststoff verwenden. Diese sind langlebig, leicht zu reinigen und können immer wieder mit Wasser, Saft oder anderen Getränken befüllt werden.

Brotdosen und Lunchboxen: Anstelle von Einweg-Verpackungen für Deine Mahlzeiten kannst Du wiederverwendbare Brotdosen und Lunchboxen verwenden. Diese gibt es in verschiedenen Größen und Materialien wie Edelstahl, Glas oder BPA-freiem Kunststoff. Sie eignen sich perfekt für den Transport von Sandwiches, Salaten, Obst und anderen Snacks.

Lebensmittelbehälter: Anstatt Einweg-Plastikfolien oder -beutel zu verwenden, kannst Du auf wiederverwendbare Lebensmittelbehälter umsteigen. Du kannst Deine Reste darin aufbewahren oder Mahlzeiten vorbereiten und einfrieren. Es gibt Behälter aus Glas, Edelstahl oder Silikon, die sicher und leicht zu reinigen sind.

Einkaufstaschen: Vermeide Einweg-Plastiktüten, indem Du wiederverwendbare Einkaufstaschen verwendst. Stofftaschen aus Baumwolle oder anderen umweltfreundlichen Materialien sind robust, faltbar und können immer wieder verwendet werden. Halte einige Taschen in Deinem Auto oder Deiner Handtasche bereit, damit Du sie beim Einkaufen nutzen kannst.

Coffee-to-go-Becher: Wenn Du oft unterwegs Kaffee kaufst, kannst Du einen wiederverwendbaren Coffee-to-go-Becher verwenden. Diese Becher sind in verschiedenen Größen und Materialien wie Edelstahl, Keramik oder Bambus erhältlich. Du kannst Deinen Kaffee frisch halten und reduzierst gleichzeitig den Verbrauch von Einweg-Pappbechern.

Aufbewahrungsbehälter für Haushaltswaren: Vermeide den Kauf von Einweg-Haushaltswaren wie Plastikfolie oder Aluminiumfolie, indem Du wiederverwendbare Aufbewahrungsbehälter verwendest. Du kannst Lebensmittel darin aufbewahren, sie in der Mikrowelle erhitzen und somit den Bedarf an Einwegverpackungen reduzieren.

Es gibt viele Marken und Hersteller, die umweltfreundliche wiederverwendbare Behälter anbieten. Achte beim Kauf darauf, dass sie aus langlebigen Materialien bestehen, BPA-frei sind und den gewünschten Zweck erfüllen. Indem Du auf wiederverwendbare Behälter umsteigst, kannst Du aktiv dazu beitragen, Einwegverpackungen zu reduzieren und Ihren ökologischen Fußabdruck zu verringern.

Platz für Deine Notizen:

Informiere Dich über nachhaltige Fischerei und Meeresfrüchte

Wähle Fisch und Meeresfrüchte, die aus nachhaltigen Quellen stammen und deren Bestände nicht überfischt sind.

Eine nachhaltige Fischerei umfasst eine Reihe von Praktiken und Maßnahmen, die darauf abzielen, die Fischbestände und das marine Ökosystem langfristig zu erhalten und zu schützen. Hier sind einige Merkmale einer nachhaltigen Fischerei:

Bestandsbewirtschaftung: Eine nachhaltige Fischerei beruht auf einer effektiven Bestandsbewirtschaftung. Dies beinhaltet die Überwachung der Fischbestände, um sicherzustellen, dass sie auf einem gesunden und produktiven Niveau bleiben. Die Bestandsbewirtschaftung umfasst die Festlegung von Fangquoten, Schonzeiten, Mindestgrößen für gefangene Fische und die Begrenzung von Beifang.

Schonung gefährdeter Arten: Nachhaltige Fischerei bemüht sich darum, gefährdete Arten zu schützen. Dies kann durch das Festlegen von Schutzgebieten, Fangverboten oder Beschränkungen für gefährdete oder bedrohte Arten erreicht werden.

Selektive Fangmethoden: Nachhaltige Fischereipraktiken verwenden selektive Fangmethoden, um Beifang zu minimieren und nur die gewünschten Arten zu fangen. Dazu gehören beispielsweise Netze mit unterschiedlichen Maschengrößen, um kleinere Fische zu schonen, und Fanggeräte, die nicht die gesamte Meeresumgebung beeinträchtigen.

Umweltauswirkungen minimieren: Nachhaltige Fischerei bemüht sich, die Auswirkungen auf das marine Ökosystem zu minimieren. Dies beinhaltet den Schutz von Lebensräumen wie Korallenriffen, Seegraswiesen und Schutzgebieten. Es werden auch Maßnahmen ergriffen, um Meeresverschmutzung, Überfischung und zerstörerische Fischereipraktiken wie Grundschleppnetzfischerei zu reduzieren.

Transparenz und Rückverfolgbarkeit: Eine nachhaltige Fischerei beinhaltet auch Transparenz und Rückverfolgbarkeit entlang der Lieferkette. Dies ermöglicht es Verbrauchern, Informationen über den Ursprung des gefangenen Fischs, die Fangmethoden und die Nachhaltigkeitspraktiken zu erhalten. Zertifizierungssysteme wie das MSC (Marine Stewardship Council) helfen dabei, nachhaltig gefangene Fische zu kennzeichnen und zu vermarkten.

Zusammenarbeit und internationale Regelungen: Eine nachhaltige Fischerei erfordert eine Zusammenarbeit zwischen Fischereiorganisationen, Regierungen, Wissenschaftlern und Stakeholdern auf nationaler und internationaler Ebene. Internationale Regelungen wie das Übereinkommen der Vereinten Nationen über das Recht des Meeres (UNCLOS) und regionale Fischereiorganisationen spielen eine wichtige Rolle bei der Förderung der nachhaltigen Fischerei.

Eine nachhaltige Fischerei ist von entscheidender Bedeutung, um die Meeresressourcen langfristig zu schützen, die Artenvielfalt zu erhalten und die Abhängigkeit von Fischerei als Nahrungsquelle und Wirtschaftszweig zu verringern.

Wenn Du nach nachhaltig gefangenem Fisch suchst, gibt es einige Aspekte, auf die Du achten kannst, um sicherzustellen, dass Du Fischprodukte aus einer nachhaltigen Fischerei erwirbst. Hier sind einige wichtige Hinweise:

Zertifizierungen: Achte auf Zertifizierungen von anerkannten Organisationen wie dem Marine Stewardship Council (MSC) oder dem Aquaculture Stewardship Council (ASC). Diese Zertifizierungen kennzeichnen Fischprodukte, die aus nachhaltigen Quellen stammen und bestimmte Umweltstandards erfüllen.

Fanggebiet und -methode: Informiere Dich über das Fanggebiet und die verwendete Fangmethode. Einige Gebiete und Fangmethoden können umweltfreundlicher sein als andere. Bevorzuge Fischprodukte aus Gebieten mit gutem Fischereimanagement und wähle selektive Fangmethoden wie Leinenfischerei oder Angelruten, die den Beifang minimieren.

Wildfang oder Aquakultur: Berücksichtige den Unterschied zwischen wild gefangenem Fisch und Fisch aus Aquakultur. Aquakultur kann nachhaltig sein, wenn sie auf umweltfreundliche Weise betrieben wird und die Auswirkungen auf die Umwelt minimiert werden. Informieren Dich über die Produktionsmethoden und ob die Aquakulturzertifizierungen wie ASC vorhanden sind.

Nachhaltige Artenauswahl: Einige Fischarten sind stark überfischt oder bedroht. Informiere Dich über die Nachhaltigkeit einzelner Fischarten und bevorzuge Fischprodukte von nachhaltig bewirtschafteten Beständen. Organisationen wie der MSC bieten Informationen über die Nachhaltigkeit verschiedener Fischarten.

Lokale Fischer oder nachhaltige Fischereiinitiativen: Unterstütze lokale Fischer oder nachhaltige Fischereiinitiativen in Deiner Region. Informiere Dich über lokale Fischereibetriebe, die nachhaltige Praktiken anwenden, und frage nach der Herkunft und Nachhaltigkeit der von ihnen angebotenen Fischprodukte.

Rückverfolgbarkeit: Wenn möglich, wähle Fischprodukte, die rückverfolgbar sind. Das bedeutet, dass Du Informationen über den Fangort, die Fangmethode und die Handelskette erhalten kannst. Eine transparente Lieferkette hilft Dir dabei, die Nachhaltigkeit des Fischprodukts zu überprüfen.

Die Auswahl einer Fischart, die Du bedenkenlos verzehren kannst, hängt stark von Deiner geografischen Region ab. Deshalb ist es ratsam, eine Untersuchung über den Fischfang in Deinem lokalen Gebiet oder Land durchzuführen.

wichtig! Die Kennzeichnung und Verfügbarkeit von nachhaltigem Fisch kann je nach Region variieren. Daher kann es hilfreich sein, sich über lokale Initiativen und nachhaltige Fischereipraktiken in Deiner Umgebung zu informieren.

Platz für Deine Notizen:

Bildung und Bewusstsein schaffen

Informiere Dich über die Auswirkungen Deiner Ernährung auf die Umwelt und teile dieses Wissen mit anderen. Indem Du bewusste Entscheidungen triffst und andere dazu inspirierst, kannst Du einen positiven Beitrag zu einer nachhaltigeren Ernährungsweise leisten.

Um sich über die Auswirkungen Deiner Ernährung auf die Umwelt zu informieren, gibt es mehrere Möglichkeiten:

Online-Ressourcen: Es gibt viele Online-Plattformen, Websites und Tools, die Informationen über die Umweltauswirkungen verschiedener Lebensmittel liefern. Du kannst nach Websites suchen, die Lebensmittelökobilanzen, CO2-Emissionen, Wasserverbrauch und Landnutzung für verschiedene Lebensmittelkategorien bereitstellen. Diese Informationen können Dir helfen, fundierte Entscheidungen über Deine Ernährung zu treffen.

Hier sind einige Beispiele für Online-Ressourcen, die Informationen über die Umweltauswirkungen von Lebensmitteln bieten:

Klimatarier: Diese Website bietet Informationen über den CO2-Fußabdruck verschiedener Lebensmittel und hilft Dir dabei, klimafreundliche Ernährungsentscheidungen zu treffen.

FoodPrint-Rechner: Diese Online-Plattform ermöglicht es Dir, den ökologischen Fußabdruck Deiner Ernährung zu berechnen, einschließlich der CO2-Emissionen und des Wasserverbrauchs.

Eaternity: Eaternity ist eine Plattform, die umweltfreundliche Ernährung fördert. Sie bietet detaillierte Informationen über die CO2-Emissionen von Lebensmitteln und Rezepten.

WWF Seafood Guide: Wenn es um Meeresfrüchte geht, bietet der WWF Seafood Guide Informationen über nachhaltige Fischereipraktiken und die Umweltauswirkungen verschiedener Fischarten.

Der Food Carbon Footprint Calculator von Carbon Trust: Diese Plattform ermöglicht es Dir, den CO2-Fußabdruck von Lebensmitteln zu berechnen und zu vergleichen.

GoodGuide: Diese App und Website bewertet Produkte, einschließlich Lebensmittel, auf Grundlage ihrer Umweltauswirkungen und bietet Informationen über Nachhaltigkeit, Gesundheit und soziale Verantwortung.

Global Foodprint Network: Diese Organisation bietet Tools und Ressourcen zur Berechnung des ökologischen Fußabdrucks Deiner Ernährung sowie zur Sensibilisierung für nachhaltige Ernährung.

Open Food Facts: Diese Plattform sammelt Informationen über Lebensmittelprodukte weltweit und enthält Daten zu Zutaten, Nährwertangaben und ökologischen Auswirkungen.

Eatlowcarbon: Diese Website bietet Informationen über die CO2-Emissionen verschiedener Lebensmittel und gibt praktische Tipps, wie Du Deine Ernährung klimafreundlicher gestalten können.

Leitfaden zur Auswahl umweltfreundlicher Lebensmittel: Diese Ressource bietet eine Zusammenfassung der ökologischen Auswirkungen verschiedener Lebensmittelkategorien und hilft Dir, umweltbewusste Entscheidungen zu treffen.

Indem Du solche Online-Ressourcen nutzt, kannst Du fundierte Entscheidungen über Deine Ernährung treffen und dazu beitragen, die Umweltauswirkungen Deiner Lebensmittelwahl zu reduzieren.

Umweltorganisationen: Zahlreiche Umweltorganisationen beschäftigen sich mit den Auswirkungen von Ernährungsgewohnheiten auf die Umwelt. Sie veröffentlichen Berichte, Leitfäden und Informationen zur nachhaltigen Ernährung.

Hier sind einige Beispiele für Umweltorganisationen, die Informationen zur nachhaltigen Ernährung anbieten:

World Wildlife Fund (WWF): Der WWF bietet umfangreiche Informationen über nachhaltige Ernährung, einschließlich Leitfäden, Berichte und Empfehlungen, wie man umweltfreundliche Lebensmittelentscheidungen treffen kann.

World Resources Institute (WRI): Das WRI beschäftigt sich mit Umweltthemen, einschließlich Ernährung und Nachhaltigkeit. Sie bieten Forschungsergebnisse, Tools und Berichte, um Menschen dabei zu helfen, ihre Ernährungsgewohnheiten umweltfreundlicher zu gestalten.

Umweltprogramm der Vereinten Nationen (UNEP): Das UNEP bietet Ressourcen und Berichte zu verschiedenen Umweltaspekten, einschließlich nachhaltiger Ernährung. Ihre Veröffentlichungen können wertvolle Einblicke in die Zusammenhänge zwischen Ernährung und Umwelt liefern.

Ernährungs- und Landwirtschaftsorganisation (FAO): Die FAO der Vereinten Nationen konzentriert sich auf Ernährungs- und Landwirtschaftsthemen. Sie bieten Informationen über nachhaltige Landwirtschaft und Ernährung, die dabei helfen können, die Umweltauswirkungen der Nahrungsmittelproduktion zu verstehen.

Center for Sustainable Systems, University of Michigan: Dieses Zentrum bietet eine Fülle von Informationen über die Umweltauswirkungen von Lebensmitteln. Sie verfügen über Datenbanken und Ressourcen, die auf umfassenden Forschungsarbeiten basieren.

Environmental Working Group (EWG): Die EWG ist eine Organisation, die sich für Umweltschutz und Gesundheit einsetzt. Sie bieten Ressourcen, die Verbrauchern helfen, gesunde und nachhaltige Lebensmittelentscheidungen zu treffen.

Greenpeace: Greenpeace setzt sich nicht nur für Umweltschutz im Allgemeinen ein, sondern bietet auch Informationen und Kampagnen, die sich mit der Umweltauswirkung von Lebensmitteln befassen.

Friends of the Earth: Diese Organisation setzt sich für soziale und ökologische Gerechtigkeit ein. Sie bieten Informationen und Ressourcen zur nachhaltigen Landwirtschaft und Ernährung.

Sierra Club: Der Sierra Club setzt sich für den Schutz der Umwelt ein. Sie bieten Informationen über umweltfreundliche Lebensmittelwahl und die Auswirkungen von Ernährungsgewohnheiten.

The Humane Society: Diese Organisation setzt sich für den Schutz von Tieren ein und informiert über nachhaltige und tierfreundliche Ernährung.

Besuche die Websites dieser Organisationen, um detaillierte Informationen, Forschungsberichte und Ressourcen zur nachhaltigen Ernährung und den Umweltauswirkungen von Lebensmitteln zu finden.

Nachhaltigkeitslabels und Zertifizierungen: Informiere Dich über Nachhaltigkeitslabels und Zertifizierungen für Lebensmittel. Diese Labels geben Hinweise auf die Umweltauswirkungen und sozialen Aspekte der Lebensmittelproduktion.

Hier sind einige Beispiele für Nachhaltigkeitslabels und Zertifizierungen im Bereich der Lebensmittelproduktion:

MSC-Label (Marine Stewardship Council): Dieses Label kennzeichnet nachhaltig gefangenen Fisch und Meeresfrüchte. Es stellt sicher, dass die Fischerei nach ökologisch verträglichen Praktiken durchgeführt wird, um die Fischbestände und die Meeresumwelt zu schützen.

Bio-Siegel: Das Bio-Siegel zeigt an, dass Lebensmittel gemäß ökologischen Standards angebaut wurden. Es verbietet den Einsatz von synthetischen Pestiziden, Gentechnik und chemischen Düngemitteln und fördert nachhaltige Anbaumethoden.

Fairtrade-Siegel: Dieses Siegel steht für fair gehandelte Produkte und unterstützt Kleinbauern in Entwicklungsländern. Es stellt sicher, dass die Produzenten gerechte Preise erhalten und soziale sowie ökologische Standards eingehalten werden.

Rainforest Alliance Certified: Dieses Label kennzeichnet Produkte, die nach den Standards der Rainforest Alliance aufgebaut wurden. Es fördert umweltfreundliche Anbaumethoden, den Schutz der Biodiversität und die Verbesserung der Lebensbedingungen für Landwirte.

UTZ-zertifiziert: Dieses Label bezieht sich auf nachhaltig angebaute landwirtschaftliche Produkte wie Kaffee, Kakao und Tee. Es fördert umweltfreundliche Praktiken, soziale Verantwortung und Transparenz in der Lieferkette.

EU-Bio-Siegel: Das Bio-Siegel der Europäischen Union zeigt an, dass Lebensmittel nach den EU-weiten ökologischen Standards produziert wurden. Es zeichnet sich durch Produkte aus, die den Einsatz von Pestiziden, Gentechnik und synthetischen Chemikalien begrenzen.

Demeter: Das Demeter-Siegel kennzeichnet biodynamisch angebaute Lebensmittel. Es geht über die üblichen Bio-Standards hinaus und betont die Integration von Landwirtschaft, Natur und Kosmos.

Naturland: Naturland vergibt Zertifikate für ökologische, soziale und ökonomisch nachhaltig erzeugte Lebensmittel. Es setzt sich für umweltfreundliche Landwirtschaft und faire Arbeitsbedingungen ein.

Global Organic Textile Standard (GOTS): Obwohl es sich hauptsächlich auf Textilien bezieht, garantiert dieses Label, dass die Rohstoffe biologisch angebaut wurden und sozialverträgliche Produktionsstandards eingehalten wurden.

EU Ecolabel: Dieses Label zeichnet Produkte und Dienstleistungen aus, die während ihres gesamten Lebenszyklus umweltfreundlich sind. Es erstreckt sich auf eine Vielzahl von Produkten, darunter Lebensmittel.

Durch das Erkennen und Verstehen dieser Nachhaltigkeitslabels und Zertifizierungen kannst Du bewusstere Entscheidungen treffen, die die Umweltauswirkungen und soziale Aspekte der Lebensmittelproduktion berücksichtigen.

Wissenschaftliche Studien: Halt Ausschau nach wissenschaftlichen Studien und Forschungsergebnissen zu den Umweltauswirkungen der Lebensmittelproduktion. Universitäten, Forschungsinstitute und wissenschaftliche Zeitschriften veröffentlichen regelmäßig Studien zu diesem Thema. Du kannst nach Publikationen zu spezifischen Lebensmitteln, Produktionsmethoden oder Umweltauswirkungen suchen, um fundierte Informationen zu erhalten.

Hier sind einige Beispiele für wissenschaftliche Studien und Forschungsergebnisse, die Informationen über die Umweltauswirkungen der Lebensmittelproduktion liefern:

Environmental Impact of Food Production and Consumption (Our World in Data): Diese Studie bietet eine umfassende Analyse der Umweltauswirkungen verschiedener Lebensmittel und Produktionsmethoden.

Global Warming Potential of Organic Agriculture: Eine umfassende Übersicht und Metaanalyse" (Environmental Research Letters) : Diese Studie untersuchte die Umweltauswirkungen von Bio-Landwirtschaft im Vergleich zur konventionellen Landwirtschaft.

The Impacts of Dietary Change on Greenhouse Gas Emissions, Land Use, Water Use, and Health: A Systematic Review (PLOS ONE): Diese Studie untersuchte die Auswirkungen von Ernährungsgewohnheiten auf Treibhausgasemissionen, Landnutzung, Wasserverbrauch und Gesundheit.

The Water Footprint of Food (Proceedings of the National Academy of Sciences): Diese Studie analysierte den Wasserverbrauch verschiedener Lebensmittelprodukte und deren Einfluss auf die Wasserressourcen.

Globaler Landnutzungswandel, wirtschaftliche Globalisierung und die drohende Landknappheit (Proceedings of the National Academy of Sciences): Diese Studie betrachtet den Zusammenhang zwischen wirtschaftlicher Globalisierung, Landnutzung und Landknappheit.

Reduzierung der Umweltauswirkungen von Lebensmitteln durch Produzenten und Verbraucher (Wissenschaft): Diese Forschungsarbeit untersuchte verschiedene Möglichkeiten, wie Produzenten und Verbraucher gemeinsam die Umweltauswirkungen der Lebensmittelproduktion reduzieren können.

Environmental and health effects of the food system (Environmental Science & Technology): Diese Studie beleuchtet die Zusammenhänge zwischen der Lebensmittelproduktion, Umweltauswirkungen und Gesundheit.

Energy use in the US food system (Wissenschaft): Diese Forschung analysiert den Energieverbrauch entlang der Lebensmittel-Lieferkette und zeigt auf, wie Energieeffizienz verbessert werden kann.

Carbon and Water Footprints of Food Livestock Production (Proceedings of the National Academy of Sciences): Diese Studie untersuchte die CO2- und Wasser-Fußabdrücke der Tierhaltung in der Lebensmittelproduktion.

Sustainable diets: the Role of Life Cycle Assessment" (European Journal of Clinical Nutrition): Diese Studie wendet die Lebenszyklusanalyse auf verschiedene Ernährungsmuster an, um deren Umweltauswirkungen zu bewerten.

Durch das Konsultieren solcher wissenschaftlicher Studien und Forschungsergebnisse kannst Du fundierte Informationen über die Umweltauswirkungen der Lebensmittelproduktion erhalten und besser fundierte Entscheidungen über Deine Ernährung treffen.

Lokale Initiativen und Veranstaltungen: Informiere Dich über lokale Initiativen, Nachhaltigkeitsprojekte oder Veranstaltungen in Deiner Umgebung, die sich mit nachhaltiger Ernährung beschäftigen. Dies könnten Vorträge, Workshops oder Gemeinschaftsveranstaltungen sein, bei denen Du Experten triffst und Informationen aus erster Hand erhalten kannst.

Hier sind einige Beispiele für lokale Initiativen und Veranstaltungen im Bereich nachhaltiger Ernährung sowie Orte, an denen Du nach solchen Projekten suchen kannst:

Bauernmärkte: Besuche Bauernmärkte in Deiner Nähe, auf denen lokale Landwirte frische und nachhaltig angebaute Lebensmittel verkaufen. Oft bieten sie auch Workshops und Veranstaltungen an.

Urban Gardening-Gruppen: Schließe Dich einer Urban Gardening-Gruppe an, die Gemeinschaftsgärten oder Gemeinschaftsprojekte zur nachhaltigen Lebensmittelproduktion betreibt.

Nachhaltigkeitsvereine: Viele Städte haben Nachhaltigkeitsvereine oder Umweltgruppen, die Veranstaltungen, Workshops und Aktivitäten rund um nachhaltige Ernährung organisieren.

Ernährungsberater oder -experten: Suche nach lokalen Ernährungsberatern, die Workshops oder Seminare zu nachhaltiger Ernährung anbieten könnten.

Koch-Workshops: Lokale Restaurants, Kochschulen oder Gemeindezentren könnten Koch-Workshops anbieten, die sich auf nachhaltige Zutaten und Zubereitungstechniken konzentrieren.

Umwelt- und Bildungszentren: Besuche Umwelt- und Bildungszentren in Deiner Nähe, die häufig Vorträge, Workshops und Veranstaltungen zu umweltfreundlichen Themen, einschließlich nachhaltiger Ernährung, anbieten.

Unis und Forschungsinstitute: Universitäten und Forschungseinrichtungen könnten öffentliche Vorträge und Veranstaltungen zu Umweltthemen anbieten, bei denen nachhaltige Ernährung behandelt wird.

Stadt- oder Gemeindeverwaltung: Informiere Dich bei Deiner Stadt- oder Gemeindeverwaltung über lokale Initiativen, die sich mit nachhaltiger Ernährung beschäftigen.

Hier sind einige Beispiele wo Du nach solchen Projekten suchen kannst:

Online-Suche: Nutze Suchmaschinen, um nach Veranstaltungen, Workshops oder Initiativen im Bereich nachhaltige Ernährung in Deiner Stadt oder Region zu suchen.

Soziale Medien: Schaue in sozialen Medien nach lokalen Gruppen oder Seiten, die sich mit Umweltthemen beschäftigen. Oft werden dort Veranstaltungen und Initiativen beworben.

Veranstaltungskalender: Überprüfe lokale Veranstaltungskalender in Zeitungen, Online-Plattformen oder Community-Websites.

Lokale Gemeinschaftszentren: Informiere Dich bei Gemeinschaftszentren, Bibliotheken oder Umweltorganisationen vor Ort, ob sie Veranstaltungen zu nachhaltiger Ernährung anbieten.

Universitäten und Bildungseinrichtungen: Universitäten, Hochschulen und Bildungseinrichtungen könnten öffentliche Vorträge und Workshops organisieren, die für die lokale Gemeinschaft offen sind.

Newsletter oder E-Mail-Listen: Melde Dich bei Umweltorganisationen oder Nachhaltigkeitsvereinen an, um Informationen über zukünftige Veranstaltungen zu erhalten.

Indem Du an lokalen Initiativen und Veranstaltungen teilnimmst, kannst Du nicht nur Wissen aus erster Hand erhalten, sondern auch mit Gleichgesinnten in Deiner Gemeinschaft in Kontakt treten und gemeinsam positive Veränderungen unterstützen.

wichtig! Die Informationen über die Umweltauswirkungen von Lebensmitteln ist komplex und von vielen Faktoren abhängen, einschließlich der Produktionsmethoden, des Anbaus, der Verarbeitung und des Transports. Es ist daher ratsam, verschiedene Quellen zu nutzen und Informationen aus verschiedenen Perspektiven zu betrachten, um ein umfassendes Bild zu erhalten.

Platz für Deine Notizen:

Kapitel 4

Nachhaltige Konsum

Die Herausforderungen des Konsums in einer Wegwerfgesellschaft

In einer Wegwerfgesellschaft stehen wir vor zahlreichen Herausforderungen im Hinblick auf nachhaltiges Handeln beim Konsum. Hier sind einige der wichtigsten Aspekte auf die wir noch im einzelnen mit praktischen Tipps eingehen:

Übermäßiger Ressourcenverbrauch: In einer Wegwerfgesellschaft werden oft große Mengen an Ressourcen verwendet, um Produkte herzustellen, die nur für kurze Zeit genutzt werden. Dies führt zu einem enormen Verbrauch von Energie, Wasser, Rohstoffen und anderen natürlichen Ressourcen. Ein nachhaltigerer Ansatz wäre es, den Ressourcenverbrauch zu minimieren und langlebige Produkte zu fördern.

Abfallentsorgung und Müllberge: Die Konsumkultur der Wegwerfgesellschaft erzeugt große Mengen an Abfall und Müll. Dies belastet die Umwelt und führt zu Problemen bei der Entsorgung und dem Recycling von Abfällen. Durch die Reduzierung von Einwegprodukten und die Förderung von Recycling und Wiederverwendung können wir dazu beitragen, die Müllberge zu reduzieren.

Geplante Obsoleszenz: Ein weiteres Problem ist die geplante Obsoleszenz, bei der Produkte absichtlich so hergestellt werden, dass sie schnell veralten oder kaputtgehen. Dadurch wird der Konsumzyklus angekurbelt, da die Verbraucher gezwungen sind, regelmäßig neue Produkte zu kaufen. Diese Praxis ist nicht nur ökonomisch fragwürdig, sondern auch ökologisch problematisch. Eine nachhaltige Alternative besteht darin, langlebige und reparierbare Produkte herzustellen und zu fördern.

Umweltauswirkungen der Produktion: Die Herstellung von Konsumgütern in einer Wegwerfgesellschaft kann erhebliche negative Auswirkungen auf die Umwelt haben. Sie umfasst den Einsatz von Chemikalien, den Energieverbrauch und die Emission von Treibhausgasen. Um nachhaltiger zu handeln, ist es wichtig, auf umweltfreundlichere Produktionsmethoden zu setzen und die Umweltauswirkungen zu minimieren.

Soziale Auswirkungen: Der Konsum in einer Wegwerfgesellschaft hat auch soziale Auswirkungen. Die Nachfrage nach billigen Produkten führt oft zu Ausbeutung von Arbeitskräften in Entwicklungsländern, schlechten Arbeitsbedingungen und unfairen Handelspraktiken. Nachhaltiges Handeln beinhaltet auch den Kauf von Produkten, die unter gerechten Bedingungen hergestellt wurden, und die Unterstützung von Unternehmen, die soziale Verantwortung übernehmen.

Die Frage „Wie kann ich als Konsument Einfluss darauf nehmen?“ ist von großer Relevanz, denn sie führt uns zur Erkenntnis, dass unser individuelles Handeln einen kollektiven Unterschied machen kann. Indem wir bewusste Entscheidungen treffen, Produkte mit Bedacht wählen und uns für nachhaltige Praktiken einsetzen, können wir gemeinsam zu einer positiven Veränderung beitragen.

Um diese Herausforderungen anzugehen, ist ein Umdenken und ein bewussterer Konsum erforderlich. Individuen können ihre Kaufentscheidungen überdenken, langlebige Produkte bevorzugen, weniger verschwenderisch sein und auf Recycling und Wiederverwendung setzen. Darüber hinaus ist es wichtig, dass Unternehmen, Regierungen und die Gesellschaft insgesamt Maßnahmen ergreifen, um eine nachhaltigere Konsumkultur zu fördern und die Auswirkungen der Wegwerfgesellschaft zu verringern.

Bewusster Konsum in allen Lebenslagen

Konsum beim Einkaufen, zu Hause, unterwegs oder beim täglichen tun. Beim Konsumieren gibt es verschiedene Aspekte, die man beachten kann, um nachhaltiger zu handeln.

Kaufe bewusst ein: Überlege Dir, ob Du das Produkt wirklich benötigst, bevor Du es kaufst. Vermeide Impulskäufe und versuche, Deine Bedürfnisse von Deinen Wünschen zu unterscheiden.

Erstelle eine Einkaufsliste: Bevor Du einkaufen gehst, erstelle eine Liste mit den Dingen, die Du wirklich brauchst. Halte Dich während des Einkaufs an diese Liste und versuche, nicht von ihr abzuweichen. Das hilft Dir, fokussiert zu bleiben und unnötige Impulskäufe zu vermeiden.

Setze Dir ein Budget: Lege vor dem Einkaufen ein Budget fest und halte Dich daran. Indem Du ein finanzielles Limit setzt, wirst Du weniger dazu neigen, impulsiv zusätzliche Artikel zu kaufen, die Du nicht wirklich benötigst.

Mache einen Zeitplan: Plane Deine Einkaufszeit sorgfältig, damit Du nicht in Eile bist. Wenn Du gestresst oder gehetzt bist, ist die Versuchung größer, impulsiv zu kaufen. Nimm Dir genügend Zeit, um bewusste Entscheidungen zu treffen.

Überdenke den Kauf: Bevor Du einen Gegenstand kaufst, nimm Dir einen Moment Zeit, um darüber nachzudenken. Frage Dich selbst, ob Du den Artikel wirklich brauchst und ob er Deinen langfristigen Bedürfnissen entspricht. Manchmal hilft es, einen Schritt zurückzutreten und eine Nacht darüber zu schlafen, bevor man eine endgültige Kaufentscheidung trifft.

Meide Verlockungen: Vermeide Orte oder Situationen, die dazu führen könnten, dass Du impulsiv einkaufst. Schaufensterbummel, Online-Shopping ohne konkreten Zweck oder der Besuch von Rabattaktionen können dazu führen, dass Du Dinge kaufst, die Du nicht wirklich brauchst. Sei Dir bewusst, welche Situationen Deine Impulskäufe auslösen, und versuche, ihnen aus dem Weg zu gehen.

Reflektiere Deine Motivation: Frage Dich, warum Du zu einem Impulskauf neigst. Manchmal können Emotionen wie Langeweile, Stress oder Unzufriedenheit dazu führen, dass wir unbewusst nach einer Ablenkung suchen. Indem Du Dich Deiner emotionalen Motivation bewusstwirst, kannst Du alternative Wege finden, um damit umzugehen, anstatt impulsiv einzukaufen.

wichtig! Indem Du diese Strategien anwendest und bewusster mit Deinen Kaufentscheidungen umgehst, kannst Du Impulskäufe effektiv reduzieren und zu einem nachhaltigeren Konsumverhalten gelangen.

Platz für Deine Notizen:

Einkaufsliste erstellen

Plane Deine Einkäufe im Voraus und erstelle eine Liste. Dadurch kannst Du gezielt einkaufen und vermeidest unnötige Käufe.

Das Planen Deines Einkaufs mit Hilfe von Einkaufslisten ist eine effektive Methode, um Dich auf das Wesentliche zu konzentrieren und Impulskäufe zu vermeiden.

Hier sind einige Schritte, die Dir helfen können, Deine Einkaufsliste zu erstellen und effektiv zu nutzen:

Überprüfe Deine Vorräte: Gehe vor dem Einkauf Deine Vorräte durch, um festzustellen, welche Artikel Du tatsächlich benötigst. Schau in Deinen Kühlschrank, Deine Speisekammer und andere Lagerorte, um zu sehen, welche Lebensmittel oder Haushaltsartikel aufgebraucht sind oder bald aufgebraucht werden. Erstelle eine Bestandsliste dieser Lebensmittel.

Priorisiere Deine Bedürfnisse: Überlege Dir, welche Artikel Du wirklich benötigst und welche eher Wünsche sind. Setze die wichtigen Artikel ganz oben auf Deine Liste. Konzentriere Dich auf die Grundnahrungsmittel und andere notwendige Artikel, bevor Du zusätzliche Luxusartikel hinzufügst.

Organisiere Deine Liste: Strukturiere Deine Einkaufsliste nach Kategorien, wie z.B. Obst und Gemüse, Kühlprodukte, Drogerieartikel usw. Dies hilft Dir, den Einkauf effizienter zu gestalten, da Du die Artikel in den verschiedenen Abschnitten des Ladens gezielt abarbeiten kannst.

Ergänze saisonale oder lokal produzierte Artikel: Wenn Du nachhaltiger einkaufen möchtest, kannst Du saisonale oder lokal produzierte Lebensmittel in Deine Liste aufnehmen. Diese sind oft frischer, unterstützen die lokale Wirtschaft und verringern den CO2-Fußabdruck durch den Transport.

Bleibe flexibel: Sei bereit, Deine Liste anzupassen, wenn Du im Geschäft bist. Manchmal sind bestimmte Artikel nicht verfügbar oder es gibt attraktive Sonderangebote für ähnliche Produkte. Sei jedoch vorsichtig, um nicht zu impulsiven Käufen verleitet zu werden und bleibe bei den tatsächlichen Bedürfnissen, die Du zuvor auf Deiner Liste identifiziert hast.

Halte Dich an Deine Liste: Beim Einkaufen ist es wichtig, sich an Deine Einkaufsliste zu halten und nicht von Werbung, Verkaufsaktionen oder Impulsen ablenken zu lassen. Konzentriere Dich auf das, was Du wirklich brauchst, und versuche, nur die auf der Liste stehenden Artikel zu kaufen.

wichtig! Indem Du Deine Einkäufe im Voraus planst und eine strukturierte Einkaufsliste erstellst, kannst Du gezielter einkaufen, Geld sparen und eine nachhaltigere Konsumgewohnheit entwickeln.

Platz für Deine Notizen:

Bio-Produkte bevorzugen

Bio-Lebensmittel werden unter Berücksichtigung bestimmter ökologischer Kriterien angebaut. Sie enthalten weniger Pestizide und Chemikalien und schonen die Umwelt.

Wenn Du Bio-Produkte kaufen möchtest, gibt es einige Dinge zu beachten. Bio-Produkte werden unter bestimmten Standards angebaut und hergestellt, um den Einsatz von chemischen Pestiziden, synthetischen Düngemitteln, Gentechnik und anderen umstrittenen Substanzen zu begrenzen. Hier sind einige Tipps, die Dir helfen, Bio-Produkte zu erkennen und beim Einkauf die richtigen Entscheidungen zu treffen:

Bio-Siegel: Suche nach anerkannten Bio-Siegeln auf den Verpackungen. In verschiedenen Ländern gibt es unterschiedliche Bio-Siegel, die die Einhaltung bestimmter Standards garantieren.

Hier sind einige Beispiele für Bio-Siegel aus verschiedenen Ländern, die auf den Verpackungen von Lebensmitteln zu finden sind:

EU-Bio-Logo: Dieses Siegel wird in der Europäischen Union verwendet und zeigt an, dass ein Produkt den EU-weiten ökologischen Standards entspricht. Es kennzeichnet Lebensmittel, die ohne synthetische Pestizide, Gentechnik und chemische Düngemittel angebaut wurden.

USDA Organic-Siegel: In den USA zeigt dieses Siegel an, dass ein Produkt gemäß den Standards des US Department of Agriculture (USDA) als „bio“ zertifiziert wurde. Es garantiert, dass das Produkt ohne synthetische Pestizide, Gentechnik und bestimmte chemische Zusätze hergestellt wurde.

Bio-Siegel des Bundesministeriums für Ernährung und Landwirtschaft (Deutschland): Dieses Siegel wird in Deutschland verwendet und kennzeichnet Lebensmittel, die den deutschen Bio-Standards entsprechen. Es zeigt, dass Produkte ökologisch angebaut wurden und den Einsatz von synthetischen Pestiziden und Gentechnik vermeiden.

Canada Organic Logo: In Kanada kennzeichnet dieses Logo Lebensmittel, die den kanadischen Standards für Bio-Produkte entsprechen. Es zeigt an, dass Produkte nachhaltig und ohne Gentechnik hergestellt wurden.

Soil Association Organic Logo (UK): Dieses Siegel wird in Großbritannien verwendet und garantiert, dass Produkte den Standards der Soil Association entsprechen, die umfassende ökologische und ethische Kriterien umfassen.

JAS Organic Logo (Japan): In Japan kennzeichnet das JAS Organic Logo Lebensmittel, die den nationalen Standards für biologische Landwirtschaft entsprechen.

Australian Certified Organic Logo: Dieses Siegel wird in Australien verwendet und kennzeichnet Produkte, die gemäß den australischen Bio-Standards produziert wurden.

India Organic Logo: In Indien zeigt dieses Logo an, dass Lebensmittel den nationalen Standards für Bio-Produkte entsprechen.

China Organic Logo: In China kennzeichnet dieses Logo Produkte, die den nationalen Bio-Standards entsprechen.

BioSuisse Knospe (Schweiz): In der Schweiz kennzeichnet die BioSuisse Knospe Produkte, die nach den strengen Standards des Verbandes Bio Suisse hergestellt wurden.

Achte beim Einkauf auf dieses Bio-Siegel, um sicherzustellen, dass die Lebensmittel, die Du kaufst, den jeweiligen ökologischen Standards entsprechen.

Platz für Deine Notizen:

Zutatenliste

Lese die Zutatenliste sorgfältig durch. Bio-Produkte enthalten in der Regel keine künstlichen Farb-, Aroma- oder Konservierungsstoffe. Achte auf eine Liste mit wenigen und natürlichen Zutaten.

Hier sind einige Beispiele dafür, worauf Du in der Zutatenliste achten kannst, um nachhaltigere Lebensmittel zu identifizieren:

Müsli: Ein Bio-Müsli könnte Zutaten wie Haferflocken, getrocknete Früchte, Nüsse und Samen enthalten. Vermeide Müslis mit künstlichen Farb- oder Aromastoffen und achte darauf, dass die Zutatenliste überschaubar und natürlich ist.

Nudelsauce: In einer Bio-Nudelsauce könnten Tomaten, Gemüse, Gewürze und Kräuter die Hauptzutaten sein. Vermeide Produkte mit künstlichen Konservierungsstoffen oder Geschmacksverstärkern.

Joghurt: Bio-Joghurt könnte aus Milch von grasgefütterten Kühen hergestellt sein und natürliche Probiotika enthalten. Suche nach Produkten ohne künstliche Süßstoffe oder Farbstoffe.

Brot: In einem Bio-Brot könnten Vollkornmehl, Wasser, Hefe und Salz die Hauptzutaten sein. Vermeide Brot mit künstlichen Backmitteln oder Zusatzstoffen.

Tiefkühlgemüse: Bio-Tiefkühlgemüse sollte in der Regel nur das Gemüse selbst enthalten, ohne zusätzliche Aromen oder Konservierungsstoffe.

Nüsse: Bio-Nüsse sollten nur die Nüsse selbst als Zutat enthalten, ohne Zugabe von Ölen, Salzen oder künstlichen Geschmacksverstärkern.

Fruchtsaft: In einem Bio-Fruchtsaft könnten nur Früchte ohne Zuckerzusatz oder künstliche Aromen verwendet werden.

Marmelade: Bio-Marmelade könnte aus Früchten, Zucker und eventuell Zitronensaft hergestellt werden. Vermeide Marmeladen mit künstlichen Aromen oder Farbstoffen.

Käse: Bio-Käse könnte aus Milch von artgerecht gehaltenen Tieren produziert werden. Beachte, dass der Käse keine Zusatzstoffe oder künstliche Konservierungsstoffe enthält.

Tofu: Bio-Tofu könnte aus gentechnikfreiem Soja hergestellt werden. Achte auf Produkte ohne künstliche Aromen oder Konservierungsstoffe.

Getränke: Bei Getränken wie Limonaden oder Eistees könnten Bio-Optionen natürliche Süßungsmittel und echte Fruchtaromen verwenden, anstelle künstlicher Zusätze.

Um Dich weiter über Zutatenlisten und nachhaltige Ernährung zu informieren, kannst Du Ernährungsbücher, Online-Ressourcen von Umwelt- und Ernährungsorganisationen sowie Kurse zum Thema nachhaltige Ernährung in Betracht ziehen.

Platz für Deine Notizen:

Preis

Bio-Produkte sind oft etwas teurer als konventionelle Produkte. Dies liegt daran, dass die Produktionskosten für Bio-Landwirte in der Regel höher sind. Sei bereit, etwas mehr Geld auszugeben, wenn Du Bio-Produkte kaufen möchtest.

Der höhere Preis von Bio-Produkten im Vergleich zu konventionellen Produkten lässt sich auf mehrere Faktoren zurückführen:

Anbau- und Produktionsmethoden: Bio-Landwirte verwenden in der Regel anspruchsvollere und ressourcenschonendere Anbau- und Produktionsmethoden. Dies kann mehr Arbeitsaufwand, Zeit und Ressourcen erfordern, was zu höheren Produktionskosten führt.

Verzicht auf chemische Pestizide und Düngemittel: Bio-Landwirte verwenden keine synthetischen Pestizide oder chemischen Düngemittel, sondern setzen auf natürliche Methoden zur Schädlingsbekämpfung und Bodenverbesserung. Dies kann die Ernteerträge beeinflussen und die Kosten erhöhen.

Handarbeit und kleinere Skalierung: Bio-Betriebe sind oft kleiner und arbeiten in kleinerem Maßstab. Die Handarbeit und die sorgfältige Pflege, die für die Einhaltung der Bio-Standards erforderlich sind, können zu höheren Arbeitskosten führen.

Strengere Zertifizierungskriterien: Die Zertifizierung von Bio-Produkten erfordert strenge Kontrollen und Überprüfungen, um sicherzustellen, dass die Produkte den Bio-Standards entsprechen. Diese zusätzlichen Schritte können die Kosten erhöhen.

Längere Anbauphasen und geringere Ernteausfälle: Bio-Landwirte verwenden oft längere Anbauphasen und natürliche Methoden, um das Wachstum der Pflanzen zu fördern. Dies kann zu geringeren Ernteausfällen führen, aber auch zu längeren Produktionszeiten und Kosten.

Umweltfreundliche Praktiken: Die Umstellung auf umweltfreundliche Praktiken und nachhaltige Anbaumethoden kann höhere Investitionen erfordern, was sich auf die Produktionskosten auswirkt.

Kleinere Erntemengen: Aufgrund der Verwendung natürlicher Methoden können Bio-Ernten oft geringere Mengen an Obst, Gemüse oder Getreide produzieren, was den Preis pro Einheit erhöhen kann.

Marktnachfrage und Angebot: Die steigende Nachfrage nach Bio-Produkten kann dazu führen, dass die Preise aufgrund des begrenzten Angebots steigen.

Trotz des höheren Preises entscheiden sich viele Verbraucher für Bio-Produkte aufgrund der Vorteile für die Umwelt, die eigene Gesundheit und ethische Überlegungen. Es ist wichtig zu beachten, dass die höheren Kosten oft mit der Unterstützung nachhaltiger Anbaumethoden und umweltfreundlicher Praktiken einhergehen.

Platz für Deine Notizen:

Bio-Anbau und -Tierhaltung

Bio-Produkte stammen aus Landwirtschaftsbetrieben, die spezifische Vorschriften einhalten, um ihre Produkte als Bio zu kennzeichnen. Dazu gehört der Verzicht auf chemische Pestizide und synthetische Düngemittel. Bei tierischen Produkten bedeutet Bio, dass die Tiere artgerecht gehalten wurden und keine Antibiotika oder Hormone eingesetzt wurden.

Um einen Bio-Landwirtschaftsbetrieb oder eine Bio-Tierhaltung zu erkennen, kannst Du folgende Schritte unternehmen:

Zertifizierungslabel auf Verpackungen: Bio-Produkte tragen häufig offizielle Zertifizierungslabels oder -siegel auf ihren Verpackungen. Achte auf bekannte Bio-Siegel wie das EU-Bio-Logo in Europa, das USDA Organic-Siegel in den USA oder das Bio-Siegel des Bundesministeriums für Ernährung und Landwirtschaft in Deutschland. Siehe Seite : 76

Fragen beim Bauernmarkt oder Direktverkauf: Wenn Du auf einem Bauernmarkt einkaufst oder direkt bei einem Bauernhof kaufst, frage den Anbieter nach seinen Anbau- und Tierhaltungsmethoden. Bio-Bauern sind oft stolz auf ihre Praktiken und können Dir Informationen darüber geben, wie sie ihre Produkte produzieren.

Online-Recherche: Recherchiere im Internet nach Bio-Betrieben in Deiner Region. Viele Bio-Höfe haben Websites, auf denen sie ihre Praktiken, Produkte und Zertifizierungen vorstellen.

Bio-Verzeichnisse und -Organisationen: Es gibt Verzeichnisse und Organisationen, die Bio-Betriebe auflisten. Schaue nach regionalen Bio-Vereinigungen oder -Verbänden, die Informationen über zertifizierte Betriebe bereitstellen.

Besuche vor Ort: Wenn möglich, besuche den Hof persönlich. Bio-Betriebe sind oft offen für Besucher und bieten Führungen an. Dies gibt Dir die Möglichkeit, die Praktiken vor Ort zu sehen und Fragen zu stellen.

Fragen nach Anbau- und Haltungsmethoden: Wenn Du in ein Lebensmittelgeschäft einkaufst, frage die Mitarbeiter nach den Herkunftsorten der Produkte und den Anbaumethoden. In vielen Fällen können sie Dir Auskunft über die Bio-Zertifizierung der Produkte geben.

Vertrauen in bekannte Marken: Bekannte Bio-Marken haben oft strenge Standards und werden regelmäßig von Dritten überprüft. Wenn Du Marken mit einem guten Ruf für Bio-Qualität kaufst, kannst Du davon ausgehen, dass sie die notwendigen Standards einhalten.

Indem Du diese Schritte befolgst, kannst Du Bio-Betriebe und -Produkte identifizieren, die spezifischen Vorschriften für den ökologischen Anbau und die artgerechte Tierhaltung einhalten.

wichtig! Bio-Produkte sind nicht zwangsläufig gesünder oder nährstoffreicher als konventionelle Produkte. Die Entscheidung, Bio-Produkte zu kaufen, kann jedoch zu einer nachhaltigeren Landwirtschaft beitragen und den Einsatz von schädlichen Chemikalien reduzieren.

Platz für Deine Notizen:

Qualität vor Quantität

Kaufe lieber hochwertige Produkte, die länger halten, anstatt billigere Produkte, die schnell verschleißen. Achte auf eine gute Verarbeitung und Materialqualität.

Die Unterscheidung zwischen Qualität und Quantität bei Produkten kann manchmal schwierig sein, aber hier sind einige Tipps, die Dir helfen können, die Qualität eines Produkts zu erkennen:

Bewertungen und Rezensionen: Lese Bewertungen und Rezensionen zu dem Produkt, das Du kaufen möchtest. Kundenfeedback kann Dir einen Einblick in die Qualität des Produkts geben und Dir helfen, die Erfahrungen anderer Käufer zu verstehen.

Marken- und Herstellerreputation: Achte auf die Reputation der Marke oder des Herstellers. Manche Unternehmen haben einen guten Ruf für die Herstellung qualitativ hochwertiger Produkte. Du kannst online recherchieren oder Dich an Empfehlungen von Freunden und Familienmitgliedern orientieren.

Zertifizierungen und Qualitätsstandards: Überprüfe, ob das Produkt Zertifizierungen oder Qualitätsstandards erfüllt. Einige Produkte haben spezifische Zertifizierungen oder Prüfsiegel, die auf eine hohe Qualität hinweisen. Zum Beispiel können Lebensmittel das „Bio"-Siegel tragen oder Elektronikprodukte bestimmte Sicherheitszertifikate haben.

Inhaltsstoffe und Materialien: Schaue Dir die Inhaltsstoffe oder Materialien des Produkts an. Hochwertige Produkte verwenden oft hochwertige Inhaltsstoffe oder Materialien, die länger halten und besser funktionieren. Achte auch auf nachhaltige oder umweltfreundliche Materialien, wenn Dir das wichtig ist.

Verarbeitung und Handwerkskunst: Überlege, wie das Produkt hergestellt wurde. Handgemachte oder handgefertigte Produkte werden oft mit mehr Liebe zum Detail und sorgfältiger Verarbeitung hergestellt. Achte auf Hinweise auf handwerkliches Können oder aufwendige Produktionsverfahren.

Garantien und Kundenservice: Gute Qualität wird oft durch großzügige Garantien oder einen guten Kundenservice unterstützt. Hersteller, die Vertrauen in ihre Produkte haben, bieten oft Garantien an, die über die gesetzlichen Anforderungen hinausgehen. Ein guter Kundenservice kann auch darauf hinweisen, dass das Unternehmen bereit ist, sich um seine Kunden zu kümmern und eventuelle Probleme zu lösen.

wichtig! Qualität ist subjektiv und von Deinen individuellen Bedürfnissen und Vorlieben abhängig. Was für eine Person qualitativ hochwertig ist, mag für eine andere Person möglicherweise nicht so wichtig sein.

Platz für Deine Notizen:

Nachhaltige Textilien

In einer Welt, in der Nachhaltigkeit immer wichtiger wird, spielt auch die Wahl von nachhaltigen Textilien eine bedeutende Rolle. Du kannst als Privatperson eine bewusste Entscheidung treffen, indem Du auf nachhaltige Produktion und Materialien achtest. Dies trägt nicht nur zum Umweltschutz bei, sondern unterstützt auch Unternehmen, die sich für ethische Praktiken einsetzen.

Hier sind einige Tipps, wie Du bei Textilien auf Nachhaltigkeit achten kannst:

Materialien: Bevorzuge natürliche Fasern wie Baumwolle, Leinen oder Wolle, da sie biologisch abbaubar sind. Vermeide synthetische Stoffe wie Polyester, die oft aus nicht erneuerbaren Ressourcen hergestellt werden.

Bio-Zertifizierung: Suche nach Kleidungsstücken mit Bio-Zertifizierung. Diese Produkte werden unter strengen ökologischen Standards hergestellt, die den Einsatz von Pestiziden und schädlichen Chemikalien minimieren.

Fairer Handel: Achte auf das Fair Trade-Siegel, das auf ethische Arbeitsbedingungen und faire Bezahlung der Arbeiter hinweist. Dies unterstützt gerechte Arbeitspraktiken und verbesserte Lebensbedingungen für Menschen in der Textilindustrie.

Recycling: Entscheide Dich für Kleidung aus recycelten Materialien oder wiederverwerteten Stoffen. Dies trägt zur Reduzierung von Abfall und Ressourcenverbrauch bei.

Lokale Produktion: Kaufe bei lokalen Marken oder Unternehmen, um den Transportaufwand zu verringern und lokale Wirtschaften zu unterstützen.

Langlebigkeit: Wähle hochwertige Kleidungsstücke, die Du länger behalten. Qualität statt Quantität reduziert den Bedarf an häufigem Ersatz und minimiert so den Ressourcenverbrauch.

Waschanleitung beachten: Befolge die Waschanleitungen, um die Lebensdauer Deiner Kleidungsstücke zu verlängern. Kälteres Waschen und Lufttrocknen können den Energieverbrauch reduzieren.

Second-Hand und Vintage: Erwäge den Kauf von Second-Hand- oder Vintage-Kleidung. Dies gibt den bereits existierenden Stücken ein neues Leben und trägt zur Verringerung der Textilabfälle bei.

Informiere Dich: Forsche nach Marken, die sich für Nachhaltigkeit engagieren, und informiere Dich über ihre Herstellungsprozesse und Prinzipien.

Mit diesen Tipps kannst Du Deinen Beitrag zur Förderung einer nachhaltigen Textilindustrie leisten und dazu beitragen, eine bessere Zukunft für unseren Planeten zu gestalten.

Platz für Deine Notizen:

Lokale und regionale Produkte

Unterstütze lokale Produzenten und wähle Produkte aus Deiner Region. Dadurch werden Transportwege verkürzt und die lokale Wirtschaft gestärkt.

Durch den Kauf lokaler Produkte trägst Du zur Stärkung der lokalen Wirtschaft, zur Schaffung von Arbeitsplätzen und zur Reduzierung des ökologischen Fußabdrucks bei. Hier sind einige Möglichkeiten, wie Du lokale Produkte unterstützen kannst:

Kaufe direkt bei lokalen Geschäften: Besuche lokale Märkte, Bauernmärkte, Geschäfte und Handwerksbetriebe in Deiner Region. Dort findest Du oft eine Vielzahl von lokalen Produkten, wie frisches Obst und Gemüse, handgefertigte Waren und regionale Spezialitäten.

Informiere Dich über lokale Produzenten: Recherchiere und informiere Dich über lokale Produzenten in Deiner Nähe. Viele haben Websites oder Social-Media-Präsenzen, auf denen Du ihre Produkte kennenlernen kannst. Suche nach Informationen über ihre Herstellungsverfahren, ihre Werte und ihre Geschichte.

Wähle saisonale Produkte: Kaufe Obst, Gemüse und andere Lebensmittel, die entsprechend der jeweiligen Saison angebaut werden. Dies unterstützt lokale Landwirte und verringert die Notwendigkeit für den Transport von weit entfernten Orten.

Teile Dein Wissen: Empfehle lokale Produkte Deinen Freunden, Deiner Familie und Deinen Kollegen. Mundpropaganda ist eine effektive Art, um andere dazu zu ermutigen, ebenfalls lokale Produkte zu kaufen.

Besuche lokale Restaurants und Cafés: Unterstütze lokale Gastronomiebetriebe, die lokale Zutaten und Produkte verwenden. Frage nach, woher die Lebensmittel stammen und ob sie lokal beschafft werden.

Werde Mitglied in einer solidarischen Landwirtschaft (CSA): Eine CSA-Initiative ermöglicht es Dir, direkt von einem lokalen Bauernhof frische Lebensmittel zu beziehen, indem Du eine Mitgliedschaft abschließt. Du erhältst regelmäßige Lieferungen von saisonalen Produkten und unterstützt gleichzeitig den landwirtschaftlichen Betrieb.

wichtig! Indem Du diese Schritte unternimmst, kannst Du aktiv dazu beitragen, lokale Produzenten und die lokale Wirtschaft zu unterstützen.

Platz für Deine Notizen:

Nachhaltiges Renovieren

Bei Renovierungsprojekten geht es nicht nur darum, Räume zu verschönern, sondern auch um die Gelegenheit, Nachhaltigkeit in die Praxis umzusetzen. Als Privatperson hast Du die Möglichkeit, bewusste Entscheidungen zu treffen, die nicht nur Deinem Zuhause zugutekommen, sondern auch der Umwelt.

Hier sind einige Tipps, wie Du nachhaltiger renovieren kannst:

Materialauswahl: Wähle umweltfreundliche Materialien wie recycelte oder recycelbare Produkte, Holz aus nachhaltig bewirtschafteten Wäldern und Farben ohne schädliche Chemikalien.

Lokale Materialien: Verwende lokale Materialien, um den Transportaufwand zu reduzieren und die Umweltauswirkungen zu minimieren.

Upcycling und Wiederverwendung: Erkunde die Möglichkeit, Materialien und Möbelstücke aufzuwerten oder umzuwandeln, bevor Du neue kaufst.

Energiesparende Beleuchtung: Nutze energieeffiziente Beleuchtungsoptionen wie LED-Lampen, um den Energieverbrauch zu senken.

Energieeffiziente Geräte: Wenn Du Elektrogeräte austauschen musst, wähle energieeffiziente Modelle mit niedrigem Energieverbrauch.

Ressourceneffiziente: Plane genau, welche Materialien Du benötigst, um Verschwendung zu minimieren und unnötigen Abfall zu vermeiden.

Umweltfreundliche Farben und Lacke: Verwende umweltfreundliche Farben und Lacke mit niedrigem VOC-Gehalt (flüchtige organische Verbindungen), um die Luftqualität in Deinem Zuhause zu verbessern.

Energieeffiziente Isolierung: Investiere in gute Isolierung, um den Energieverbrauch für Heizung und Kühlung zu reduzieren.

Wasser sparen: Wähle wassersparende Armaturen, Duschköpfe und Toiletten, um den Wasserverbrauch zu minimieren.

Solarenergie nutzen: Falls möglich, integriere Solarenergie in Deine Renovierungspläne, z.B. durch die Installation von Solarpaneelen.

Natürliche Belüftung: Plane Räume so, dass sie eine natürliche Belüftung ermöglichen, um den Bedarf an Klimatisierung zu reduzieren.

Nachhaltige Bodenbeläge: Entscheide Dich für nachhaltige Bodenbeläge wie Kork oder recyceltes Holz.

Minimalistisches Design: Verfolge ein minimalistisches Design, das weniger Materialien und Einrichtungsgegenstände erfordert.

Professionelle Beratung: Konsultiere Experten und Berater, die sich auf nachhaltiges Bauen und Renovieren spezialisiert haben, um die besten umweltfreundlichen Optionen zu erkunden.

Bewusstsein schaffen: Teile Deine Erfahrungen und Erkenntnisse mit Freunden und Familie, um das Bewusstsein für nachhaltiges Renovieren zu fördern.

Durch die Umsetzung dieser Maßnahmen kannst Du sicherstellen, dass Deine Renovierungsprojekte nicht nur Dein Zuhause verschönern, sondern auch die Umwelt schützen und zu einer nachhaltigen Zukunft beitragen.

Platz für Deine Notizen:

Kapitel 5

Energieeffizienz und erneuerbare Energien

Der Einfluss des Energieverbrauchs auf den Klimawandel

Der Energieverbrauch spielt eine entscheidende Rolle beim Klimawandel. Die meisten menschlichen Aktivitäten erfordern Energie, sei es für Transport, Industrie, Haushalte oder die Erzeugung von Strom. Der überwiegende Teil dieser Energie wird aus fossilen Brennstoffen gewonnen, wie Kohle, Erdöl und Erdgas, die bei der Verbrennung Treibhausgase freisetzen, insbesondere Kohlendioxid (CO2).

Der Anstieg der Treibhausgaskonzentrationen in der Atmosphäre ist einer der Hauptfaktoren, die zum Klimawandel beitragen. Treibhausgase wirken wie eine Decke um die Erde und lassen Sonnenlicht hinein, verhindern jedoch, dass die Wärme in den Weltraum entweicht. Dadurch steigt die Durchschnittstemperatur der Erde, was zu einer Reihe von Klimaveränderungen führt.

Ein hoher Energieverbrauch bedeutet eine erhöhte Verbrennung von fossilen Brennstoffen und damit eine größere Freisetzung von Treibhausgasen. Dadurch steigt die Menge an CO2 und anderen Treibhausgasen in der Atmosphäre, was zu einer verstärkten globalen Erwärmung führt.

Die Auswirkungen des Klimawandels sind vielfältig und umfassen unter anderem:

Temperaturanstieg: Der steigende Energieverbrauch trägt zur Erhöhung der globalen Durchschnittstemperatur bei. Dies führt zu Hitzewellen, Dürren und Hitzeextremen, die Landwirtschaft, Wasserressourcen und Ökosysteme beeinträchtigen.

Meeresspiegelanstieg: Durch den Klimawandel schmelzen Gletscher und Eisschilde, was zu einem Anstieg des Meeresspiegels führt. Dies gefährdet Küstengebiete und Inseln und erhöht das Risiko von Überschwemmungen und Sturmschäden.

Extremwetterereignisse: Der Klimawandel verstärkt die Intensität und Häufigkeit von Extremwetterereignissen wie Stürmen, Wirbelstürmen, Starkregen und Überschwemmungen. Diese Ereignisse haben verheerende Auswirkungen auf Menschenleben, Infrastruktur und Ökosysteme.

Veränderungen in Ökosystemen: Der Klimawandel beeinflusst Ökosysteme und die Artenvielfalt. Verschiebungen in Klimazonen können dazu führen, dass bestimmte Pflanzen- und Tierarten ihre natürlichen Lebensräume verlieren oder gefährdet werden.

Um den Einfluss des Energieverbrauchs auf den Klimawandel zu verringern, sind Maßnahmen erforderlich, um den Einsatz erneuerbarer Energien zu fördern und die Energieeffizienz zu verbessern. Die verstärkte Nutzung von Solarenergie, Windenergie, Wasserkraft und anderen erneuerbaren Energiequellen kann dazu beitragen, den Ausstoß von Treibhausgasen zu reduzieren und den Klimawandel einzudämmen. Darüber hinaus ist es wichtig, den Energieverbrauch insgesamt zu reduzieren

Praktische Tipps zur Energieeinsparung im Alltag

In einer Welt, in der der Energieverbrauch stetig steigt und Umweltbelastungen zunehmen, gewinnt die Energieeinsparung im Privatbereich zunehmend an Bedeutung. Glücklicherweise gibt es eine Vielzahl von einfachen und effektiven Maßnahmen, die jeder von uns ergreifen kann, um seinen Energieverbrauch zu reduzieren. Diese Tipps reichen von kleinen Verhaltensänderungen im Alltag bis hin zu größeren Investitionen in energieeffiziente Technologien. Durch die bewusste Umsetzung dieser Empfehlungen können wir nicht nur unsere Energiekosten senken, sondern auch einen positiven Beitrag zum Schutz unserer Umwelt leisten. In diesem Artikel werden einige praktische Tipps vorgestellt, die Privatpersonen dabei unterstützen, Energie effizienter zu nutzen und gleichzeitig nachhaltiger zu leben.

Es gibt viele Möglichkeiten, wie Du als Privatperson Energie einsparen kannst. Hier sind einige Tipps, die Dir dabei helfen können:

Beleuchtung optimiert: Die richtige Beleuchtung kann einen großen Einfluss auf Deinen Energieverbrauch haben. Neben den bisherigen Tipps gibt es noch weitere Möglichkeiten, wie Du noch mehr Energie beim Beleuchten sparen kannst:

Dimmer verwenden: Installiere einen Dimmer, um die Helligkeit der Beleuchtung an den Bedarf anzupassen. Dadurch wird nicht nur Energie gespart, sondern auch eine angenehmere Atmosphäre geschaffen.

Bewegungssensoren einsetzen: Nutze Bewegungssensoren in Räumen wie Fluren oder Badezimmern. Dadurch schaltet sich das Licht automatisch ein, wenn jemand den Raum betritt, und wieder aus, wenn er ihn verlässt.

Zeitschaltuhren nutzen: Verwende Zeitschaltuhren für Außenbeleuchtung oder dekorative Lichter. Dadurch wird sichergestellt, dass sie nur während bestimmter Zeiträume aktiviert sind.

Lichtfarbe berücksichtigen: Helle, kühle Lichtfarben können regenerierend wirken, während warmes Licht eine gemütliche Atmosphäre schafft. Nutze die Lichtfarbe gezielt entsprechend dem Zweck des Raumes.

Reflektierende Oberflächen: Helle Farben auf Wänden und Decken reflektieren das Licht besser, wodurch weniger Beleuchtung erforderlich ist, um den Raum zu erhellen.

Direkte vs. indirekte Beleuchtung: Indirekte Beleuchtung, zum Beispiel durch Spots an Decken oder Wänden, erzeugt eine gleichmäßige Lichtverteilung und vermeidet blendendes Licht. Dies ermöglicht eine effizientere Beleuchtung.

Lichtausrichtung anpassen: Achte darauf, dass die Lichtausrichtung auf die jeweilige Tätigkeit abgestimmt ist. Arbeitsbereiche sollten gut beleuchtet sein, während in Ruhebereichen gedämpftes Licht ausreicht.

Gruppenschaltungen einrichten: Richte Gruppenschaltungen ein, um mehrere Lampen gleichzeitig ein- und auszuschalten.

Durch diese zusätzlichen Schritte kannst Du nicht nur den Energieverbrauch Deiner Beleuchtung weiter reduzieren, sondern auch eine optimale Beleuchtung in Deinem Zuhause schaffen.

Platz für Deine Notizen:

Effiziente Geräte verwenden

Die Auswahl und der sorgfältige Umgang mit Elektrogeräten können einen erheblichen Einfluss auf Deinen Energieverbrauch haben. Achte beim Kauf neuer Geräte auf deren Energieeffizienzklasse. Modelle mit höheren Klassen, wie A++ oder A+++, sind in der Regel energieeffizienter und verbrauchen weniger Strom im Betrieb.

Neben der Auswahl energieeffizienter Geräte gibt es noch weitere Möglichkeiten, um beim Einsatz von Elektrogeräten Energie zu sparen:

Temperatur anpassen: Bei Kühlschränken, Gefriertruhen, Waschmaschinen und Geschirrspülern lässt sich oft die Temperatur einstellen. Wähle eine niedrigere Temperatur, die dennoch ausreichend ist, um die gewünschten Ergebnisse zu erzielen.

Eco-Modi nutzen: Viele moderne Elektrogeräte verfügen über Eco- oder Energiespar-Modi. Nutze diese Optionen, um den Energieverbrauch zu reduzieren, ohne die Leistung stark zu beeinträchtigen.

Vollständig beladen: Waschmaschinen, Geschirrspüler und Trockner sollten immer möglichst voll beladen werden, um den Energieverbrauch pro Ladung zu minimieren.

Regelmäßige Wartung: Halte Deine Geräte in gutem Zustand, indem Du Filter, Lüftungsgitter und Kühlschlangen sauber hältst. Eine gute Wartung gewährleistet einen effizienten Betrieb.

Kurzprogramme wählen: Viele Geräte bieten Kurzprogramme an, die den Energieverbrauch reduzieren, indem sie kürzere Laufzeiten haben.

Wärmeverlust minimieren: Prüfe, ob Deine Geräte Wärme abstrahlen, die anderen Räumen Schaden zufügen könnte. Kühlschränke und Trockner sollten so platziert werden, dass sie nicht übermäßig erhitzt werden.

Ausschalten im Urlaub: Wenn Du längere Zeit verreist, schalte nicht benötigte Geräte komplett aus. Dies verhindert Standby-Verbrauch. Denke auch an Deinen Router.

Ladegeräte ziehen: Ziehe Ladegeräte für Handys, Laptops und andere Geräte aus der Steckdose, wenn sie nicht in Benutzung sind. Auch im Standby-Modus verbrauchen sie Energie.

Durch diese zusätzlichen Schritte beachtest, kannst Du den Energieverbrauch Deiner Elektrogeräte weiter reduzieren und zur Energieeffizienz Deines Haushalts beitragen.

Platz für Deine Notizen:

Heizung und Kühlung regulieren

Die optimale Kontrolle über Heizung und Kühlung kann erheblich zur Energieeinsparung beitragen. Neben den bereits genannten Tipps gibt es weitere Möglichkeiten, um Deinen Energieverbrauch im Zusammenhang mit Heizung und Kühlung zu reduzieren:

Programmierbare Thermostate nutzen: Verwende programmierbare Thermostate, um die Temperatur automatisch anzupassen. Senke die Temperatur nachts oder wenn Du nicht zu Hause bist und erhöhe sie wieder, wenn Du Dich im Raum aufhältst.

Zonenheizung einrichten: Falls möglich, richte Zonenheizung in Deinem Zuhause ein. Dadurch kannst Du verschiedene Räume individuell heizen oder kühlen und dort Energie sparen, wo sie nicht benötigt wird.

Wärmequellen beachten: Stelle keine wärmeerzeugenden Geräte wie Lampen oder Elektronikgeräte in der Nähe des Thermostats auf. Dies könnte zu einer falschen Temperaturregelung führen.

Dämmung verbessern: Überprüfe, ob Deine Wände, Dachböden und Böden ausreichend gedämmt sind. Eine gute Dämmung trägt dazu bei, die Temperatur stabil zu halten und den Energieverbrauch zu senken.

Natürliche Belüftung nutzen: Nutze im Sommer die kühlen Morgen- und Abendstunden, um das Haus durchzulüften, und schließe dann die Fenster, wenn es draußen heiß wird. Verwende Ventilatoren, um die Luftzirkulation zu verbessern, ohne die Klimaanlage zu beanspruchen.

Wartung von Klimaanlagen und Heizsystemen: Achte darauf, dass Deine Klimaanlage und Dein Heizsystem regelmäßig gewartet werden. Saubere Filter und effiziente Systeme verbrauchen weniger Energie.

Thermische Vorhänge verwenden: Isolierende Vorhänge können dazu beitragen, dass Wärme im Winter drinnen bleibt und im Sommer draußen bleibt, was den Energiebedarf für Heizen und Kühlen reduziert.

Sonnen- und Windrichtung beachten: Überlege, wie die Sonneneinstrahlung und Windrichtung sich auf Deine Raumtemperatur auswirken. Nutze die Sonneneinstrahlung im Winter, um Räume natürlich aufzuwärmen, und blockiere sie im Sommer, um Überhitzung zu verhindern.

Indem Du diese zusätzlichen Maßnahmen ergreifst, kannst Du nicht nur Deinen Komfort verbessern, sondern auch erhebliche Energieeinsparungen im Bereich Heizung und Kühlung erzielen.

Platz für Deine Notizen:

Isolierung verbessern

Eine effektive Isolierung ist entscheidend, um den Energieverbrauch Deines Hauses zu minimieren. Neben den bisherigen Tipps gibt es weitere Maßnahmen, die Du ergreifen kannst, um noch mehr Energie durch eine bessere Isolierung zu sparen:

Dachisolierung: Achte darauf, dass Dein Dach gut isoliert ist, da hier viel Wärme verloren gehen kann. Dachbodenisolierung kann dazu beitragen, den Wärmeverlust im Winter und den Wärmeeintritt im Sommer zu reduzieren.

Keller und Boden: Isoliere auch den Keller und den Boden, um kalte Luft von unten fernzuhalten und die Raumtemperatur zu stabilisieren.

Wärmebrücken minimieren: Identifiziere und isoliere Wärmebrücken wie Balken, Rohre oder andere Bereiche, an denen Wärme leicht entweichen kann.

Fensterfolien verwenden: Spezielle Fensterfolien können die Isolierung von Glas verbessern, ohne die Sicht zu beeinträchtigen. Sie reduzieren Wärmeverluste im Winter und halten im Sommer Hitze ab.

Vorhänge und Rollläden: Schließe schwere Vorhänge und Rollläden in der Nacht, um Wärmeverluste zu minimieren. Tagsüber kannst Du sie öffnen, um passiv von der Sonneneinstrahlung zu profitieren.

Luftdichtheit erhöht: Dichte undichte Fenster und Türen ab, um Zugluft zu reduzieren. Verwende Dichtungsstreifen oder Dichtungsmasse, um Energieverluste zu minimieren.

Dämmstoffe wählen: Bei Neubauten oder Renovierungen wähle hochwertige Dämmstoffe mit hohem R-Wert (Wärmedurchgangswiderstand). Diese bieten eine bessere Isolierungsleistung.

Wände isolieren: Prüfe die Wandisolierung und Überlege, ob zusätzliche Maßnahmen wie Innendämmung oder Außendämmung sinnvoll sein könnten.

Fenstertausch: Falls Deine Fenster alt und ineffizient sind, könnte ein Austausch durch energieeffiziente Fenster eine langfristige Investition sein, die den Wärmeverlust erheblich reduziert.

Indem Du diese erweiterten Isolierungsstrategien in Betracht ziehst, kannst Du nicht nur die Energieeffizienz Deines Hauses verbessern, sondern auch langfristig von reduzierten Energiekosten profitieren.

Platz für Deine Notizen:

Wasser sparen

Wassereffizienz ist ein wichtiger Aspekt der Energieeinsparung im Haushalt. Neben den bisherigen Tipps gibt es weitere Möglichkeiten, wie Du noch mehr Wasser sparen kannst:

Wasserarmaturen nutzen: Verwende wassersparende Armaturen wie Wasserhähne mit Niederdruckdurchfluss oder berührungslose Sensorenhähne. Diese begrenzen den Wasserfluss, ohne den Komfort zu beeinträchtigen.

Toiletten optimieren: Installiere wassersparende Toiletten mit Dual-Spülungsoptionen. Dadurch kannst Du unterschiedliche Wassermengen für verschiedene Spülvorgänge verwenden.

Duschzeit reduzieren: Verkürze die Duschzeit, um den Wasserverbrauch zu reduzieren. Ein Timer oder eine Sanduhr im Badezimmer kann dabei helfen.

Auffangbehälter nutzen: Platziere Auffangbehälter unter den Wasserhähnen in der Küche und im Badezimmer. Das aufgefangene Wasser kann für das Bewässern von Pflanzen oder andere Zwecke wiederverwendet werden.

Sparprogramme wählen: Nutze bei Waschmaschinen und Geschirrspülern die Sparprogramme, um den Wasserverbrauch zu minimieren.

Gartenbewässerung optimieren: Verwende Tropfbewässerung oder Sprinkler mit Timer für den Garten. Dies hilft, Wasser genau dann abzugeben, wenn es benötigt wird, und reduzierte Verschwendung.

Auffangsystem für Regenwasser: Installiere ein Regenwasserauffangsystem, um das gesammelte Regenwasser für Bewässerung und andere nicht trinkbare Zwecke zu verwenden.

Wasserbewusstsein schaffen: Ermutige alle Haushaltsmitglieder, bewusster mit Wasser umzugehen, und erkläre ihnen, wie sie aktiv zum Wassersparen beitragen können.

Wasserrechnung im Blick behalten: Behalte Deine Wasserrechnung im Auge, um Veränderungen im Verbrauch zu erkennen und potenzielle Lecks zu identifizieren.

Durch die Umsetzung dieser erweiterten Maßnahmen kannst Du nicht nur Deine Wasserkosten reduzieren, sondern auch einen Beitrag zur Erhaltung der kostbaren Ressource Wasser leisten.

Platz für Deine Notizen:

Energiebewusst kochen

Die Küche ist nicht nur der Ort, an dem köstliche Mahlzeiten zubereitet werden, sondern auch ein Raum, in dem Du aktiv dazu beitragen kannst, Energie zu sparen und nachhaltiger zu leben.

Hier einige weitere Beispiele, wie Du in der Küche Energie sparen kannst:

Schnellkochtopf nutzen: Ein Schnellkochtopf verkürzt die Garzeit von Speisen erheblich und spart somit Energie.

Wasserkocher verwenden: Für das Erhitzen von Wasser ist ein Wasserkocher oft effizienter als das Herdplattenkochen.

Auftauen im Kühlschrank: Lasse gefrorene Lebensmittel im Kühlschrank auftauen, bevor Du sie bereitest. Die Kälte wird genutzt, um den Kühlschrank zu kühlen, was wiederum Energie spart.

Energieeffiziente Geräte: Investiere in energieeffiziente Küchengeräte mit dem EU-Energielabel, um den Energieverbrauch zu minimieren.

Mehrere Gerichte gleichzeitig zubereiten: Wenn Du den Ofen benutzt, versuche, mehrere Gerichte gleichzeitig zuzubereiten, um die Hitze optimal zu nutzen.

Kochzeiten optimieren: Lerne die idealen Garzeiten für verschiedene Lebensmittel, um Überkochen zu vermeiden und Energie zu sparen.

Deckel für den Wasserkocher verwenden: Verwende den Deckel, wenn Du Wasser im Wasserkocher erhitzt, um die Aufheizzeit zu verkürzen.

Schnelle Küchengeräte nutzen: Verwende die Mikrowelle oder einen Toaster für kleine Portionen oder Aufwärmaufgaben, um weniger Energie als bei einer großen Herd zu verbrauchen.

Restwärme nutzen: Schalte den Herd oder den Ofen einige Minuten vor Ende der Garzeit aus, um die Restwärme für die Fertigstellung zu nutzen.

Kochplan erstellen: Plane Deine Mahlzeiten im Voraus, um unnötiges Warten auf das Aufkochen von Wasser oder das Vorheizen des Ofens zu vermeiden.

Wärmequellen isolieren: Halte den Ofen geschlossen und den Deckel auf den Töpfen, um die Wärme besser zu isolieren und den Energieverlust zu minimieren.

Richtigen Topfdeckel verwenden: Verwende gut sitzenden Deckel, um Dampfverlust und längere Kochzeiten zu verhindern.

Indem Du diese Ratschläge beherzigst, kannst Du nicht nur Energie sparen, sondern auch deine kulinarischen Kreationen optimieren.

Platz für Deine Notizen:

Wasch- und Spülmaschine effizient nutzen

Die Wasch- und Spülmaschine optimal zu nutzen, trägt erheblich zur Energie- und Wassereinsparung bei. Hier sind einige weitere Tipps, um noch mehr Ressourcen zu schonen:

Vorwäsche vermeiden: Moderne Waschmaschinen sind oft in der Lage, auch stark verschmutzte Wäsche ohne Vorwäsche effektiv zu reinigen. Verzichte auf die Vorwäsche, um Wasser und Zeit zu sparen.

Halbe Beladungsoptionen: Einige Maschinen bieten Programme speziell für halbe Beladungen an. Nutze diese Optionen, wenn Du nicht genug Wäsche für eine volle Ladung hast, um den Wasserverbrauch zu reduzieren.

Wassersparmodi: Viele Waschmaschinen haben Wassersparmodi oder Öko-Programm. Diese weniger Wasser und Energie, um die gleichen Ergebnisse zu erzielen.

Kurzprogramme: Wenn die Wäsche nicht stark verschmutzt ist, nutze die Kurzprogramme, um die Waschzeit und den Energieverbrauch zu reduzieren.

Kaltwäsche verwenden: Moderne Waschmittel können auch bei niedrigeren Temperaturen effektiv arbeiten. Verwende kühleres Wasser, um Energie zu sparen. Das Waschen bei 60 Grad Celsius und höher ist oft nicht zwingend erforderlich, um Hygiene zu gewährleisten, da die Enzyme auch bei niedrigeren Temperaturen gut arbeiten können. Darüber hinaus kann das Waschen bei höheren Temperaturen mehr Energie verbrauchen und die Lebensdauer der Textilien sowie deren Farben beeinträchtigen.

Handspülgang vermeiden: Lasse das Geschirr nicht von Hand vorspülen, bevor es in die Spülmaschine kommt. Moderne Spülmaschinen sind in der Regel effizient genug, um Speisereste zu entfernen.

Teller ordentlich beladen: Platziere das Geschirr so, dass es optimal in die Maschine passt, ohne dass es zu Überlappungen kommt. Dies gewährleistet eine gründliche Reinigung bei jeder Ladung.

Siebe und Dichtungen prüfen: Halte die Siebe und Dichtungen von Wasch- und Spülmaschinen sauber, um die Effizienz der Geräte aufrechtzuerhalten.

Wartung beachten: Beachte die Wartungsanweisungen Deiner Geräte, um sicherzustellen, dass sie optimal funktionieren. Eine regelmäßige Reinigung kann den Energieverbrauch senken.

Indem Du diese zusätzlichen Schritte berücksichtigst, kannst Du nicht nur deine Wasch- und Spülmaschine effizienter nutzen, sondern auch Wasser und Energie sparen. Dies trägt nicht nur zur Kostensenkung bei, sondern auch zur Reduzierung Deines ökologischen Fußabdrucks.

Platz für Deine Notizen:

Standby-Verbrauch reduzieren

Die Reduzierung des Standby-Verbrauchs ist eine einfache Möglichkeit, Energie zu sparen. Hier sind einige erweiterte Tipps, wie Du noch effizienter mit Deinen Elektronikgeräten umgehen kannst:

Smart-Steckdosen verwenden: Nutze intelligente Steckdosen, die per Smartphone-App gesteuert werden können. So kannst Du Geräte auch aus der Ferne ausschalten, wenn Du es vergessen hast.

Zeitschaltuhren nutzen: Verwende Zeitschaltuhren für Geräte wie Fernseher oder Computer. Stelle sie so ein, dass die Geräte automatisch nach einer bestimmten Zeit ausgeschaltet werden, wenn sie nicht verwendet werden.

Netzwerkabschaltung: Bei Computern und Routern kann die Netzwerkabschaltung so eingestellt werden, dass sie außerhalb der Nutzungszeiten automatisch deaktiviert wird.

Stromfresser identifizieren: Ein Energiemessgerät kann Dir dabei helfen, Geräte mit hohem Standby-Verbrauch zu identifizieren. So kannst Du gezielt gegensteuern.

Fernbedienungen konsolidieren: Verwende universelle Fernbedienungen oder Smartphone-Apps, um mehrere Geräte gleichzeitig auszuschalten.

Gerätegruppen definieren: Schließe Geräte, die Du gleichzeitig nutzt, an derselben Steckdosenleiste an. So kannst Du sie mit einem Schalter ausschalten und Standby-Verbrauch verhindern.

Energiesparmodus verwenden: Aktiviere den Energiesparmodus bei Computern und Konsolen, wenn Du sie nicht verwendest. Diese Modi reduzieren den Energieverbrauch erheblich.

Leuchtanzeige deaktivieren: Viele Geräte haben eine Leuchtanzeige, die im Standby-Modus weiterhin Energie verbraucht. Deaktiviere sie, wenn möglich.

Batterieladegeräte ziehen: Ziehe Ladegeräte für Mobiltelefone, Laptops und andere Geräte aus der Steckdose, wenn sie nicht in Benutzung sind. Sie verbrauchen auch im Standby-Modus Energie.

Effiziente Nutzung von Funksteckdosen: Funksteckdosen bieten eine clevere Möglichkeit zur Energieeinsparung, besonders in schwer erreichbaren Bereichen. Indem Du verschiedene Stromkreise festlegst und einen praktischen „Alles aus"-Taster einrichtest, kannst Du ganz einfach unnötig laufende Geräte vom Stromkreis trennen, wenn Du das Haus verlässt.

Diese praktischen Steckdosen erlauben es Dir, Geräte, die ansonsten im Standby-Modus verharren und Energie verbrauchen würden, vollständig auszuschalten, ohne dass Du mindestens den Stecker ziehen musst. Du kannst sie bequem per Fernbedienung oder sogar über Smartphone-Apps kontrollieren. Dies ist besonders nützlich für Geräte, die schwer zugänglich sind, wie zum Beispiel Unterhaltungselektronik hinter Möbeln oder schwer erreichbare Steckdosen.

Die Option, verschiedene Stromkreise festzulegen, erlaubt es Dir, die Kontrolle über bestimmte Bereiche oder Geräte zu behalten. Und dank der „alles aus"-Taste kannst Du mit einem einfachen Knopfdruck sicherstellen, dass alle unnötigen Geräte gleichzeitig ausgeschaltet werden, wenn Du das Haus verlässt. Auf diese Weise sparst Du nicht nur Energie, sondern kannst auch bequem und effizient sicherstellen, dass nichts mehr eingeschaltet bleibt, wenn es nicht gebraucht wird.

Indem Du diese Tipps befolgst, kannst Du Deinen Energieverbrauch deutlich reduzieren und gleichzeitig die Umwelt schonen.

Platz für Deine Notizen:

Home Office optimieren

Ein energieeffizientes Home Office trägt nicht nur zur Energieeinsparung bei, sondern auch zur Produktivität und Nachhaltigkeit. Hier sind einige erweiterte Tipps, wie Du Dein Home Office noch effizienter gestalten können:

Natürliche Beleuchtung nutzen: Positioniere Deinen Schreibtisch in der Nähe von Fenstern, um das Tageslicht optimal zu nutzen. Dadurch kannst Du künstliche Beleuchtung reduzieren.

Energiesparmodus verwenden: Aktiviere den Energiesparmodus oder den Ruhezustand auf Deinem Computer, wenn Du ihn nicht verwendest. Dies verringert den Energieverbrauch, während Du Pausen machst.

Standby-Verbrauch minimieren: Verwende Steckdosenleisten mit Ein-/Aus-Schalter, um alle Geräte im Home Office gleichzeitig auszuschalten, wenn Du die Arbeit beendet hast.

Optimale Raumtemperatur einstellen: Stelle die Raumtemperatur auf ein angenehmes, aber energiesparendes Niveau ein. Verwende gegebenenfalls einen Ventilator, um die Luftzirkulation zu verbessern.

Laptop statt Desktop-PC: Wenn möglich, verwende einen Laptop anstelle eines Desktop-PCs. Laptops verbrauchen weniger Energie und sind flexibler im Energieverbrauch.

Energieeffiziente Geräte wählen: Wenn Du neue Geräte für Dein Home Office kaufst, achte auf die Energieeffizienzklasse. Dies gilt für Computer, Drucker, Monitore usw.

Richtige Bildschirmhelligkeit: Stelle die Helligkeit Deines Monitors richtig ein. Ein zu heller Bildschirm verbraucht mehr Energie.

Automatische Abschaltung: Aktiviere die automatische Abschaltung für Deine Geräte, wenn sie nicht aktiv genutzt werden. Gilt für Drucker, Scanner, externe Festplatten usw.

Akkubetrieb nutzen: Verwende den Akkubetrieb Deines Laptops, wenn Du ohne externe Stromquelle arbeiten kannst. Dadurch wird der Energieverbrauch weiter reduziert.

Papier sparen: Nutze digitale Dokumente und Kommunikation, um den Papierverbrauch zu minimieren. Weniger Drucken bedeutet weniger Energieverbrauch für Drucker und weniger Ressourcenverbrauch insgesamt.

Indem Du diese erweiterten Maßnahmen in Deinem Home Office umsetzt, kannst Du nicht nur Energie sparen, sondern auch ein umweltbewusstes und effizientes Arbeitsumfeld schaffen.

Platz für Deine Notizen:

Hier sind noch weitere Möglichkeiten, wie Du Energie und Wasser sparen kannst:

Energieeffiziente Fenster: Investiere in energieeffiziente Fenster, die Wärme im Winter speichern und im Sommer abhalten.

Kleidung angemessen verwenden: Ziehe Dich je nach Wetter angemessen an, bevor Du die Heizung oder Klimaanlage einschaltest.

Kühl- und Gefrierschrank optimieren: Halte die Tür Deines Kühl- und Gefrierschranks möglichst kurz geöffnet, um den Energieverbrauch zu reduzieren. Achte darauf, dass die Dichtungen intakt sind und die Temperatur richtig eingestellt ist.

Wäscheleinen verwenden: Trockne Deine Wäsche an der frischen Luft statt im Wäschetrockner. Das spart nicht nur Energie, sondern verlängert auch die Lebensdauer Deiner Kleidung.

Lüftungssysteme reinigen: Halte die Lüftungssysteme Deines Hauses sauber, damit sie effizient arbeiten können. Verstopfte Lüftungsschlitze und Filter erhöhen den Energieverbrauch.

Badezimmer optimieren: Verwende wassersparende Dusch- und Wasserhahnköpfe, um den Wasserverbrauch im Badezimmer zu reduzieren. Schließe den Wasserhahn beim Zähneputzen oder Einseifen.

Richtiges Lüften: Lüfte Räume kurz und intensiv, anstatt Fenster ständig gekippt zu lassen. Dadurch wird unnötiger Wärmeverlust im Winter und Wärmeeintritt im Sommer vermieden.

Kühl- und Gefrierschrank abtauen: Halte Deine Geräte eisfrei, um die Energieeffizienz zu erhöhen. Eine Eisschicht erfordert mehr Energie, um die gewünschte Temperatur zu erreichen.

Strom aus erneuerbaren Quellen beziehen: Wenn möglich, wechsel zu einem Stromanbieter, der Strom aus erneuerbaren Quellen liefert.

Dämmung von Heizungsrohren: Isoliere die Heizungsrohre in Deines Haus, um Wärmeverluste auf dem Weg zu den Heizkörpern zu minimieren.

Wasserkocher statt Herd: Nutze einen Wasserkocher, um Wasser für Tee oder Kaffee zu erhitzen, da er weniger Energie als eine Herd benötigt.

Reparieren statt wegwerfen: Repariere kaputte Geräte und Gegenstände, anstatt sie sofort zu ersetzen. Dadurch verlängert sich ihre Lebensdauer und reduziert Abfall.

Fernsehabende organisieren: Plane Fernsehabende oder andere elektronikintensive Aktivitäten, um mehrere Aktivitäten in einem einzigen Zeitraum zu kombinieren, anstatt mehrmals einzuschalten.

Solar-Ladegeräte verwenden: Nutze Solar-Ladegeräte für kleine elektronische Geräte wie Smartphones oder Tablets, um diese umweltfreundlich aufzuladen.

Energieberatung in Anspruch nehmen: Bei größeren Renovierungsprojekten oder neuen Gebäuden kann eine professionelle Energieberatung helfen, die besten energieeffizienten Maßnahmen zu identifizieren.

Indem Du diese vielfältigen Maßnahmen in Deinem Alltag umsetzt, kannst Du nicht nur Energie sparen, sondern auch einen positiven Einfluss auf die Umwelt haben und zur Nachhaltigkeit beitragen.

Platz für Deine Notizen:

Erneuerbare Energiequellen und Möglichkeiten zur Nutzung erneuerbarer Energien

Es gibt verschiedene erneuerbare Energiequellen und Möglichkeiten, um die Umwelt zu schonen. Hier sind einige der wichtigsten:

Solarenergie

Die Sonne ist eine reichlich vorhandene Energiequelle. Solarzellen können Sonnenlicht direkt in elektrische Energie umwandeln. Solarpanels werden auf Dächern von Gebäuden installiert, um Strom zu erzeugen, oder sie werden in großen Solarparks verwendet. Solarthermie wird verwendet, um Wärmeenergie für Warmwasser oder Raumheizung zu erzeugen.

Als private Person gibt es mehrere Möglichkeiten, Solarenergie zu nutzen und umzusetzen:

Photovoltaik-Anlage oder Balkonkraftwerke auf dem Dach: Du kannst Solarpanels auf dem Dach Deines Hauses installieren, um Sonnenlicht direkt in elektrische Energie umzuwandeln. Die erzeugte Energie kann entweder direkt im Haushalt genutzt oder ins öffentliche Stromnetz eingespeist werden. Dadurch kannst Du Deinen eigenen Strombedarf decken und möglicherweise sogar Überschussstrom verkaufen.

Solarthermie für Warmwasser: Du kannst auch eine Solarthermieanlage installieren, um Sonnenenergie zur Erwärmung von Wasser zu nutzen. Solarkollektoren nehmen die Sonnenwärme auf und übertragen sie an einen Wasserspeicher, der dann für Warmwasser im Haushalt verwendet werden kann. Dies kann helfen, den Bedarf an konventioneller Heizenergie zu reduzieren.

Solarladegeräte: Du kannst tragbare Solarladegeräte verwenden, um Deine elektronischen Geräte wie Smartphones, Tablets oder Laptops mit Solarenergie aufzuladen. Diese Ladegeräte haben eingebaute Solarzellen und können tagsüber Sonnenlicht absorbieren, um Energie zu erzeugen.

Gemeinschaftliche Solarenergieprojekte: In einigen Regionen gibt es auch die Möglichkeit, sich an gemeinschaftlichen Solarenergieprojekten zu beteiligen. Dabei können mehrere Haushalte oder Gemeinschaften zusammenarbeiten, um eine größere Solaranlage zu errichten und die erzeugte Energie gemeinsam zu nutzen. Dies kann eine kostengünstigere Option sein, insbesondere wenn Du nicht über die Möglichkeit verfügst, Solarpanels auf Deinem eigenen Dach zu installieren.

Bevor Du Dich für die Installation einer Solaranlage entscheidest, solltest Du Folgendes beachten:

Überprüfe die Eignung Deines Standorts: Stelle sicher, dass dein Dach genügend Sonnenlicht erhält und nicht durch hohe Gebäude, Bäume oder andere Hindernisse verschattet wird.

Prüfe die gesetzlichen Bestimmungen: Informiere Dich über lokale Vorschriften, Genehmigungsverfahren und Richtlinien für die Installation von Solaranlagen. Manche Gebäude oder Wohnviertel haben möglicherweise Einschränkungen oder Vorgaben, die beachtet werden müssen.

Kalkuliere die Kosten: Die Installation einer Solaranlage erfordert eine finanzielle Investition. Berücksichtige die Kosten für die Anschaffung der Solarpanels, Wechselrichter, Montagesysteme, Verkabelung und Installation. Es kann auch sinnvoll sein, Angebote von verschiedenen Anbietern einzuholen und mögliche staatliche Förderprogramme oder finanzielle Anreize zu prüfen.

Berücksichtige den Stromverbrauch: Analysiere Deinen aktuellen Stromverbrauch, um abzuschätzen, wie viel Solarleistung Du benötigst. Dies hilft Dir bei der Bestimmung der Größe Deiner Solaranlage.

Netzeinspeisung und Eigenverbrauch: Überlege, ob Du den überschüssigen Solarstrom ins öffentliche Stromnetz einspeisen und eine Einspeisevergütung erhalten möchtest oder ob Du den erzeugten Strom hauptsächlich selbst verbrauchen möchtest, um Deine Stromrechnung zu reduzieren. Die entsprechenden technischen und rechtlichen Voraussetzungen können je nach Land und Region unterschiedlich sein.

Finanzierungsmöglichkeiten: Informiere Dich über mögliche Finanzierungsoptionen, wie z. B. Kredite, Leasing oder Power Purchase Agreements (PPA). Einige Länder bieten auch Förderprogramme oder steuerliche Anreize für die Installation von Solaranlagen an.

Wartung und Garantien: Informiere Dich über die erforderliche Wartung der Solaranlage und überprüfe die Garantiebedingungen für die Komponenten. Es ist wichtig, die Anlage regelmäßig zu überprüfen und sicherzustellen, dass sie ordnungsgemäß funktioniert.

wichtig! Es ist ratsam, professionelle Beratung von Solarinstallateuren oder Fachleuten einzuholen, um eine fundierte Entscheidung über die Installation einer Solaranlage zu treffen. Sie können Dir bei der Standortbewertung, Kostenberechnung, Anlagenauslegung und Genehmigungsverfahren unterstützen.

Platz für Deine Notizen:

Windenergie

Windkraftanlagen wandeln die kinetische Energie des Windes in elektrische Energie um. Die großen Rotorblätter drehen sich durch den Wind und treiben einen Generator an. Windparks werden oft an windreichen Küsten oder in offenen Landschaften errichtet.

Wasserkraft

Durch die Nutzung des Flusses oder des Wasserfalls wird die kinetische Energie des fließenden Wassers in elektrische Energie umgewandelt. Wasserkraftwerke können entweder große Staudämme mit Turbinen sein oder kleinere Anlagen in Flüssen.

Als private Person gibt es verschiedene Möglichkeiten, Windkraft oder Wasserkraft zu nutzen oder umzusetzen. Hier sind einige Schritte, die Du unternehmen könntest:

Überprüfe die rechtlichen Bestimmungen: Informiere Dich über die Gesetze und Vorschriften in Deinem Land, Deiner Region oder Deiner Gemeinde in Bezug auf die Nutzung von Windkraft oder Wasserkraft. Es gibt möglicherweise Einschränkungen hinsichtlich des Zugangs zu Flüssen oder Bächen sowie Genehmigungsverfahren, die Du beachten musst.

Identifiziere potenzielle Standorte: Untersuche die Windverhältnisse in Deiner Region, um geeignete Standorte für Windkraftanlagen zu finden. Generell sind offene Flächen mit konstanten Winden in höheren Lagen besser geeignet. Oder untersuche die Gewässer in Deiner Nähe, um geeignete Standorte für Wasserkraftanlagen zu finden. Du könntest nach Flüssen, Bächen oder anderen fließenden Gewässern suchen, die ausreichendes Wasservolumen und Gefälle aufweisen. Achte auch auf eventuelle ökologische oder ökonomische Einschränkungen.

Prüfe die Machbarkeit: Überlege, ob Du die finanziellen Ressourcen hast, um eine Windkraft- oder Wasserkraftanlage zu erwerben oder zu errichten. Wasserkraftanlagen können teuer sein, insbesondere wenn sie eine bedeutende Strommenge erzeugen sollen. Eine gründliche Kosten-Nutzen-Analyse ist wichtig.

Suche nach Unterstützung: Recherchiere nach Förderprogrammen, Zuschüssen oder finanziellen Anreizen von Regierungsbehörden oder anderen Organisationen, die private Personen bei der Nutzung erneuerbarer Energien unterstützen. Möglicherweise gibt es auch lokale Kooperativen oder Gemeinschaftsinitiativen, denen Du beitreten kannst.

Konsultiere Fachleute: Es kann hilfreich sein, mit Fachleuten wie Windkraft- oder Wasserkraftanlagenherstellern, Ingenieuren oder Energieberatern zusammenzuarbeiten. Sie können Dir bei der Beurteilung der technischen Machbarkeit und der Durchführung von Umweltprüfungen helfen. Sie können auch bei der Planung und Installation der Anlage unterstützen.

Prüfe alternative Optionen: Wenn der Bau einer eigenen Windenergie - oder Wasserkraftanlage nicht machbar ist, könntest Du erwägen, Dich an einem Solar- oder Wasserkraftprojekt zu beteiligen. Es gibt Investitionsmodelle, bei denen Du Anteile an einem größeren Wasserkraftwerk erwerben kannst. Dadurch kannst Du von den erzeugten Erträgen profitieren, ohne die volle Verantwortung für den Betrieb und die Wartung der Anlage zu tragen.

wichtig! Die Nutzung von Windenergie und Wasserkraft als private Person kann mit verschiedenen Herausforderungen verbunden sein, insbesondere im Hinblick auf Kosten, Genehmigungen und Standortanforderungen. Eine gründliche Recherche und Zusammenarbeit mit Fachleuten sind entscheidend, um die Durchführbarkeit zu bewerten und die besten Schritte für Dein spezifisches Szenario zu bestimmen.

Platz für Deine Notizen:

Biomasse

Biomasse bezieht sich auf jegliche organische Materie, die aus pflanzlichen oder tierischen Quellen stammt. Sie umfasst eine Vielzahl von Materialien wie Holz, landwirtschaftliche Abfälle, Energiepflanzen, Tiermist und Lebensmittelreste. Biomasse kann zur Energieerzeugung, zur Herstellung von Biokraftstoffen oder zur Bereitstellung von Wärme und Strom verwendet werden.

Die Biomasseproduktion sollte jedoch nachhaltig sein, um negative Umweltauswirkungen zu vermeiden.

Als Privatperson kannst Du Biomasse auf verschiedene Weisen nutzen, um die Umwelt zu schonen:

Kompostierung: Du kannst organische Abfälle wie Gemüseschalen, Kaffeesatz, Eierschalen und Gartenabfälle kompostieren. Durch den Kompostierungsprozess wird aus der Biomasse nährstoffreiche Erde, die Du dann in Deinem Garten oder bei Topfpflanzen verwenden kannst. Auf diese Weise reduzierst du Abfall, sparst Geld für Düngemittel und förderst die Bodenfruchtbarkeit.

Brennholz: Wenn Du Zugang zu Holz hast, kannst du es als Brennholz verwenden, um Deine Heizung zu betreiben. Statt fossile Brennstoffe wie Kohle oder Öl zu verwenden, kannst Du erneuerbare Biomasse nutzen, um Wärme zu erzeugen. Es ist wichtig sicherzustellen, dass das Brennholz nachhaltig gewonnen wird und Du eine effiziente Verbrennungstechnologie verwendest, um die Emissionen zu minimieren.

Biogas: Wenn Du über organische Abfälle wie Tiermist oder Lebensmittelreste verfügst, könntest Du in Betracht ziehen, ein Biogas-System einzurichten. Biogas entsteht durch den Abbau von Biomasse in einem anaeroben (sauerstofffreien) Umfeld. Das produzierte Biogas kann zur Erzeugung von Wärme, Strom oder sogar als Kraftstoff für Fahrzeuge genutzt werden. Biogas-Systeme erfordern zwar eine gewisse Infrastruktur und Fachkenntnisse, können aber eine nachhaltige Energiequelle sein.

Bewusster Konsum: Als Privatperson kannst Du auch dazu beitragen, die Nachfrage nach Biomasseprodukten zu beeinflussen, indem Du bewusste Kaufentscheidungen triffst. Unterstütze nachhaltig bewirtschaftete Forstbetriebe, die Holzprodukte aus verantwortungsvoller Waldwirtschaft anbieten. Kaufe Lebensmittel aus ökologischem Anbau und reduziere Lebensmittelabfälle, indem Du bewusster einkaufst und Reste wiederverwertest.

Indem Du Biomasse als Privatperson auf diese Weisen nutzt, kannst Du dazu beitragen, Ressourcen zu schonen und Abfälle zu reduzieren.

Platz für Deine Notizen:

Geothermie

Diese Energiequelle nutzt die Wärme im Inneren der Erde. Durch Bohrungen werden heiße Dampf- oder Wasserreservoires erreicht, um Dampf zu erzeugen, der Turbinen antreibt und Strom erzeugt. Geothermische Energiequellen sind standortabhängig und erfordern geeignete geologische Bedingungen.

Geothermie bezieht sich auf die Nutzung der natürlichen Wärmeenergie aus dem Inneren der Erde. Diese Energiequelle entsteht durch den Zerfall von radioaktiven Elementen und dem Wärmehalt im Erdkern. Geothermie kann für verschiedene Zwecke genutzt werden, darunter die Erzeugung von Strom, Heizung und Kühlung.

Als Privatperson kannst Du Geothermie nutzen, um die Umwelt zu schonen, insbesondere in Bezug auf Heizung und Kühlung. Hier sind einige Möglichkeiten:

Geothermische Wärmepumpen: Eine geothermische Wärmepumpe nutzt die konstante Temperatur im Erdreich, um Wärme zu gewinnen oder abzugeben. Die Wärmepumpe zieht die Wärme aus dem Boden und überträgt sie in Dein Haus, um es zu heizen. Im Sommer kann der Prozess umgekehrt werden, um Dein Zuhause zu kühlen. Geothermische Wärmepumpen sind effizient und können den Energieverbrauch im Vergleich zu herkömmlichen Heiz- und Kühlsystemen erheblich reduzieren.

Geothermische Fußbodenheizung: Eine geothermische Fußbodenheizung nutzt die natürliche Wärme aus dem Boden, um den Bodenbelag zu erwärmen. Dies kann eine effiziente und komfortable Art der Raumheizung sein. Die Wärme wird gleichmäßig im Raum verteilt, und Du kannst niedrigere Temperaturen verwenden, um den gleichen Komfort zu erreichen, was Energieeinsparungen zur Folge hat.

Geothermische Warmwasserbereitung: Geothermische Energie kann auch genutzt werden, um Warmwasser zu erzeugen. Durch den Einsatz von geothermischen Wärmepumpen oder speziellen Wärmetauschern kann warmes Wasser für den täglichen Bedarf effizient und umweltfreundlich bereitgestellt werden.

wichtig! Die Nutzung von Geothermie als private Person bringt einige erforderliche Voraussetzungen mit sich, einschließlich der Verfügbarkeit geeigneter geologischer Bedingungen und der Installation entsprechender Systeme. Eine gründliche Bewertung und Beratung durch Fachleute ist erforderlich, um die Machbarkeit und Rentabilität eines geothermischen Systems für Dein Zuhause zu bestimmen.

Durch die Nutzung von Geothermie als Privatperson kannst Du jedoch dazu beitragen, den Verbrauch fossiler Brennstoffe zu reduzieren, Treibhausgasemissionen zu verringern und zur Schonung der Umwelt beizutragen.

Platz für Deine Notizen:

Meeresenergie

Dies umfasst die Nutzung von Gezeiten, Wellen und Temperaturdifferenzen im Meer, um Strom zu erzeugen. Es gibt verschiedene Technologien in der Entwicklung, wie Gezeitenkraftwerke, Wellenkraftwerke und Osmosekraftwerke.

Meeresenergie bezieht sich auf die Nutzung der Energie, die in den Ozeanen und Meeren gespeichert ist. Es gibt verschiedene Technologien, die Meeresenergie nutzen, um elektrische Energie zu erzeugen. Die beiden häufigsten Formen der Meeresenergiegewinnung sind Wellenenergie und Gezeitenenergie.

Wellenenergie: Wellenkraftwerke wandeln die kinetische Energie der Wellen in elektrische Energie um. Sie bestehen in der Regel aus schwimmenden Vorrichtungen, die durch die Bewegung der Wellen auf und ab bewegt werden. Diese Bewegung treibt einen Generator an, der Strom erzeugt.

Gezeitenenergie: Gezeitenkraftwerke nutzen den Auf- und Abstieg des Meereswassers aufgrund der Gezeiten. Es gibt verschiedene Arten von Gezeitenkraftwerken, darunter Gezeitenströmungskraftwerke und Gezeitenbeckenkraftwerke. Gezeitenströmungskraftwerke nutzen die Strömung des Meereswassers, um Turbinen anzutreiben und Strom zu erzeugen. Gezeitenbeckenkraftwerke hingegen nutzen das Aufstauen und Abfließen des Wassers in speziell konstruierten Becken, um Turbinen zu betreiben.

Als Privatperson kannst Du **nicht** direkt auf Meeresenergie zurückgreifen, da dies normalerweise große Infrastrukturprojekte erfordert.

Die Kombination verschiedener erneuerbarer Energiequellen und Maßnahmen zur Energieeffizienz kann dazu beitragen, den Ausstoß von Treibhausgasen zu reduzieren und die Umwelt zu schonen.

Kapitel 6

Nachhaltige Mobilität

Die Bedeutung der Verkehrsmittelwahl für die Umwelt

Die Verkehrsmittelwahl hat eine erhebliche Bedeutung für die Umwelt, da sie direkte Auswirkungen auf den Energieverbrauch und die Emissionen von Treibhausgasen hat. Hier sind einige Punkte, die die Bedeutung der Verkehrsmittelwahl für die Umwelt verdeutlichen:

Treibhausgasemissionen: Der Verkehrssektor ist einer der größten Verursacher von Treibhausgasemissionen, insbesondere durch den Einsatz von fossilen Brennstoffen wie Benzin und Diesel. Im Straßenverkehr werden große Mengen an Kohlendioxid (CO2) und anderen Treibhausgasen freigesetzt, die zum Klimawandel beitragen. Die Wahl von umweltfreundlichen Verkehrsmitteln wie öffentlichen Verkehrsmitteln, Fahrrädern oder Elektrofahrzeugen kann die Emissionen erheblich reduzieren.

Luftverschmutzung: Der Straßenverkehr ist auch eine wichtige Quelle für Luftverschmutzung, insbesondere von Schadstoffen wie Stickoxiden (NOx) und Partikeln. Diese Schadstoffe können sowohl die menschliche Gesundheit als auch die Umwelt negativ beeinflussen. Durch die Nutzung von Verkehrsmitteln mit geringeren Emissionen kann die Luftqualität verbessert und die Gesundheitsrisiken verringert werden.

Ressourcenverbrauch: Der Verkehr benötigt erhebliche Mengen an Energie und Ressourcen wie Öl und Erdgas. Die Wahl von Verkehrsmitteln, die effizienter mit Energie umgehen, wie beispielsweise Elektrofahrzeuge oder öffentliche Verkehrsmittel, kann den Ressourcenverbrauch reduzieren und die Abhängigkeit von begrenzten fossilen Brennstoffen verringern.

Lärmbelastung: Der Verkehrslärm ist ein weit verbreitetes Problem in städtischen Gebieten und kann negative Auswirkungen auf die Lebensqualität haben. Durch die Förderung von Verkehrsmitteln wie Fußgängern, Fahrrädern oder Elektrofahrzeugen kann die Lärmbelastung verringert werden.

Flächenverbrauch: Straßen und Parkplätze nehmen wertvolle Flächen in Anspruch, die ansonsten für natürliche Lebensräume oder andere Zwecke genutzt werden könnten. Eine verstärkte Nutzung von öffentlichen Verkehrsmitteln und die Förderung von Verkehrsalternativen können den Bedarf an Straßeninfrastruktur und Parkplätzen reduzieren und so zur Erhaltung von Grünflächen beitragen.

Die Wahl des Verkehrsmittels hat also direkte Auswirkungen auf die Umwelt. Indem wir uns für umweltfreundlichere Optionen entscheiden, können wir dazu beitragen, den Klimawandel zu bekämpfen, die Luftqualität zu verbessern, Ressourcen zu sparen und die Lebensqualität in unseren Städten zu erhöhen.

Grüne Mobilität wählen: Nachhaltige Verkehrsalternativen für eine bessere Umwelt und Lebensqualität

Es gibt verschiedene Alternativen zum Individualverkehr, die umweltfreundlicher und nachhaltiger sind. Hier sind drei häufig genutzte Optionen:

Fahrrad: Das Fahrrad ist eine umweltfreundliche und gesunde Alternative für kurze bis mittlere Strecken. Es verursacht keinerlei Emissionen und trägt zur Reduzierung von Verkehrsstaus und Luftverschmutzung bei. Fahrradfahren ist auch eine großartige Möglichkeit, körperlich aktiv zu sein und die eigene Gesundheit zu fördern. In vielen Städten gibt es Fahrradwege und -infrastrukturen, die das Radfahren sicherer machen.

Öffentlicher Nahverkehr: Der öffentliche Nahverkehr, wie Busse, Straßenbahnen und Züge, ist eine effiziente Möglichkeit, viele Menschen zu transportieren. Durch die Nutzung des öffentlichen Nahverkehrs anstelle von individuellen Fahrzeugen können die Straßen entlastet und die Treibhausgasemissionen reduziert werden. Viele Städte bemühen sich um den Ausbau ihres öffentlichen Nahverkehrsnetzes und bieten verschiedene Ticketoptionen an, um ihn attraktiver zu machen.

Fahrgemeinschaften: Fahrgemeinschaften ermöglichen es Menschen, sich ein Fahrzeug zu teilen und gemeinsam zur Arbeit oder zu anderen Zielen zu fahren. Durch das Teilen von Fahrten können die Verkehrsstaus reduziert und der Kraftstoffverbrauch pro Person gesenkt werden. Es gibt verschiedene Plattformen und Apps, die die Bildung von Fahrgemeinschaften erleichtern und Menschen mit ähnlichen Routen und Zielen zusammenbringen.

Carsharing: Eine weitere umweltfreundliche Alternative zum Individualverkehr ist das Carsharing-Prinzip. Beim Carsharing teilen sich mehrere Personen ein oder mehrere Fahrzeuge. Dies ermöglicht es den Nutzern, nur dann ein Auto zu verwenden, wenn sie es tatsächlich benötigen, anstatt ein eigenes Fahrzeug zu besitzen. Dadurch wird die Anzahl der Fahrzeuge auf den Straßen reduziert, was zu einer Verringerung des Verkehrsstaus und der Luftverschmutzung führt.

Carsharing-Anbieter stellen Fahrzeuge an verschiedenen Standorten zur Verfügung, die von den Nutzern je nach Bedarf reserviert und genutzt werden können. Die Buchung und Abrechnung erfolgt in der Regel über mobile Apps oder Online-Plattformen. Carsharing bietet eine flexible Möglichkeit, individuelle Mobilitätsbedürfnisse zu erfüllen, ohne die langfristigen Verpflichtungen und Kosten eines eigenen Autos tragen zu müssen.

Es gibt verschiedene Modelle des Carsharings, von stationärem Carsharing mit festen Abhol- und Rückgabeorten bis hin zum sogenannten Free-Floating-Carsharing, bei dem die Fahrzeuge innerhalb eines bestimmten Gebiets flexibel abgestellt und aufgefunden werden können. Durch die effiziente Nutzung von Fahrzeugen tragen Carsharing-Systeme dazu bei, den Ressourcenverbrauch und die Umweltauswirkungen des Verkehrs zu minimieren.

Zusätzlich fördert Carsharing soziale Interaktionen, da Menschen aus verschiedenen Gemeinschaften und Hintergründen sich die Nutzung eines Autos teilen können. Dies trägt zur optimalen Auslastung der verfügbaren Fahrzeuge bei und unterstützt gleichzeitig das Ziel einer nachhaltigen Mobilität.

Elektroroller und E-Bikes: Elektrische Roller und Fahrräder mit elektrischer Unterstützung sind eine praktische Möglichkeit, kurze Strecken in städtischen Gebieten zurückzulegen. Sie sind emissionsfrei und tragen zur Entlastung des Verkehrs bei.

Elektroroller und E-Bikes sind Fortbewegungsmittel, die mit einem Elektromotor ausgestattet sind, der den Fahrer bei der Fortbewegung unterstützt. So funktioniert das Ganze:

Elektroroller: Ein elektrischer Roller ist ähnlich wie ein herkömmlicher Roller, jedoch mit einem Elektromotor ausgestattet. Der Fahrer kann über einen Gashebel oder einen Daumengasgriff die Geschwindigkeit regulieren. Die Energie für den Elektromotor wird aus einem Akku bezogen, der am Roller angebracht ist. Dieser Akku kann über eine Steckdose aufgeladen werden. Der Fahrer kann entweder die gesamte Zeit elektrische Unterstützung nutzen oder auch selbst treten, um Energie zu sparen. Elektroroller sind ideal für kurze Strecken innerhalb städtischer Gebiete, da sie schnell und praktisch sind.

E-Bikes (konventionelle elektrische Fahrräder): E-Bikes sind Fahrräder, die mit einem Elektromotor ausgestattet sind. Der Motor kann entweder über einen Pedalassistenten (Pedelec) oder über einen Gashebel gesteuert werden. Bei den meisten Modellen unterstützt der Motor den Fahrer, während er in das Pedal tritt. Die elektrische Unterstützung macht das Fahren auf E-Bikes besonders einfach, auch bei Steigungen oder längeren Strecken. Die Energie wird aus einem Akku gewonnen, der am Rahmen des Fahrrads angebracht ist.

Mikromobilität: Mikromobilitätslösungen wie E-Scooter und E-Tretroller haben in vielen Städten an Beliebtheit gewonnen. Sie bieten eine flexible Möglichkeit, letzte Meilen zwischen öffentlichen Verkehrsmitteln und Zielen zurückzulegen.

Mikromobilität bezieht sich auf leichte, kompakte und meist elektrisch angetriebene Transportmittel, die für kurze Distanzen in städtischen Gebieten genutzt werden. So funktioniert das Ganze:

E-Scooter und E-Tretroller: E-Scooter und E-Tretroller sind kleine, klappbare Roller mit einem Elektromotor. Die Nutzer können sich über eine mobile App registrieren, den Roller finden und mithilfe des QR-Codes auf dem Roller entsperren. Nach der Entsperrung können die Nutzer den Roller fahren, indem sie auf dem Trittbrett stehen und den Gashebel betätigen. Die elektrische Unterstützung ermöglicht eine einfache Fortbewegung ohne die Notwendigkeit, selbst zu treten. Nach der Nutzung kann der Roller an einem **erlaubten** Ort abgestellt werden, um von anderen Nutzern gefunden zu werden.

Mikromobilitätslösungen wie E-Scooter bieten eine flexible Möglichkeit, kurze Strecken, beispielsweise zwischen dem öffentlichen Nahverkehr und dem endgültigen Ziel, zurückzulegen. Sie sind leicht zugänglich und können überall in der Stadt genutzt werden, um Verkehrsstaus zu vermeiden und umweltfreundliche Mobilität zu fördern.

Diese Alternativen zum Individualverkehr tragen dazu bei, den Verkehr effizienter zu gestalten, den Energieverbrauch und die Emissionen zu reduzieren sowie den Straßenverkehr zu entlasten. Indem Du diese Optionen nutzt, kannst Du aktiv dazu beitragen, die Umweltbelastung durch den Verkehr zu verringern und eine nachhaltigere Mobilität zu fördern.

Platz für Deine Notizen:

Grüne Transportlösungen

Die drängenden Herausforderungen des Klimawandels und die Notwendigkeit, den CO2-Ausstoß zu reduzieren, haben die Automobilindustrie zu einem tiefgreifenden Wandel angespornt. In einer Zeit, in der nachhaltige Mobilität an oberster Stelle der Agenda steht, suchen Verbraucher, Hersteller und Regierungen gleichermaßen nach effektiven und umweltfreundlichen Transportlösungen. Im Mittelpunkt dieser Bemühungen stehen Elektrofahrzeuge, wasserstoffbetriebene Fahrzeuge und Hybridmodelle – Technologien, die das Potenzial haben, die Landschaft der Fortbewegung grundlegend zu verändern.

Elektrofahrzeuge (EVs): EVs sind emissionsfrei im Betrieb und können zur Reduzierung der lokalen Luftverschmutzung beitragen. Der Umweltnutzen von EVs hängt jedoch von der Art der Stromerzeugung ab. Wenn der Strom aus erneuerbaren Quellen stammt, wie beispielsweise Wind- oder Solarenergie, sind die Emissionen während des Fahrzeugbetriebs nahezu null. Es ist wichtig zu beachten, dass die Herstellung der Batterien und die Entsorgung am Ende der Lebensdauer zusätzliche Umweltauswirkungen haben können.

Wasserstoffbetriebene Fahrzeuge: Wasserstoffbetriebene Fahrzeuge nutzen Wasserstoff als Energieträger und erzeugen bei der Verbrennung nur Wasserdampf. Der Antrieb mittels Brennstoffzelle ermöglicht eine emissionsfreie Mobilität. Die Produktion von Wasserstoff ist jedoch energieintensiv und erfordert derzeit hauptsächlich den Einsatz von fossilen Brennstoffen, was zu Emissionen führt. Es gibt jedoch auch Möglichkeiten zur Erzeugung von grünem Wasserstoff aus erneuerbaren Energien.

Hybridfahrzeuge: Hybridfahrzeuge kombinieren einen Verbrennungsmotor mit einem Elektromotor. Sie können die Kraftstoffeffizienz verbessern und den Kraftstoffverbrauch und die Emissionen im Vergleich zu herkömmlichen Fahrzeugen reduzieren. Es gibt verschiedene Arten von Hybridfahrzeugen, die jeweils unterschiedliche Ansätze zur Elektrifizierung nutzen:

Mild-Hybride: Bei Mild-Hybriden unterstützt der Elektromotor den Verbrennungsmotor, indem er beim Beschleunigen und Verzögern zusätzlichen Schub liefert. Der Elektromotor ist jedoch nicht in der Lage, das Fahrzeug allein anzutreiben. Mild-Hybride bieten eine verbesserte Kraftstoffeffizienz, insbesondere im Stadtverkehr, aber die rein elektrische Reichweite ist begrenzt.

Vollhybride: Vollhybride können sowohl mit dem Elektromotor als auch mit dem Verbrennungsmotor fahren. Sie können im reinen Elektromodus fahren, beim Bremsen Energie zurückgewinnen und den Verbrennungsmotor abschalten, wenn er nicht benötigt wird. Vollhybride bieten eine höhere Kraftstoffeffizienz als Mild-Hybride und sind in der Regel in der Lage, kurze Strecken rein elektrisch zurückzulegen.

Plug-in-Hybride: Plug-in-Hybride bieten die Möglichkeit, die Batterie über eine externe Stromquelle aufzuladen. Dadurch erhöht sich die elektrische Reichweite erheblich, und das Fahrzeug kann für längere Strecken im reinen Elektromodus genutzt werden. Bei Bedarf schaltet sich der Verbrennungsmotor ein. Plug-in-Hybride sind besonders vorteilhaft für Pendler, die Kurzstrecken elektrisch zurücklegen möchten, aber auch längere Strecken ohne Reichweitenangst bewältigen wollen.

Die Wahl zwischen Mild-Hybriden, Vollhybriden und Plug-in-Hybriden hängt von den individuellen Fahrgewohnheiten, der Reichweitenanforderung und den Lademöglichkeiten ab. Hybridfahrzeuge tragen dazu bei, den Übergang zu einer nachhaltigen Mobilität zu erleichtern, indem sie den Verbrauch reduzieren und die Emissionen minimieren.

Platz für Deine Notizen:

Elektromobilität und Menschenrechte: Die Schattenseiten der grünen Revolution

Die Elektromobilität gilt zweifelsohne als vielversprechender Weg, um die drängenden Herausforderungen des Klimawandels anzugehen und die Umweltbelastung im Verkehrssektor zu verringern. Elektrofahrzeuge bieten eine Möglichkeit, den CO2-Ausstoß zu reduzieren und die Abhängigkeit von fossilen Brennstoffen zu mindern. Allerdings darf außer bei der Begeisterung für diese grüne Revolution nicht acht gelassen werden, dass die E-Mobilität auch ethische und soziale Aspekte aufwirft, die weit über den Umweltschutz hinausgehen.

Ein kritischer Aspekt, der bei der Diskussion um Elektromobilität oft vernachlässigt wird, betrifft die Beschaffung und Verarbeitung der Rohstoffe, insbesondere Lithium. Lithium-Ionen-Batterien sind das Herzstück der meisten Elektrofahrzeuge, und der Bedarf an Lithium wächst rapide. Doch der Abbau dieser wertvollen Ressource ist nicht frei von gravierenden sozialen und ökologischen Folgen. In vielen Ländern, in denen Lithium abgebaut wird, sind die Arbeitsbedingungen oft prekär, die Entlohnung unzureichend und die sozialen Standards mangelhaft. Noch besorgniserregender sind die Menschenrechtsverletzungen, die mit dem Abbau einhergehen können, wie Zwangsarbeit, Kinderarbeit und das Fehlen angemessener Gesundheits- und Sicherheitsvorkehrungen.

Die Umstellung auf Elektromobilität darf nicht dazu führen, dass wir lediglich die ökologische Belastung verlagern, während gleichzeitig in anderen Teilen der Welt Menschenleben gefährdet und die Lebensgrundlagen von Gemeinschaften zerstört werden. Es liegt auf der Hand, dass der Fortschritt in Richtung nachhaltiger Mobilität nicht auf Kosten der Menschenrechte gehen darf. Eine ausgewogene Perspektive erfordert daher nicht nur die Reduzierung der CO2-Emissionen, sondern auch die Wahrung gerechterer Arbeitsbedingungen und die Achtung der Menschenrechte in den Ländern, in denen die Rohstoffe für unsere Elektrofahrzeuge gewonnen werden.

Um einen tatsächlich ganzheitlich nachhaltigen Ansatz für Elektromobilität zu verwirklichen, ist es unerlässlich, dass Hersteller, Regierungen und Verbraucher gleichermaßen Verantwortung übernehmen.

Dies kann durch die Förderung von verantwortungsbewusstem Rohstoffabbau, die Unterstützung sozialer Initiativen vor Ort und die Forderung nach transparenten Lieferketten erreicht werden. Nur wenn diese ethischen Dimensionen in den Diskurs einbezogen werden, kann die Elektromobilität wirklich zu einer positiven Veränderung führen, sowohl für unsere Umwelt als auch für diejenigen, die an vorderster Front der Rohstoffgewinnung stehen.

Wasserstoffbetriebene Fahrzeuge: Eine vielversprechende Alternative zu Elektrofahrzeugen durch grünen Wasserstoff

Die Mobilitätsbranche steht vor der dringenden Herausforderung, nachhaltige Alternativen zu konventionellen Verbrennungsmotoren zu finden, um den CO2-Ausstoß zu reduzieren und den Klimawandel einzudämmen. Während Elektrofahrzeuge (EVs) in den letzten Jahren als vielversprechende Lösung in den Fokus gerückt sind, gewinnt eine alternative Technologie zunehmend an Bedeutung: wasserstoffbetriebene Fahrzeuge, die mit grünem Wasserstoff betrieben werden.

Grüner Wasserstoff: Eine umweltfreundliche Quelle
Der Schlüssel zur Wasserstoffrevolution liegt im sogenannten grünen Wasserstoff, der durch Elektrolyse aus erneuerbaren Energien wie Wind- oder Solarkraft gewonnen wird. Im Gegensatz zu herkömmlichem Wasserstoff, der aus fossilen Brennstoffen hergestellt wird und mit erheblichen CO2-Emissionen einhergeht, ist grüner Wasserstoff klimaneutral. Während der Elektrolyse wird Wasser in seine Bestandteile Wasserstoff und Sauerstoff aufgespalten, wobei nur Wasserdampf freigesetzt wird. Dies macht grünen Wasserstoff zu einer vielversprechenden Ressource für die nachhaltige Energieversorgung.

Wasserstoff vs. Elektrofahrzeuge: Vor- und Nachteile
Wasserstoffbetriebene Fahrzeuge haben einige Vor- und Nachteile im Vergleich zu Elektrofahrzeugen. Einer der entscheidenden Vorteile liegt in der schnellen Betankung von Wasserstoff – vergleichbar mit dem Tankvorgang bei Benzin- oder Dieselautos – im Gegensatz zur längeren Ladezeit von Elektrofahrzeugen. Zudem bieten Wasserstoffautos eine größere Reichweite und können somit besser für Langstreckenfahrten geeignet sein. Zudem fällt die Produktion des benötigten Wasserstoffs weniger ressourcenintensiv aus als die von Lithium-Ionen-Batterien für Elektrofahrzeuge.

Allerdings stehen wasserstoffbetriebene Fahrzeuge auch vor Herausforderungen. Die Herstellung von grünem Wasserstoff erfordert erhebliche Mengen erneuerbarer Energie, was aktuell noch mit hohen Kosten verbunden ist. Zudem gibt es noch vergleichsweise wenige Wasserstoff-Tankstellen, was die Infrastruktur für solche Fahrzeuge einschränkt. Dazu ist die Effizienz des Wasserstoffkreislaufs noch geringer im Vergleich zum direkten Betrieb von Elektrofahrzeugen durch Batterien.

Eine synergetische Lösung

Die Debatte um Wasserstoff versus Elektrofahrzeuge sollte nicht als Konkurrenz, sondern als Ergänzung betrachtet werden. Beide Technologien haben ihre jeweiligen Stärken und Schwächen, und es gibt Szenarien, in denen eine Kombination beider Ansätze sinnvoll sein könnte. Elektrofahrzeuge sind hervorragend für den städtischen Verkehr und kürzere Strecken geeignet, während wasserstoffbetriebene Fahrzeuge eine Rolle bei der Bewältigung von Langstreckenfahrten und im Schwerlastverkehr spielen könnten.

Die Weiterentwicklung grüner Wasserstofftechnologie und der Aufbau einer entsprechenden Infrastruktur sind von entscheidender Bedeutung, um Wasserstoff als nachhaltige Mobilitätsoption zu etablieren. Gleichzeitig sollten Forschung und Entwicklung im Bereich der Batterietechnologie für Elektrofahrzeuge nicht verloren gehen, um deren Effizienz, Reichweite und Ladeinfrastruktur kontinuierlich zu verbessern.

Bei der Suche nach umweltfreundlichen Mobilitätslösungen ist es unerlässlich, alle verfügbaren Optionen zu prüfen und innovative Ansätze zu fördern. Wasserstoffbetriebene Fahrzeuge haben zweifellos das Potenzial, eine wichtige Rolle in dieser Evolution zu spielen, insbesondere wenn grüner Wasserstoff aus erneuerbaren Energien gewonnen wird und die Herausforderungen im Bereich der Kosten und Infrastruktur angegangen werden.

Beitrag der Konsumenten zur Gestaltung der Zukunft

Die Zukunft der Mobilität hängt nicht nur von technologischen Durchbrüchen und politischen Entscheidungen ab, sondern auch von den Entscheidungen, die wir als Konsumenten treffen. Unsere Kaufentscheidungen haben eine bedeutende Auswirkung auf die Richtung, in die sich die Automobilindustrie entwickelt. Wenn wir uns bewusst für umweltfreundliche Optionen einsetzen, können wir die Entwicklung hin zu nachhaltigen Mobilitätslösungen entscheidend beeinflussen.

Eine der mächtigsten Möglichkeiten, Einfluss auszuüben, liegt in unserer Kaufkraft. Indem wir vermehrt wasserstoffbetriebene Fahrzeuge oder Elektrofahrzeuge nachfragen, senden wir ein klares Signal an die Industrie, dass die Nachfrage nach nachhaltigen Optionen steigt. Dies kann dazu führen, dass mehr Ressourcen in die Entwicklung und Verbesserung dieser Technologien investiert werden. Je größer die Nachfrage, desto mehr Anreiz haben Unternehmen, in die Produktion und Forschung zu investieren, was letztendlich zu einer breiteren Verfügbarkeit und besseren Optionen für den Konsumenten führt.

Ein weiterer Faktor, den wir als Konsumenten beeinflussen können, ist die Transparenz und Verantwortung entlang der Lieferkette. Wir können von den Herstellern verlangen, dass sie klare Informationen über die Herkunft der Rohstoffe und die Produktionsbedingungen bereitstellen. Dies betrifft nicht nur die ethische Beschaffung von Rohstoffen, sondern auch die Herstellung und Entsorgung der Fahrzeuge. Durch die Unterstützung von Unternehmen, die sich für soziale Verantwortung und Umweltschutz einsetzen, tragen wir dazu bei, eine positive Veränderung zu bewirken.

Unsere Rolle als informierte Konsumenten sollte nicht unterschätzt werden. Wir können durch gezielte Fragen, aktive Forschung und den bewussten Konsum umweltfreundlicher Produkte die Industrie dazu motivieren, sich verstärkt für nachhaltige Innovationen einzusetzen. Das Verlangen nach grünem Wasserstoff, effizienten Batterien und einer umweltfreundlichen Infrastruktur kann die Forschung und Entwicklung in diesen Bereichen vorantreiben.

In einem größeren Zusammenhang ermutigten wir unser Handeln als

Konsumenten auch von Regierungen und politischen Entscheidungsträgern, Maßnahmen zu ergreifen, die die nachhaltige Mobilität fördern. Ein wachsendes Bewusstsein und Engagement der Bevölkerung können politischen Druck erzeugen, der wiederum zu Förderprogrammen, Anreizen für umweltfreundliche Fahrzeuge und dem Ausbau erneuerbarer Energien führt.

Letztendlich sind wir nicht nur passive Empfänger von Mobilitätsoptionen – wir sind aktive Gestalter der Mobilitätszukunft. Indem wir bewusstere Entscheidungen treffen, nachhaltige Technologien nachfragen und Unternehmen zur Verantwortung ziehen, können wir dazu beitragen, eine nachhaltigere und umweltfreundlichere Mobilität für kommende Generationen zu schaffen.

Platz für Deine Notizen:

Entscheidungsfindung bei grünen Transportmöglichkeiten: Faktoren und Analyse

Die Entscheidung für eine umweltfreundliche Transportmöglichkeit erfordert eine gründliche Analyse verschiedener Faktoren. Hier sind einige Schritte und Überlegungen, die Dir bei der Entscheidungsfindung helfen können:

Bedürfnisse und Nutzungsgewohnheiten: Überlege, wie Du das Fahrzeug nutzen wirst. Auf welche Strecken legst Du üblicherweise zurück? Wie oft fährst Du lange Strecken? Deine individuellen Bedürfnisse beeinflussen die Art des umweltfreundlichen Fahrzeugs, das am besten zu Dir passt.

Verfügbarkeit der Ladeinfrastruktur: Für Elektrofahrzeuge ist eine gut ausgebaute Ladeinfrastruktur entscheidend. Überprüfe, ob es in Deiner Region ausreichend Ladestationen gibt, die für Dein gewähltes Fahrzeugmodell geeignet sind.

Stromquellen und Emissionen: Wenn Du Elektromobilität in Erwägung ziehst, recherchiere, wie der Strom in Deiner Region erzeugt wird. Wenn er aus erneuerbaren Quellen stammt, sind Elektrofahrzeuge eine gute Option. Andernfalls könnten Wasserstofffahrzeuge eine Alternative sein, wenn Du grünen Wasserstoff verwenden kannst.

Kosten: Berücksichtige die Anschaffungs- und Betriebskosten der verschiedenen Optionen. Elektrofahrzeuge könnten anfangs teurer sein, aber niedrigere Betriebskosten aufgrund geringerer Wartungs- und Energiekosten haben.

Reichweite und Ladegeschwindigkeit: Achte auf die Reichweite des ausgewählten Fahrzeugs und die Geschwindigkeit, mit der es aufgeladen werden kann. Dies ist besonders wichtig, wenn Du lange Strecken zurücklegst oder wenig Zeit zum Aufladen habst.

Umweltauswirkungen der Produktion: Berücksichtige die Umweltauswirkungen der Fahrzeugproduktion. Batterieherstellung und Entsorgung können Ressourcen verbrauchen. Wasserstofffahrzeuge haben ihre eigenen Produktionsanforderungen.

Zukunftstrends: Halte Dich über Entwicklungen in der Technologie auf dem Laufenden. Die Fortschritte in der Batterietechnologie, der Wasserstoffproduktion und anderen Bereichen könnten Einfluss auf die Attraktivität verschiedener Optionen haben.

Testfahrten: Wenn möglich, mache Probefahrten mit verschiedenen umweltfreundlichen Fahrzeugtypen, um ein Gefühl für ihre Leistung, den Komfort und die Fahrweise zu bekommen.

Ganzheitliche Betrachtung: Bedenke, dass keine Option perfekt ist. Jede umweltfreundliche Transportmöglichkeit hat Vor- und Nachteile. Es könnte auch sinnvoll sein, eine Kombination aus verschiedenen Optionen in Betracht zu ziehen, je nach Deinen individuellen Bedürfnissen.

Kritischer Aspekt: Menschenrechte und nachhaltige Mobilität. Während wir uns mit den technischen und wirtschaftlichen Aspekten umweltfreundlicher Mobilität befassen, ist es ebenso wichtig, die Frage der Menschenrechte nicht außer Acht zu lassen.

Letztendlich ist die Entscheidung eine persönliche, die auf Deinen Präferenzen, Prioritäten und den Bedingungen vor Ort basiert. Eine gründliche Recherche und Analyse wird Dir helfen, die beste Wahl für Deine Situation zu treffen.

Platz für Deine Notizen:

Kapitel 7

Abfallmanagement und Recycling

Die Problematik von Abfall und Mülldeponien

Die Problematik von Abfall und Mülldeponien ist ein weltweites Umweltthema von großer Bedeutung. Hier sind einige der Hauptprobleme, die mit Abfall und Mülldeponien verbunden sind:

Umweltverschmutzung: Mülldeponien können zu erheblicher Umweltverschmutzung führen. Wenn Abfälle auf Deponien gelagert werden, können giftige Substanzen und Schadstoffe in den Boden, das Grundwasser und die umliegenden Gewässer gelangen. Dies kann sowohl die Wasserqualität als auch die Ökosysteme beeinträchtigen und die Gesundheit von Menschen und Tieren gefährden.

Treibhausgasemissionen: Abfalldeponien sind eine erhebliche Quelle von Treibhausgasemissionen, insbesondere Methan. Methan entsteht durch den Abbau von organischen Abfällen in einer anaeroben Umgebung. Methan ist ein starkes Treibhausgas, das zur Klimaerwärmung beiträgt und den Klimawandel verstärkt.

Platzbedarf: Mülldeponien erfordern große Flächen, um den Abfall aufzunehmen. Dies kann zu Problemen führen, da geeignete Standorte für Deponien begrenzt sind. Die Nutzung von immer mehr Flächen für Mülldeponien kann zu Konflikten mit der Landnutzung und zu Umweltzerstörung führen.

Gesundheitsrisiken: Mülldeponien können Gesundheitsrisiken für die Menschen in der Nähe darstellen. Der Abbau von Abfällen kann Gerüche, schädliche Dämpfe und Krankheitserreger freisetzen, die die Gesundheit der Anwohner beeinträchtigen können und auch ins Grundwasser gelangen können. Die Nähe zu Mülldeponien wird oft mit einer erhöhten Rate von Atemwegserkrankungen, Krebs und anderen gesundheitlichen Problemen in Verbindung gebracht.

Mangelnde Ressourceneffizienz: Die Entsorgung von Abfällen auf Deponien bedeutet, dass wertvolle Ressourcen wie Metalle, Kunststoffe und organische Materialien nicht recycelt oder wiederverwendet werden. Dies führt zu einer ineffizienten Nutzung von Ressourcen und verstärkt den Bedarf an Rohstoffen, was negative Auswirkungen auf die Umwelt hat.

Um diese Probleme anzugehen, sind verschiedene Maßnahmen erforderlich. Dazu gehören die Förderung von Abfallvermeidung und Abfallreduktion, das Recycling und die Wiederverwendung von Materialien, die Förderung einer nachhaltigen Abfallbewirtschaftung wie Kompostierung und Mülltrennung, die Entwicklung alternativer Entsorgungsmethoden wie der Verbrennung von Abfällen zur Energiegewinnung und die Entwicklung strengerer Umweltstandards und -vorschriften für Mülldeponien.

wichtig! Die Regierungen, Unternehmen und Einzelpersonen müssen gemeinsam daran arbeiten, das Bewusstsein für diese Problematik zu schärfen und Lösungen zu finden, um die Auswirkungen von Abfall und Mülldeponien auf die Umwelt und die Gesundheit zu reduzieren.

Platz für Deine Notizen:

Maßnahmen zur Müllvermeidung und Abfalltrennung

Es gibt eine Vielzahl von Maßnahmen, die zur Müllvermeidung und Abfalltrennung beitragen können. Hier sind einige wichtige Ansätze:

Bewusstseinsbildung: Eine wichtige Maßnahme ist die Sensibilisierung der Öffentlichkeit für die Bedeutung von Müllvermeidung und Abfalltrennung. Bildungskampagnen, Informationsveranstaltungen und Medienkampagnen können dazu beitragen, das Bewusstsein für die Auswirkungen von Abfall auf die Umwelt zu schärfen.

Reduzierung von Einwegprodukten: Einwegprodukte, wie zum Beispiel Plastiktüten, Trinkhalme, Einweggeschirr und Einwegflaschen, tragen erheblich zur Abfallmenge bei. Die Förderung von Mehrwegalternativen und die Einführung von Verbots- oder Beschränkungsmaßnahmen für Einwegprodukte können dazu beitragen, den Verbrauch zu reduzieren.

Recycling: Die Förderung des Recyclings ist ein wichtiger Schritt zur Müllvermeidung. Regierungen und Gemeinden sollten Recyclingprogramme entwickeln und fördern, die es den Bürgern ermöglichen, ihre Abfälle entsprechend zu trennen und zu recyceln. Dies umfasst die Bereitstellung von Recyclingbehältern und die Einrichtung von Recyclingzentren.

Kompostierung: Die Kompostierung von organischen Abfällen ist eine effektive Methode, um sie in nährstoffreiche Erde umzuwandeln. Individuen können organische Abfälle wie Lebensmittelreste, Gartenabfälle und Papierschnipsel kompostieren, anstatt sie in den normalen Müll zu werfen.

Abfalltrennung: Eine gute Abfalltrennung ist entscheidend, um recycelbare Materialien zu erfassen und von Restmüll zu trennen. Die Bereitstellung von separaten Behältern für Papier, Plastik, Glas und Metall an öffentlichen Orten und in Haushalten erleichtert die korrekte Abfalltrennung.

Produktverpackungen reduzieren: Unternehmen sollten Maßnahmen ergreifen, um die Menge an Verpackungsmaterialien zu reduzieren und umweltfreundlichere Alternativen zu verwenden. Dies kann die Verwendung von recycelbaren Materialien, die Minimierung von überflüssigen Verpackungen und die Förderung von umweltfreundlichen Verpackungsalternativen wie biologisch abbaubaren Materialien umfassen.

Gesetzliche Vorschriften: Regierungen können gesetzliche Vorschriften und Anreize einführen, um Unternehmen und Bürger zur Müllvermeidung und Abfalltrennung zu motivieren. Dies kann die Einführung von Recyclingquoten, die Erhebung von Abfallgebühren für die Entsorgung von nicht recycelbaren Abfällen oder die Förderung von umweltfreundlichen Verpackungen umfassen.

Diese Maßnahmen zur Müllvermeidung und Abfalltrennung erfordern eine gemeinsame Anstrengung von Regierungen, Unternehmen und Einzelpersonen!

Platz für Deine Notizen:

Informiere Dich über die örtlichen Recyclingrichtlinien

Jede Gemeinde hat unterschiedliche Regeln und Vorschriften für das Recycling. Informiere Dich über die spezifischen Richtlinien Deiner Region, um zu wissen, welche Materialien recycelt werden können und wie sie korrekt getrennt und entsorgt werden sollen.

Um Informationen über die örtlichen Recyclingrichtlinien in Deiner Region zu erhalten, kannst Du die folgenden Schritte unternehmen:

Gemeindewebsite: Die offizielle Website Deiner Gemeinde oder Stadtverwaltung ist oft eine zuverlässige Quelle für Informationen zu Recyclingrichtlinien. Suche nach dem Abschnitt, der sich mit Umwelt- oder Recyclingangelegenheiten beschäftigt.

Abfallwirtschaftsbetrieb: Kontaktiere den örtlichen Abfallwirtschaftsbetrieb oder die Müllabfuhr. Sie können Dir genaue Informationen über die akzeptierten Materialien, die richtige Trennung und Abholtermine geben.

Recyclingzentren: Wenn Deine Gemeinde Recyclingzentren hat, könnten sie Broschüren oder Informationsmaterialien bereitstellen, die Dir bei der richtigen Mülltrennung helfen.

Hotline für Abfallentsorgung: Einige Regionen bieten eine Hotline oder Kundendienstnummer an, unter der Du Fragen zur Abfallentsorgung und Recyclingrichtlinien stellen kannst.

Soziale Medien: Manchmal teilen Gemeinden und Abfallwirtschaftsunternehmen Informationen über soziale Medienplattformen. Folge ihnen, um auf dem Laufenden zu bleiben.

Nachbarn und Gemeinschaft: Frage Nachbarn, Freunde oder Familienmitglieder, die in derselben Region leben, nach ihren Erfahrungen mit der Abfallentsorgung und dem Recycling. Sie könnten hilfreiche Tipps geben.

Gedruckte Materialien: Schaue nach Flyern, Broschüren oder Zeitungsanzeigen, die möglicherweise Informationen zu den Recyclingrichtlinien enthalten.

Online-Suchmaschinen: Du kannst auch nach spezifischen Abfall- oder Recyclingrichtlinien für Deine Gemeinde suchen. Verwende dazu einfach deine Suchmaschine und gib den Namen Deiner Stadt oder Gemeinde sowie das Stichwort „Recyclingrichtlinien" oder „Abfallentsorgung" ein.

Apps und Websites: Es gibt auch Apps und Websites, die Dir bei der Mülltrennung und dem Recycling helfen können, indem sie spezifische Informationen für Deine Region bereitstellen.

Denke daran, dass Recyclingrichtlinien sich ändern können, außerdem ist es wichtig, regelmäßig nach Updates zu suchen und sich zu informieren, um sicherzustellen, dass Du die aktuellen Bestimmungen befolgst.

Platz für Deine Notizen:

Praktische Apps und Websites für regionales Recycling: Mülltrennung leicht gemacht

Diese digitalen Helfer liefern personalisierte Anleitungen zur korrekten Mülltrennung, informieren über Abholtermine und halten Dich auf dem neuesten Stand über aktuelle Recyclingrichtlinien in Deiner Gemeinde. Von „Recycle Coach" über „MyWaste" bis hin zu „Rcycle" – diese Plattformen machen es einfacher als je zuvor, umweltfreundliche Entscheidungen im Alltag zu treffen und den Weg zu einem nachhaltigen Umgang mit Abfall zu ebnen.

Recycle Coach: Diese App bietet personalisierte Recycling- und Abfallinformationen basierend auf Deinem Standort. Du kannst Abholtermine einsehen, Anleitungen zur korrekten Mülltrennung erhalten und Benachrichtigungen über Änderungen in den Recyclingrichtlinien Deiner Gemeinde erhalten.

MyWaste: MyWaste ist eine App, die Dir Informationen zur Abfallentsorgung und zum Recycling in Deiner Region bietet. Du kannst nachschlagen, welche Materialien recycelt werden können, wann die Müllabfuhr stattfindet und wie Du bestimmte Abfälle richtig entsorgst.

Rcycle: Rcycle ist eine Website, die Dir spezifische Recyclinginformationen für Deine Region bereitstellt. Du kannst Deine Postleitzahl oder Deinen Standort eingeben und erhältst dann Anleitungen zur Mülltrennung, Informationen über Abholtermine und Hinweise zur richtigen Entsorgung verschiedener Materialien.

Bitte beachte, dass die Verfügbarkeit dieser Apps und Websites je nach Region variieren können. Es ist eine gute Idee, nach ähnlichen Diensten in Deiner Gegend zu suchen, um sicherzustellen, dass Du genaue und aktuelle Informationen erhältst.

Weitere Maßnahmen zur Müllvermeidung und Abfalltrennung

Trenne Deinen Abfall richtig: Stelle sicher, dass Du Deinen Abfall richtig trennst, um recycelbare Materialien von nicht recycelbaren zu trennen. Getrennte Behälter für Papier, Plastik, Glas und Metall erleichtern die korrekte Abfalltrennung. Vermeide auch die Vermischung von recycelbaren und nicht recycelbaren Materialien.

Reduziere Verpackungsmaterialien: Wähle Produkte mit minimaler Verpackung oder bevorzuge wiederverwendbare und nachfüllbare Behälter. Durch den Kauf von Produkten mit umweltfreundlicher Verpackung kannst Du den Abfall reduzieren. Beispiel Siehe Seite: 057

Vermeide Einwegprodukte: Reduziere die Verwendung von Einwegprodukten wie Plastiktüten, Trinkhalmen oder Einweggeschirr. Investiere in wiederverwendbare Alternativen wie Stofftaschen, Edelstahl-Trinkhalme oder Mehrweggeschirr. Siehe Seite: 006

Kompostiere organische Abfälle: Kompostiere organische Abfälle wie Obst- und Gemüsereste, Kaffeesatz, Eierschalen und Gartenabfälle. Dies reduziert nicht nur den Müll, sondern liefert auch wertvollen Kompost für Deinen Garten.

Spenden oder wiederverwenden: Bevor Du etwas wegwirfst, prüfe, ob es noch in gutem Zustand ist und jemand anderes es gebrauchen könnte. Spende Kleidung, Möbel, Elektronik oder andere Gegenstände an gemeinnützige Organisationen oder verkaufe sie in Second-Hand-Läden.

Elektronik recyceln: Elektronische Geräte sollten nicht im normalen Müll entsorgt werden, da sie wertvolle Rohstoffe enthalten. Überprüfe örtliche Recyclingprogramme oder Sammelstellen für Elektronikabfälle, um Deine alten Geräte ordnungsgemäß zu recyceln.

Vermeide Verunreinigung von recycelbaren Materialien: Achte darauf, keine nicht recycelbaren oder verschmutzten Materialien in den Recyclingbehälter zu werfen. Verunreinigungen können die Recyclingprozesse beeinträchtigen und die Qualität des recycelten Materials mindern.

Vermeidung von Müll durch hergestellte Wegwerfkleidung aus Polyester und ähnlichen Materialien: In der heutigen Wegwerfkultur sind Bekleidungsstücke aus synthetischen Materialien wie Polyester zu einem ernsthaften Umweltproblem geworden. Diese Kleidungsstücke werden oft zu niedrigen Preisen hergestellt und sind oft nach kurzer Zeit nicht mehr im Trend oder abgenutzt, was zu ihrer Entsorgung führt.

Da Polyester nicht biologisch abbaubar ist, tragen diese Produkte zur langfristigen Belastung durch Deponien und Müllbergen bei. Indem wir uns bewusst gegen den Kauf von kurzlebiger Wegwerfkleidung entscheiden und stattdessen auf langlebige, qualitative Kleidung setzen, können wir die Nachfrage nach solchen umweltschädlichen Materialien verringern und gleichzeitig unsere Abfallbelastung reduzieren.

Die Dringlichkeit der Müllvermeidung und Abfalltrennung zur Bekämpfung der Mülldeponien-Problematik.

Die Problematik von Abfall und Mülldeponien ist eine ernsthafte Herausforderung für unsere Umwelt und Gesellschaft. Mülldeponien führen zu Umweltverschmutzung, Treibhausgasemissionen, Platzbedarf und Gesundheitsrisiken. Darüber hinaus bedeutet die Entsorgung von Abfällen auf Deponien eine ineffiziente Nutzung von Ressourcen.

Wenn wir keine Maßnahmen zur Müllvermeidung ergreifen und weiterhin so handeln wie in der Vergangenheit, könnte eine Reihe von schwerwiegenden Konsequenzen auftreten:

Umweltverschmutzung: Unkontrollierte Ablagerung von Abfällen auf Deponien führt zu erheblicher Umweltverschmutzung. Giftige Stoffe können ins Grundwasser gelangen und Boden-Gewässer sowie Qualität beeinträchtigen.

Treibhausgasemissionen: Mülldeponien sind eine bedeutende Quelle von Treibhausgasen wie Methan, das etwa 25-mal klimaschädlicher ist als Kohlendioxid. Wenn Abfälle nicht ordnungsgemäß behandelt werden, trägt dies zur globalen Erwärmung bei.

Platzbedarf: Deponien benötigen beträchtliche Flächen, die oft knappe Ressourcen sind. Die fortgesetzte Nutzung von Deponien führt zu einem immer größer werdenden Bedarf an Raum, der für andere Zwecke besser genutzt werden könnte.

Gesundheitsrisiken: Unbehandelter oder unsachgemäß entsorgter Müll kann Gesundheitsrisiken für Mensch und Tier darstellen. Toxische Substanzen können freigesetzt werden und Krankheiten übertragen werden.

Ressourcenverschwendung: Wenn Abfälle auf Deponien landen, werden wertvolle Ressourcen verschwendet. Viele Materialien können recycelt oder wiederverwendet werden, was die Notwendigkeit neuer Rohstoffe reduziert.

Ästhetische Probleme: Mülldeponien sind oft unansehnlich und können das Landschaftsbild verschlechtern. Dies kann sich negativ auf den Tourismus und die Lebensqualität in einer Region auswirken.

Verstärkte Umweltungleichheit: Oftmals werden Deponien in benachteiligten Gemeinden oder Regionen platziert, was zu einer Ungleichheit in der Umweltbelastung führt. Diese Gemeinden sind den negativen Auswirkungen von Mülldeponien stärker ausgesetzt.

Insgesamt könnten die Auswirkungen einer mangelnden Müllvermeidung und angemessenen Abfallbewirtschaftung zu einer Verschärfung der Umweltprobleme und Gesundheitsrisiken führen, während wertvolle Ressourcen verschwendet werden. Daher ist es von entscheidender Bedeutung, proaktive Maßnahmen zur Müllvermeidung, Abfalltrennung und Recycling zu ergreifen, um diese negativen Folgen zu minimieren.

Um diese Probleme anzugehen, sind Maßnahmen zur Müllvermeidung und Abfalltrennung entscheidend. Private Personen können ihren Teil dazu beitragen, indem sie sich über die örtlichen Recyclingrichtlinien informieren, ihren Abfall richtig trennen, recycelbare Materialien vorbereiten, Verpackungsmaterialien reduzieren, Einwegprodukte vermeiden, organische Abfälle kompostieren, spenden oder wiederverwenden, Elektronik recyceln und ihr Wissen teilen.

wichtig! Regierungen, Unternehmen und Einzelpersonen müssen gemeinsam handeln, um Bewusstsein zu schaffen, effektive Recyclingprogramme einzuführen, strenge Umweltstandards umzusetzen und innovative Lösungen für eine nachhaltige Abfallbewirtschaftung zu entwickeln. Durch diese Bemühungen können wir die Auswirkungen von Abfall und Mülldeponien reduzieren und eine sauberere und gesündere Umwelt für zukünftige Generationen schaffen.

Platz für Deine Notizen:

Kapitel 8

Nachhaltigkeit am Arbeitsplatz

In einer Zeit, in der Umweltschutz und Nachhaltigkeit immer mehr an Bedeutung gewinnen, spielen auch unsere alltäglichen Handlungen im Büro eine wichtige Rolle. Als Privatperson können wir durch bewusstes Handeln und kleine Veränderungen maßgeblich dazu beitragen, unsere Arbeitsumgebung nachhaltiger zu gestalten. Indem wir unsere Gewohnheiten überdenken und umweltbewusste Entscheidungen treffen, können wir nicht nur Ressourcen schonen, sondern auch einen positiven Beitrag zum Schutz unseres Planeten leisten. In diesem Zusammenhang möchten wir einige praktische Tipps vorstellen, wie du als Einzelperson im Büroalltag Nachhaltigkeit fördern kannst. Diese einfach umsetzbaren Maßnahmen können nicht nur die Umweltbelastung reduzieren, sondern auch ein Bewusstsein für Nachhaltigkeit in der Arbeitsgemeinschaft schaffen.

Die Bedeutung der Energieeffizienz und Nachhaltigkeit im Unternehmenskontext wächst unaufhörlich. Egal ob als Individuum oder im Team, die Möglichkeiten, Energie zu sparen und umweltfreundliche Praktiken zu fördern, sind vielfältig. Von kleinen Veränderungen im täglichen Verhalten bis hin zur koordinierten Anstrengung einer gesamten Abteilung – jeder Beitrag zählt auf dem Weg zu einer energiebewussteren Zukunft im Unternehmensumfeld. In diesem Kontext werfen wir einen Blick auf praktische Ansätze und bewährte Methoden, wie Einzelpersonen oder Abteilungen gemeinsam ihren Teil zur Energieeinsparung beitragen können.

Energieeffizienz im Büro: Nachhaltige Wege zum Energie sparen im Arbeitsalltag

Kleinere Veränderungen im täglichen Arbeitsablauf können nicht nur den ökologischen Fußabdruck reduzieren, sondern auch Kosten senken und das Bewusstsein für umweltfreundliches Verhalten stärken. In diesem Kontext werfen wir einen Blick auf praktische Strategien und einfach umsetzbare Maßnahmen, die dazu beitragen können, den Energieverbrauch im Büroalltag zu minimieren und einen positiven Beitrag zur Nachhaltigkeit zu leisten.

Hier sind einige weitere Beispiele, wie Du im Büro Energie sparen kannst:

Stromleisten mit Schalter verwenden: Verwende Steckerleisten mit Ein- und Ausschalter, um mehrere Geräte gleichzeitig auszuschalten, wenn sie nicht gebraucht werden. So verhinderst Du den Standby-Verbrauch.

Energiesparmodus nutzen: Stelle sicher, dass Computer, Monitore und andere elektronische Geräte im Energiesparmodus oder Ruhezustand sind, wenn sie nicht aktiv verwendet werden.

Naturlicht ausnutzen: Wenn möglich, arbeite bei ausreichendem Tageslicht, um künstliches Licht zu minimieren. Achte darauf, Vorhänge oder Jalousien zu öffnen, um das Tageslicht optimal zu nutzen.

Unnötige Peripheriegeräte ausschalten: Schalte Drucker, Scanner, Lautsprecher und andere Peripheriegeräte aus, wenn Du sie nicht benutzt.

Kühl- und Heizsysteme optimieren: Stelle die Bürotemperatur auf einen energieeffizienten Wert ein. Im Winter kannst Du beispielsweise die Heizung etwas niedriger halten und Dich wärmer anziehen.

Laptops bevorzugen: Laptops verbrauchen in der Regel weniger Energie als Desktop-Computer. Wenn möglich, nutze also einen Laptop.

Bildschirmschoner vermeiden: Bildschirmschoner verbrauchen trotz ihres Namens oft mehr Energie. Stelle Deinen Monitor so ein, dass er nach einer kurzen Inaktivitätszeit in den Ruhezustand wechselt.

Geräte regelmäßig warten: Halte Deine elektronischen Geräte regelmäßig in einem guten Zustand, indem Du Staub entfernst und sicherstellst, dass sie effizient arbeiten. Schlecht gewartete Geräte verbrauchen oft mehr Energie.

Kabelsalat minimieren: Halte den Bereich um Steckdosen und Kabelverbindungen frei von überflüssigen Kabeln. Dies kann die Belüftung verbessern und den Energieverbrauch der angeschlossenen Geräte reduzieren.

Überflüssige Apps und Programme schließen: Achte darauf, dass Du nicht benötigte Anwendungen und Programme auf Deinem Computer schließt, da diese im Hintergrund Energie verbrauchen können.

Energieeffiziente Bürogeräte wählen: Wenn Du die Möglichkeit hast, neue Bürogeräte anzuschaffen, wähle solche, die als energieeffizient zertifiziert sind.

Wärmeregulierung bei Küchengeräten: Wenn es eine Küche oder einen Gemeinschaftsbereich mit Küchengeräten gibt, achte darauf, dass Herdplatten und Backöfen nach Gebrauch vollständig ausgeschaltet werden.

Indem Du diese zusätzlichen Schritte zur Energieeinsparung im Büro umsetzt, kannst Du nicht nur Deinen ökologischen Fußabdruck reduzieren, sondern auch dazu beitragen, die Energiekosten für das Unternehmen zu senken.

Platz für Deine Notizen:

Nachhaltige Energieeinsparung in der Produktion und Fertigung: Wie Du als Mitarbeiter einen Beitrag leisten kannst

Auch als Produktionsmitarbeiter oder in der Fertigung in einem Unternehmen gibt es verschiedene Möglichkeiten, wie Du dazu beitragen kannst, Energie zu sparen und nachhaltiger zu arbeiten. Hier sind einige Tipps:

Effiziente Maschinennutzung: Achte darauf, dass Maschinen nur dann eingeschaltet sind, wenn sie wirklich gebraucht werden. Schalte sie in Pausen oder bei geringer Auslastung aus.

Wartung und Kalibrierung: Halte die Produktionsmaschinen regelmäßig gewartet und kalibriert. Gut gewartete Maschinen arbeiten effizienter und verbrauchen weniger Energie.

Optimierte Produktionsabläufe: Überprüfe und optimiere Produktionsabläufe, um unnötige Energieverschwendung zu minimieren. Reduziere Leerlaufzeiten und vermeide ineffiziente Prozesse.

Energieeffiziente Beleuchtung: Falls Du in einem Bereich arbeitest, in dem Beleuchtung wichtig ist, nutze energieeffiziente Leuchtmittel wie LED-Lampen. Schalte das Licht aus, wenn der Raum nicht genutzt wird.

Richtige Temperaturregelung: Falls die Produktionsumgebung klimatisiert ist, stelle sicher, dass die Temperatur auf einem angemessenen Niveau gehalten wird, um Energieverschwendung zu vermeiden.

Ressourcenschonende Materialien: Verwende Materialien effizient und minimiere den Ausschuss, um den Energieaufwand für die Herstellung zu senken.

Recycling und Wiederverwendung: Nutze Recycling- und Wiederverwendungsprogramme, um Abfälle zu minimieren und Ressourcen zu schonen.

Bewusstsein schaffen: Teile Deine Ideen zur Energieeinsparung mit Deinen Kollegen und schaffe ein Bewusstsein für nachhaltige Praktiken in der Produktionsabteilung.

Energiesparmodus bei Geräten: Falls möglich, nutze den Energiesparmodus an Maschinen und Geräten während Pausen oder Inaktivitätszeiten.

Überwachung des Energieverbrauchs: Halte den Energieverbrauch der Produktionsabteilung im Auge und identifiziere Bereiche, in denen noch Einsparungen möglich sind.

Nachhaltige Verpackung: Falls Du in der Verpackung tätig bist, wähle umweltfreundliche und nachhaltige Verpackungsmaterialien.

Energieeffiziente Technologie: Falls es Updates oder Modernisierungen von Produktionsmaschinen gibt, informiere Dich über energieeffizientere Modelle.

Wassernutzung optimieren: Falls Wasser in Deinem Produktionsprozess eine Rolle spielt, achte darauf, es effizient zu nutzen und Wasserverschwendung zu minimieren.

Durch Deine bewussten Handlungen und den Einsatz energieeffizienter Praktiken kannst Du als Produktionsmitarbeiter dazu beitragen, den Energieverbrauch im Unternehmen zu reduzieren und zu einer nachhaltigeren Arbeitsweise beizutragen.

Selbstverständlich kann auch in der Produktions- oder Fertigungsabteilung jeder Einzelne Energie sparen. Es ergibt jedoch noch mehr Sinn, sich mit den Kollegen zu vernetzen und gemeinsam in der Abteilung einen effizienteren Umgang mit Energie zu fördern.

Platz für Deine Notizen:

Energieeinsparung für Techniker: Individuelle Wege zur Effizienzsteigerung im Unternehmen

Als Techniker in einem Unternehmen gibt es viele Möglichkeiten, wie Du als Einzelperson Energie sparen kannst. Hier sind einige spezifische Tipps für Dich:

Effiziente Wartung von Geräten: Stelle sicher, dass die technischen Geräte und Anlagen regelmäßig gewartet werden. Gut gewartete Maschinen arbeiten effizienter und verbrauchen weniger Energie.

Energieeffiziente Beleuchtungssysteme: Optimiere die Beleuchtung in den Räumen, indem Du auf energieeffiziente Beleuchtungssysteme wie LED umsteigst. Nutze Bewegungsmelder und Timer, um das Licht automatisch auszuschalten, wenn es nicht benötigt wird.

Energieüberwachungssysteme einsetzen: Nutze Technologien wie Energieüberwachungssysteme, um den Energieverbrauch in Echtzeit zu überwachen und ineffiziente Prozesse zu identifizieren.

Leistungsregulierung: Passe die Leistung von Maschinen und Anlagen an den aktuellen Bedarf an, um Überkapazitäten zu vermeiden.

Energieeffiziente Klimatisierung: Überwache und optimiere die Klimatisierungssysteme, um den Energieverbrauch zu minimieren, ohne den Komfort zu beeinträchtigen.

Dichtungen und Isolierung überprüfen: Stelle sicher, dass Dichtungen und Isolierungen an Geräten und Anlagen intakt sind, um Energieverluste zu reduzieren.

Standby-Verbrauch minimieren: Schalte Geräte komplett aus, wenn sie nicht in Gebrauch sind, um Standby-Verbrauch zu verhindern.

Energiebewusstes Design: Falls Du an Entwicklungsprojekten beteiligt bist, berücksichtige von Anfang an energieeffiziente Aspekte im Design.

Schulungen und Sensibilisierung: Organisiere Schulungen für Deine Kollegen, um das Bewusstsein für Energieeinsparung und nachhaltige Technologien zu schärfen.

Routinensysteme optimieren: Überprüfe regelmäßig, ob automatisierte Systeme, wie Heizungs- oder Klimaanlagen, effizient arbeiten und passe sie gegebenenfalls an.

Energieeffiziente IT-Infrastruktur: Wenn Du mit IT-Systemen arbeitest, sorge für energieeffiziente Server und Netzwerkgeräte.

Verwendung von Umweltfreundlichen Materialien: Falls möglich, nutze umweltfreundliche Materialien in Deinen Projekten, um den Energie- und Ressourcenverbrauch zu reduzieren.

Lastspitzen minimieren: Plane und verteile die Auslastung der Geräte, um Lastspitzen zu vermeiden und eine gleichmäßigere Energieverteilung zu erreichen.

Durch Deine technischen Fähigkeiten und Dein Engagement kannst Du als Techniker im Unternehmen maßgeblich dazu beitragen, den Energieverbrauch zu reduzieren und nachhaltigere Technologien zu fördern.

Platz für Deine Notizen:

Energieeffizienz unterwegs: Nachhaltige Praktiken für Außendienstmitarbeiter zur Energieeinsparung

Als Außendienstmitarbeiter kannst Du auch außerhalb des Büros einen Beitrag zur Energieeinsparung leisten. Hier sind einige Tipps, wie Du das tun kannst:

Effiziente Fahrzeugnutzung: Plane Deine Routen sorgfältig, um unnötige Fahrten zu vermeiden. Nutze Fahrgemeinschaften oder öffentliche Verkehrsmittel, wenn möglich, um den Kraftstoffverbrauch zu reduzieren.

Fahrzeugwartung: Halte Dein Fahrzeug regelmäßig gewartet, um sicherzustellen, dass es effizient läuft. Richtig aufgepumpte Reifen und ein sauberer Luftfilter können den Kraftstoffverbrauch reduzieren.

Fahrweise anpassen: Vermeide abruptes Beschleunigen und Bremsen, da dies den Kraftstoffverbrauch erhöht. Halte eine konstante Geschwindigkeit und nutze die Motorbremse bei Bergabfahrten.

Elektronik bewusst nutzen: Schalte elektronische Geräte im Fahrzeug aus, wenn sie nicht benötigt werden. Verwende energieeffiziente Ladegeräte für Mobiltelefone und Laptops.

Übernachtungsunterkünfte wählen: Wenn Du auf Dienstreisen übernachten musst, wähle Unterkünfte mit energieeffizienten Praktiken wie LED-Beleuchtung und umweltfreundlichen Heiz- und Kühlsystemen.

Wiederverwendbare Behälter: Verwende wiederverwendbare Trinkflaschen und Behälter für Essen, um den Bedarf an Einwegplastik zu reduzieren.

Papierlos arbeiten: Nutze digitale Dokumente und mobile Apps, um Papierverbrauch zu minimieren. Vermeide das Ausdrucken von Unterlagen, wenn es nicht unbedingt notwendig ist.

Energiesparende Hotels: Bei Übernachtungen in Hotels achte darauf, energiesparende Optionen zu wählen, wie z.B. das Ausschalten der Klimaanlage und Beleuchtung beim Verlassen des Zimmers.

Nachhaltige Verpflegung: Wähle Restaurants oder Cafés, die Wert auf nachhaltige Ernährung legen, um die Umweltauswirkungen Deiner Mahlzeiten zu minimieren.

Remote-Meetings nutzen: Nutze Videokonferenz- und Telekonferenztools, um Meetings zu führen, anstatt physisch zu reisen.

Energiebewusstsein schaffen: Teile Deine energieeffizienten Gewohnheiten mit Kollegen und ermutige sie, ebenfalls umweltfreundlicher zu agieren.

Umweltfreundliche Dienstwagen wählen: Falls Du die Möglichkeit hast, den Dienstwagen auszuwählen, entscheide Dich für ein Fahrzeug mit niedrigem Kraftstoffverbrauch oder alternativen Antrieben.

Durch die Anwendung dieser Tipps kannst Du als Außendienstmitarbeiter dazu beitragen, den Energieverbrauch während Deiner beruflichen Reisen zu minimieren und gleichzeitig eine nachhaltige Arbeitsweise zu fördern.

Platz für Deine Notizen:

Energieeffizientes Arbeiten in der Reinigung: Nachhaltige Praktiken für Reinigungsmitarbeiter zur Energieeinsparung

Auch als Reinigungsmitarbeiter gibt es verschiedene Möglichkeiten, wie Du Energie sparen kannst und gleichzeitig umweltbewusster arbeitest. Hier sind einige Tipps:

Effiziente Reinigungsmethoden: Verwende effiziente Reinigungsmethoden, um den Verbrauch von Reinigungsmitteln und Wasser zu minimieren. Nutze Mikrofasertücher, die weniger Chemikalien benötigen.

Zeitmanagement: Plane Deine Reinigungsaktivitäten so, dass Du sie in einem Durchgang erledigen kannst, um den Energieverbrauch durch mehrfaches Heizen oder Kühlen zu reduzieren.

Energiesparende Reinigungsgeräte: Nutze energieeffiziente Reinigungsgeräte wie Staubsauger mit geringem Stromverbrauch und umweltfreundliche Reinigungsmaschinen.

Richtige Einstellungen an Geräten: Stelle Reinigungsmaschinen und Staubsauger auf die niedrigstmögliche Einstellung ein, um den Energieverbrauch zu minimieren.

Licht ausschalten: Schalte das Licht aus, wenn Du einen Raum verlässt, den Du gerade gereinigt hast.

Wassereinsparung: Verwende Wasser sparsam während der Reinigung und achte darauf, dass keine Wasserhähne oder Schläuche unnötig laufen.

Energieeffiziente Reinigungsmittel: Verwende umweltfreundliche und energieeffiziente Reinigungsmittel, die weniger schädliche Chemikalien enthalten.

Bewusstsein schaffen: Teile Deine Kenntnisse über energieeffiziente Reinigungsmethoden mit Deinen Kollegen und ermutige sie, ebenfalls nachhaltig zu arbeiten.

Recycling von Reinigungsmitteln: Verwende Reinigungsmittel effizient und folge den Anweisungen auf den Etiketten, um Überdosierung zu vermeiden.

Nachhaltige Materialien verwenden: Nutze wiederverwendbare Reinigungstücher und Schwämme anstelle von Einwegprodukten.

Effiziente Trocknungsmethoden: Achte darauf, dass gereinigte Flächen effizient trocknen können, um den Energieverbrauch für Lüftung oder Trocknungsgeräte zu minimieren.

Durch die Anwendung dieser Tipps kannst Du als Reinigungsmitarbeiter dazu beitragen, den Energieverbrauch während Deiner Tätigkeiten zu reduzieren und eine nachhaltigere Reinigungspraxis zu fördern.

Platz für Deine Notizen:

Kleine Schritte, Große Wirkung: Wie du als Einzelperson durch Energieeinsparung im Berufsalltag Nachhaltigkeit förderst

Es gibt zahlreiche weitere Wege, um Energie zu sparen. Indem Du gezielt bestimmte Maßnahmen umsetzt und Deine Kollegen dazu ermutigst, sich ebenfalls anzuschließen, kannst Du als Einzelperson im beruflichen Alltag kleine, aber bedeutsame Erfolge erzielen. Diese vielen kleinen Erfolge summieren sich zu größeren Erfolgen. Zusätzlich signalisierst Du der Unternehmensführung damit, wie bedeutend jeder einzelne Beitrag ist, um eine erhöhte Nachhaltigkeit zu verwirklichen.

Hier gibt es noch paar weitere Anregungen für nachhaltiges Handeln im Berufsalltag:

Papierverbrauch reduzieren: Drucke nur dann, wenn es wirklich notwendig ist. Nutze beidseitiges Drucken und verwende recyceltes Papier.

Digitales Dokumentenmanagement: Verwende vermehrt digitale Dokumente und E-Mails anstelle von gedruckten Materialien. Speichere Dateien in der Cloud oder auf einem Server, um den Bedarf an physischer Lagerung zu reduzieren.

Mülltrennung: Stelle sicher, dass im Büro eine effektive Mülltrennung vorhanden ist, um Recycling zu fördern.

Wiederverwendbare Behälter und Trinkflaschen: Verwende wiederverwendbare Behälter für Essen und Trinken, um Einwegplastik zu reduzieren. Eine wiederverwendbare Trinkflasche spart ebenfalls Plastikmüll.

Umstieg auf nachhaltige Produkte: Verwende nachhaltige Büroartikel wie wiederauffüllbare Stifte, recyclebare Schreibblöcke und umweltfreundliche Toner und Tintenpatronen.

Transport: Nutze öffentliche Verkehrsmittel, Fahrrad oder Fahrgemeinschaften, um zur Arbeit zu gelangen, anstatt alleine mit dem Auto zu fahren. Das reduziert den CO2-Fußabdruck.

Energiesparende Technologie: Verwende energieeffiziente Elektronikgeräte und stelle sicher, dass sie nach Gebrauch ausgeschaltet sind.

Nachhaltige Büromöbel: Wenn möglich, entscheide Dich für nachhaltige Büromöbel aus recycelten oder umweltfreundlichen Materialien.

Bewusstsein schaffen: Teile Deine Nachhaltigkeitsbemühungen mit Deinen Kollegen und motiviere sie, sich ebenfalls nachhaltig zu verhalten.

Vegetarisches oder veganes Essen: Wenn es eine Kantine gibt, die diese Optionen anbietet, kannst Du erwägen, weniger Fleisch zu essen, da die Fleischproduktion oft mit einem höheren ökologischen Fußabdruck verbunden ist.

Energieeffiziente Heizung und Kühlung: Stelle sicher, dass die Heizung und Kühlung im Büro energieeffizient genutzt wird, indem Türen und Fenster bei Bedarf geschlossen werden.

Umweltfreundliche Reinigungsmittel: Verwende umweltfreundliche Reinigungsmittel, um die Belastung der Umwelt durch Chemikalien zu reduzieren.

Nachhaltige Veranstaltungen: Wenn Du Veranstaltungen im Büro organisierst, achte darauf, dass sie möglichst nachhaltig gestaltet werden, indem zum Beispiel Recyclingmöglichkeiten und wiederverwendbares Geschirr verwendet werden.

Umweltbewusstsein fördern: Führe Gespräche und Workshops im Büro durch, um das Bewusstsein für Umweltthemen zu fördern und Ideen auszutauschen.

Energieeffiziente Beleuchtung: Nutze Tageslicht so weit wie möglich und schalte das Licht aus, wenn Du einen Raum verlässt. Falls es möglich ist, verwende LED-Leuchtmittel, die weniger Energie verbrauchen.

Home Office-Option: Falls Dein Unternehmen dies ermöglicht, erwäge gelegentliches Arbeiten von zu Hause aus, um den täglichen Arbeitsweg zu minimieren. Siehe Seite: 122

Umweltfreundliche Konferenzen: Wenn Du Konferenzen oder Meetings organisierst, versuche, papierlose Präsentationen und digitale Materialien zu verwenden, um den Papierverbrauch zu reduzieren.

Nachhaltige Beschaffung: Falls Du Einkaufsentscheidungen treffen kannst, wähle nachhaltige und umweltfreundliche Produkte, sei es für Bürobedarf oder Verpflegung.

Aktive Kommunikation: Nutze E-Mails oder interne Kommunikationstools, um wichtige Nachrichten zu teilen, anstatt gedruckte Notizen oder Aushänge zu verwenden.

Regelmäßige Gerätewartung: Halte Computer, Drucker und andere elektronische Geräte regelmäßig gewartet, um ihre Lebensdauer zu verlängern und den Bedarf an Neugeräten zu reduzieren.

Pflanzen im Büro: Platziere Pflanzen im Büro, um nicht nur die Luftqualität zu verbessern, sondern auch das allgemeine Wohlbefinden zu steigern.

Vermeidung von Einwegartikeln: Verzichte auf Einweggeschirr, -besteck und -behälter. Nutze stattdessen wiederverwendbare Alternativen.

Umweltfreundlicher Pendelverkehr: Wenn du mit dem Auto zur Arbeit fahren musst, erkunde die Möglichkeit von Elektro- oder Hybridfahrzeugen.

Upcycling: Finde kreative Wege, um Gegenstände im Büro wiederzuverwenden oder umzuwandeln, statt neue anzuschaffen.

Umweltfreundliche Dienstleister: Falls Dein Unternehmen externe Dienstleistungen in Anspruch nimmt, achte darauf, dass sie ebenfalls nachhaltige Praktiken umsetzen.

Teilen und Tauschen: Organisiere Büchertauschregale oder Möglichkeiten zum Teilen von Büromaterialien, um Ressourcen zu schonen.

Kaffee und Tee nachhaltig genießen: Verwende wiederverwendbare Tassen und Becher anstelle von Einwegbehältern für Getränke.

Digitale Signaturen nutzen: Vermeide den Ausdruck von Dokumenten, die eine Unterschrift erfordern, indem Du digitale Signaturtools verwendest.

Umweltfreundliche Merchandise: Wenn Dein Unternehmen Merchandise-Produkte anbietet, setze auf umweltfreundliche Optionen wie recycelte Materialien.

Durch die schrittweise Implementierung dieser Maßnahmen in Deinen Berufsalltag kannst Du einen bedeutenden Beitrag zur Nachhaltigkeit leisten und das Bewusstsein für umweltfreundliches Handeln in Deiner Arbeitsumgebung stärken.

Indem Du diese Tipps befolgst und Deine Kollegen dazu ermutigst, sich ebenfalls nachhaltig zu verhalten, kannst Du einen positiven Einfluss auf die Nachhaltigkeit im Büro haben. Jeder kleine Schritt zählt, um gemeinsam eine bessere Umwelt zu schaffen.

Platz für Deine Notizen:

Kapitel 9

Nachhaltigkeit bei der Auswahl von Dienstleistern

Nachhaltige Entscheidungen bei Dienstleistern. Wie Du umweltbewusste Banken und ethische Versicherungen auswählst

Die Auswahl umweltbewusster Banken und ethischer Versicherungen kann positive Auswirkungen auf die Umwelt, die Gesellschaft und letztlich auch auf Dich selbst haben. Hier sind einige Gründe, warum Du solche Finanzinstitute in Betracht ziehen solltest:

Nachhaltige Unterstützungspraktiken: Umweltbewusste Banken und ethische Versicherungen legen großen Wert, in Unternehmen und Projekte zu investieren, die umweltverträglich sind und soziale Verantwortung übernehmen. Indem Du diese Institutionen wählen, trägst Du dazu bei, Unternehmen zu unterstützen, die nachhaltige Praktiken fördern und umsetzen.

Förderung von sozialer Verantwortung: Ethische Finanzinstitute legen oft strenge ethische und soziale Richtlinien fest. Sie vermeiden Investitionen in Branchen wie Waffenhandel, Tabak oder umweltschädigende Industrien. Durch Deine Wahl signalisierst Du, dass Du Unternehmen bevorzugt, die sich für soziale Verantwortung und ethische Geschäftspraktiken einsetzen.

Positiver Einfluss auf die Umwelt: Umweltbewusste Banken investieren in Projekte, die den Umweltschutz fördern, erneuerbare Energien unterstützen und die Reduzierung von CO2-Emissionen vorantreiben. Indem Du Dein Geld in solche Institutionen stecken, trägst Du zur Bekämpfung des Klimawandels bei und unterstützt den Übergang zu einer nachhaltigen Wirtschaft.

Transparenz und Offenheit: Ethische Finanzinstitute neigen dazu, transparenter über ihre Investitionen und Geschäftspraktiken zu berichten. Dies ermöglicht es Dir, besser nachzuvollziehen, wie Dein Geld verwendet wird, und gibt Dir die Möglichkeit, bewusste Entscheidungen zu treffen.

Innovative Lösungen: Umweltbewusste Banken und ethische Versicherungen sind oft Vorreiter bei der Entwicklung und Unterstützung innovativer Lösungen für nachhaltige Entwicklung. Durch Deine Unterstützung kannst Du dazu beitragen, den Fortschritt in Richtung einer nachhaltigen Wirtschaft zu beschleunigen.

Veränderung der Finanzbranche: Indem Du Dich für umweltbewusste Banken und ethische Versicherungen entscheiden, sendst Du eine klare Botschaft an die Finanzbranche. Eine steigende Nachfrage nach ethischen und nachhaltigen Finanzprodukten kann dazu beitragen, dass auch konventionelle Finanzinstitutionen ihre Praktiken überdenken und nachhaltigere Ansätze verfolgen.

Langfristiger Werterhalt: Investitionen in nachhaltige und ethische Unternehmen können auf lange Sicht stabile Renditen bieten. Unternehmen, die soziale und Umweltbelange in ihre Geschäftsstrategie integrieren, sind oft besser positioniert, um zukünftigen Herausforderungen standzuhalten.

Letztendlich können umweltbewusste Banken und ethische Versicherungen eine Möglichkeit sein, Dein Geld im Einklang mit Deinen persönlichen Werten und Überzeugungen anzulegen. Es ist jedoch wichtig, vor der Auswahl solcher Institutionen gründliche Recherchen durchzuführen, um sicherzustellen, dass Deine Praktiken tatsächlich mit Deinen Zielen und Erwartungen übereinstimmen.

Platz für Deine Notizen:

Nachhaltige Bank wählen

Informiere Dich über die Nachhaltigkeitspraktiken von Banken und wähle eine, die ethische Investitionen und sozial-ökologische Projekte unterstützt. Achte darauf, dass sie transparente Richtlinien für ihre Geschäftspraktiken hat und keine Investments in umweltschädliche oder ethisch fragwürdige Bereiche tätigt.

Um eine nachhaltige Bank zu finden, kannst Du folgende Schritte unternehmen:

Recherche: Beginne damit, Informationen über verschiedene Banken zu sammeln, um herauszufinden, welche nachhaltige Praktiken und Richtlinien sie verfolgen. Du kannst dies über Online-Recherchen, Bankenvergleichswebsites und Berichte von Nachhaltigkeitsorganisationen tun.

Nachhaltigkeitsrichtlinien prüfen: Überprüfe die Nachhaltigkeitsrichtlinien und -praktiken der Banken, die Du in Betracht ziehst. Suche nach Informationen zu Themen wie Investitionen in erneuerbare Energien, Unterstützung von umweltfreundlichen Projekten, ethische Anlagestrategien und Maßnahmen zur Reduzierung des eigenen CO2-Fußabdrucks.

Um die Nachhaltigkeitsrichtlinien einer Bank zu finden, besuche am besten die offizielle Website der Bank. Oft gibt es spezielle Abschnitte oder Seiten, die sich mit Themen wie Nachhaltigkeit, Unternehmensverantwortung oder ESG (Umwelt, Soziales, Governance) befassen. Suche nach Links oder Reitern mit Bezeichnungen wie „Nachhaltigkeit", „Verantwortung", „ESG" oder ähnlichem.

Viele Banken veröffentlichen regelmäßig Nachhaltigkeitsberichte, in denen sie ihre Bemühungen, Ziele und Fortschritte im Bereich der Nachhaltigkeit darstellen. Diese Berichte könntenst Du auf der Website der Bank finden oder auf speziellen Plattformen für Nachhaltigkeitsberichte.

In den Geschäftsberichten der Bank findest Du auch oft Informationen zu ihren Nachhaltigkeitsrichtlinien. Hier wird üblicherweise über die Strategie der Bank, ihre Ziele und ihre Herangehensweise an Umwelt- und Sozialaspekte berichtet.

Wenn die Website keine klaren Informationen zu den Nachhaltigkeitsrichtlinien bereithält, könnst Du auch direkt mit der Bank in Kontakt treten. Sende eine E-Mail oder rufe an, um nach Informationen zu ihren Nachhaltigkeitsbemühungen und -richtlinien zu fragen.

Einige Banken verfügen über spezielle Dokumente, in denen sie ihre Grundsätze und Werte bezüglich Corporate Social Responsibility (CSR) oder ESG-Politik erläutern. Diese Dokumente könntenst Du als „CSR-Politik" oder „ESG-Richtlinien" finden.

wichtig! Denke daran, die Informationen kritisch zu prüfen, um sicherzustellen, dass die Nachhaltigkeitsrichtlinien der Bank mit Deinen eigenen Werten und Erwartungen übereinstimmen. Überlege auch, unabhängige Organisationen und Agenturen nach Nachhaltigkeitsbewertungen der Bank zu durchsuchen, um einen objektiven Einblick in ihre Nachhaltigkeitsleistung zu erhalten.

Zertifizierungen und Ratings: Achte auf Zertifizierungen und Ratings, die die Nachhaltigkeitsleistung einer Bank bewerten. Einige bekannte Nachhaltigkeitszertifizierungen für Finanzinstitute sind beispielsweise das „B Corporation"-Zertifikat, der „UN Global Compact" oder das „FNG-Siegel" (Forum Nachhaltige Geldanlagen). Diese Zertifizierungen geben Aufschluss darüber, ob eine Bank nachweislich nachhaltige Praktiken verfolgt.

Transparente Berichterstattung: Suche nach Banken, die regelmäßig transparente Berichte über ihre Nachhaltigkeitsleistung veröffentlichen. Dies zeigt, dass sie sich ihrer Verantwortung bewusst sind und sich zur Rechenschaft ziehen lassen.

Kundenbewertungen: Lese Erfahrungsberichte und Bewertungen von Kunden, die bereits bei den in Betracht gezogenen Banken Konten haben. Dies kann Dir Einblick in die tatsächliche Umsetzung der Nachhaltigkeitsziele einer Bank geben.

Erkennung von Banken mit transparenter Berichterstattung: Tipps und Hinweise

Um Banken zu erkennen, die transparente Berichterstattung zu führen, kannst Du folgende Hinweise und Strategien nutzen:

Nachhaltigkeitsberichte: Schau Dir auf der Website der Bank nach einem dedizierten Bereich für Nachhaltigkeit oder CSR um. Dort könntest Du regelmäßig veröffentlichte Nachhaltigkeitsberichte finden. Diese Berichte bieten detaillierte Informationen über die Nachhaltigkeitsziele, -initiativen, -fortschritte und -ergebnisse der Bank.

Transparenz über Investitionen: Transparente Banken werden ihre Investitionen und Geschäftspraktiken offenlegen, insbesondere wenn es um umstrittene Branchen oder Unternehmen geht. Sie könnten klare Richtlinien haben, welche Bereiche sie nicht unterstützen (z.B. Waffenhandel, fossile Brennstoffe usw.).

Offenlegung von ESG-Kriterien: Banken, die Umwelt-, Sozial- und Governance-Kriterien (ESG) ernst nehmen, werden ihre Kriterien für Investitionsentscheidungen und Geschäftspraktiken offenlegen. Sie könnten beschreiben, wie sie Umweltaspekte, soziale Auswirkungen und Unternehmensführung bei ihren Entscheidungen berücksichtigen.

Klare Kommunikation: Transparente Banken stellen klare und verständliche Informationen über ihre Geschäftspraktiken, Gebühren, Bedingungen und Angebote bereit. Sie vermeiden es, komplizierte Vertragsbedingungen oder versteckte Gebühren zu verwenden.

Unabhängige Bewertungen: Banken, die transparent agieren, könnten sich freiwillig unabhängigen Bewertungen unterziehen, um ihre Nachhaltigkeitspraktiken zu überprüfen. Das könnten Bewertungen von ESG-Agenturen oder nachhaltigen Finanzplattformen sein.

Kundenkommunikation: Transparente Banken sind darauf bedacht, mit ihren Kunden offen über ihre Praktiken, Dienstleistungen und Gebühren zu kommunizieren. Sie können Ressourcen wie FAQs oder Kundensupport anbieten, um Fragen zu beantworten.

Verwendung klarer Kennzahlen: Transparente Banken könnten klare Kennzahlen verwenden, um ihre Leistung in Bezug auf Nachhaltigkeit, soziale Auswirkungen und Governance zu messen und zu kommunizieren.

Offene Diskussion von Herausforderungen: Transparente Banken führen möglicherweise offene Gespräche über Herausforderungen und Fortschritte im Hinblick auf ihre nachhaltigen Ziele.

Denke daran, dass Transparenz nicht immer sofort ersichtlich ist. Führe gründliche Recherchen durch, lese Nachhaltigkeitsberichte, vergleiche verschiedene Banken und zögere nicht, direkte Fragen zu stellen, um sicherzustellen, dass Du eine transparente Bank wählst, die Deinen Werten und Erwartungen entspricht.

wichtig! Persönliche Werte: Überlege Dir, welche Aspekte der Nachhaltigkeit Dir besonders wichtig sind.

Platz für Deine Notizen:

Sozial- und Umweltstandards bei Versicherungen

Bevor Du Dich für eine Versicherung entscheidest, frage nach ihren sozialen und ökologischen Standards. Einige Versicherungsunternehmen legen Wert auf Nachhaltigkeit und unterstützen beispielsweise erneuerbare Energien oder soziale Projekte. Informiere Dich auch über ihre Transparenz und Kundenzufriedenheit.

Um nachhaltige Versicherungen zu finden, kannst Du ähnliche Schritte wie bei der Suche nach einer nachhaltigen Bank unternehmen. Hier ist ein Schritt, den Du ergänzen kannst:

Spezifische nachhaltige Produkte: Informiere Dich über spezifische nachhaltige Versicherungsprodukte, die von einigen Versicherungsunternehmen angeboten werden. Dies können beispielsweise Versicherungen für erneuerbare Energien, grüne Gebäude oder ökologische Landwirtschaft sein.

Denke daran, dass Nachhaltigkeit ein breites Konzept ist und jeder seine eigenen Prioritäten und Werte hat. Daher ist es wichtig, diejenigen Aspekte der Nachhaltigkeit zu identifizieren, die Dir am wichtigsten sind, und dies in Deine Entscheidung einzubeziehen.

Platz für Deine Notizen:

Identifizierung von Sozial- und Umweltstandards bei Versicherungsgesellschaften

Um Sozial- und Umweltstandards bei Versicherungen zu identifizieren, kannst Du folgende Schritte unternehmen:

Versicherungsgesellschaften recherchieren: Beginne damit, eine Liste von Versicherungsgesellschaften zu erstellen, die Du in Betracht ziehst. Du kannst dies durch eine einfache Online-Suche oder durch Empfehlungen von Freunden, Familie oder Experten tun.

Besuche die Websites: Gehe auf die offiziellen Websites der Versicherungsgesellschaften. Oftmals gibt es spezielle Abschnitte oder Seiten, die sich mit Nachhaltigkeit, sozialer Verantwortung oder ESG-Themen befassen. Suche nach Links oder Reitern wie „Nachhaltigkeit", „Verantwortung", „ESG" oder ähnlichem.

Nachhaltigkeitsberichte: Einige Versicherungsgesellschaften veröffentlichen regelmäßig Nachhaltigkeitsberichte, in denen sie ihre Ziele und Fortschritte im Bereich der Nachhaltigkeit offenlegen. Diese Berichte könnten auf der Website der Versicherungsgesellschaften verfügbar sein.

ESG-Richtlinien: Suche nach spezifischen ESG-Richtlinien (Environmental, Social, Governance) auf den Websites der Versicherer. Diese Richtlinien sollten beschreiben, wie die Versicherungsgesellschaften Umwelt- und Sozialkriterien in ihre Geschäftspraktiken und Investitionsentscheidungen einbeziehen.

Kontaktiere die Versicherer: Falls Du auf der Website keine klaren Informationen zu den Sozial- und Umweltstandards findest, könntest Du auch direkt die Versicherungsgesellschaften kontaktieren. Sende eine E-Mail oder rufe an, um nach Informationen zu ihren Nachhaltigkeitsbemühungen und -richtlinien zu fragen.

Unabhängige Bewertungen: Einige unabhängige Organisationen und Agenturen bewerten Versicherungsgesellschaften hinsichtlich ihrer ESG-Performance und Nachhaltigkeitspraktiken. Diese Bewertungen können Dir Hinweise darauf geben, wie die Versicherer in Bezug auf soziale und Umweltaspekte abschneiden. Hier gibt es ein paar Vorschläge:

MSCI bietet umfangreiche ESG-Bewertungen und -Ratings für Unternehmen, darunter auch Versicherungsgesellschaften. Ihre Datenbanken und Berichte können Dir wertvolle Einblicke in die ESG-Performance von Versicherern bieten.

Sustainalytics ist eine führende ESG-Forschungs- und -Bewertungsagentur. Sie bietet umfassende Analysen und Bewertungen von Versicherungsunternehmen im Hinblick auf ihre Nachhaltigkeitspraktiken.

FTSE4Good ist eine Indexreihe von FTSE Russell, die Unternehmen nach ESG-Kriterien bewertet. Versicherungsgesellschaften, die in diesen Indizes vertreten sind, erfüllen bestimmte Nachhaltigkeitsstandards.

Die PRI (Principles for Responsible Investment) ist eine Initiative der Vereinten Nationen, die Unternehmen und Investoren dazu ermutigt, ESG-Prinzipien zu befolgen. Sie bieten Informationen darüber, welche Versicherungsgesellschaften sich den PRI-Prinzipien verpflichtet haben.

Prüfe ihre Investitionen: Versicherungsgesellschaften investieren oft in Unternehmen und Projekte. Du könntest die Investitionen prüfen und sicherstellen, dass sie mit Deinen sozialen und umweltbezogenen Werten im Einklang stehen.

Transparenz der Policen: Achte auf die Transparenz der Versicherungspolicen hinsichtlich ihrer Bedingungen, Ausschlüsse und Konditionen. Eine transparente Versicherungsgesellschaft wird klare Informationen über den Umfang der Deckung und mögliche Einschränkungen bereitstellen.

Wenn Du die Transparenz der Policen bei Versicherungsunternehmen prüfst, gibt es einige wichtige Aspekte, auf die Du achten solltest:

Versicherungsumfang und -bedingungen: Stelle sicher, dass der Umfang der Versicherungsdeckung klar und verständlich beschrieben ist. Achte darauf, ob es Ausschlüsse oder Beschränkungen gibt, die in den aufgeführten Bedingungen sind.

Klarheit der Sprache: Die Vertragsbedingungen sollten in einer verständlichen Sprache verfasst sein. Du solltest alle Begriffe und Formulierungen verstehen können. Wenn etwas kompliziert oder unklar erscheint, frage ruhig nach.

Ausschlüsse: Überprüft die Liste der Ausschlüsse in der Versicherungsgesellschaft. Hier steht, welche Schäden oder Ereignisse nicht durch die Versicherung gedeckt werden. Stelle sicher, dass Du diese Ausschlüsse verstehst und sie mit Deinen Bedürfnissen übereinstimmen.

Selbstbeteiligung oder Eigenbeteiligung: Achte darauf, wie hoch Deine Selbstbeteiligung im Schadensfall ist. Dies kann beeinflussen, wie viel Du von der Versicherung erstattet bekommst.

Laufzeit und Kündigung: Informiere Dich über die Laufzeit der Versicherung und wie Du kündigen kannst. Beachte die Fristen und Bedingungen für eine mögliche Kündigung.

Prämienzahlungen: Kläre, wie die Prämienzahlungen funktionieren. Schau Dir die Prämienhöhe, Zahlungsfristen und -methoden an. Beachte mögliche Konsequenzen, wenn Du eine Zahlung versäumst.

Anspruchsverfahren: Erfahre, wie du Schadensansprüche einreichen kannst. Dies sollte klar beschrieben sein, inklusive der benötigten Unterlagen und Fristen.

Vertragsänderungen: Schau, wie Vertragsänderungen behandelt werden. Dies könnte Änderungen an den Bedingungen, der Deckung oder anderen Aspekten der Polizei betreffen.

Kommunikation und Kundensupport: Achte darauf, wie Du bei Fragen oder im Schadensfall Kontakt zur Versicherung aufnehmen kannst. Transparente Kommunikation und guter Kundensupport sind wichtig.

wichtig! Denke daran, dass Du das Recht hast, alle Fragen an die Versicherungsgesellschaft zu stellen, bevor Du Dich entscheidest. Wenn Du Dich über bestimmte Bedingungen unsicher bist, zögere nicht, um Klarheit zu gewinnen. Eine transparente Versicherungsgesellschaft wird gerne Deine Fragen beantworten und sicherstellen, dass sie die Bedingungen vollständig erfüllen.

Indem Du diese Schritte befolgst, kannst Du herausfinden, welche Versicherungsgesellschaften Sozial- und Umweltstandards ernst nehmen und wie sie diese in ihre Geschäftspraktiken integrieren. Denke daran, gründliche Recherchen durchzuführen und kritisch zu prüfen, ob die Versicherer tatsächlich die Praktiken umsetzen, die sie in ihren Richtlinien und Berichten darstellen.

Platz für Deine Notizen:

Energie- und Wasserversorger

Wähle bei Deinen Energie- und Wasserversorgern Unternehmen, die erneuerbare Energien fördern und umweltfreundliche Maßnahmen ergreifen. Informiere Dich über deren Umweltauswirkungen und ihr Engagement für Nachhaltigkeit.

Bei der Suche nach nachhaltigen Energie- und Wasserversorgern solltest Du auf folgende Punkte achten:

Erneuerbare Energiequellen: Prüfe, ob der Energieversorger einen hohen Anteil erneuerbarer Energiequellen in seinem Energiemix hat. Das bedeutet, dass der Großteil des erzeugten Stroms aus erneuerbaren Quellen wie Solarenergie, Windenergie, Wasserkraft oder Biomasse stammt.

Um zu prüfen, ob ein Energieversorger einen hohen Anteil erneuerbarer Energiequellen in seinem Energiemix hat, gibt es einige Möglichkeiten, wie Du erneuerbare Energiequellen ermitteln kannst:

Besuche die offizielle Website des Energieversorgers. Oft haben sie spezielle Abschnitte oder Informationen über ihre Energiequellen und den Energiemix. Dort kannst Du Angaben zum Anteil der erneuerbaren Energien finden.

Einige Energieversorger veröffentlichen regelmäßig Nachhaltigkeitsberichte oder Umweltberichte, in denen sie über ihre Energiequellen und den Anteil erneuerbarer Energien berichten. Diese Berichte könnten auf der Website verfügbar sein.

In einigen Ländern sind Energieversorger verpflichtet, Energiemix-Berichte zu veröffentlichen, in denen sie detailliert angeben, aus welchen Quellen ihr erzeugter Strom stammt. Diese Berichte könntenst Du auf der Website des Versorgers oder auf staatlichen Energieagentur-Websites finden.

Du könntest den Energieversorger direkt kontaktieren und nach Informationen zu ihrem Energiemix fragen. Oft haben sie Kundendienstmitarbeiter, die diese Informationen bereitstellen können.

In einigen Ländern sind Energieetiketten oder -zertifikate gesetzlich vorgeschrieben. Diese zeigen den Anteil erneuerbarer Energien im Energiemix an. Achte auf solche Etiketten auf Rechnungen oder der Website des Versorgers.

Es gibt Online-Plattformen, auf denen Du Energieversorger vergleichen kannst. Diese Plattformen könnten Informationen über den Anteil erneuerbarer Energien im Energiemix der Versorger anbieten. Verivox ist eine bekannte Energievergleichs-Website in Deutschland. Sie ermöglichen es Dir, Tarife von Energieversorgern zu vergleichen und Informationen über den Anteil erneuerbarer Energien im Energiemix zu erhalten. Check24 bietet ebenfalls Vergleichsdienste für Energieversorger in Deutschland. Du kannst verschiedene Anbieter und ihre Tarife vergleichen, inklusive Informationen über erneuerbare Energien.

Medienberichte oder öffentliche Publikationen könnten auch Informationen über den Anteil erneuerbarer Energien bei bestimmten Energieversorgern liefern.

Staatliche Energieregulierer oder -behörden könnten Informationen über den Anteil erneuerbarer Energiequellen in den Energiemixen der Versorger führen. Über deren Websites könntest Du solche Daten finden.

wichtig! Prüfe Informationen aus mehreren Quellen, um sicherzustellen, dass Du ein genaues Bild von den erneuerbaren Energiequellen des Energieversorgers erhalten.

Energieeffizienz: Achte darauf, ob der Versorger sich für Energieeffizienz einsetzt, zum Beispiel durch Programme zur Förderung energieeffizienter Geräte und Gebäude oder durch Energiesparberatungen für Kunden. Ein nachhaltiger Energieversorger sollte Maßnahmen ergreifen, um den Energieverbrauch zu reduzieren.

Klimaneutrale Angebote: Einige Energieversorger bieten klimaneutrale Tarife an. Dies bedeutet, dass sie die Treibhausgasemissionen, die mit der Energieerzeugung verbunden sind, durch Investitionen in Klimaschutzprojekte oder den Kauf von Emissionszertifikaten ausgleichen.

Wassereffizienz und Wasseraufbereitung: Bei der Auswahl eines nachhaltigen Wasserversorgers solltest Du darauf achten, ob das Unternehmen Maßnahmen zur Wassereffizienz ergreift und Strategien zur Reduzierung des Wasserverbrauchs hat. Ebenso ist es wichtig zu prüfen, ob der Versorger in Wasseraufbereitungsanlagen investiert, um das abfließende Wasser zu reinigen und den ökologischen Einfluss zu minimieren.

Nachhaltigkeitszertifikate und -standards: Überprüfe, ob der Energie- oder Wasserversorger von anerkannten Nachhaltigkeitszertifikaten oder -standards zertifiziert ist. Beispiele dafür sind ISO 14001 (Umweltmanagement), EMAS (Eco-Management and Audit Scheme) oder das Grüner Strom-Label für Energieversorger in Deutschland.

Transparenz und Berichterstattung: Ein nachhaltiger Energie- oder Wasserversorger sollte über seine Nachhaltigkeitsleistung transparent berichten. Überprüfe, ob das Unternehmen Nachhaltigkeitsberichte veröffentlicht oder Informationen zu seinen Nachhaltigkeitszielen und -maßnahmen auf seiner Website bereitstellt.

Kundenbewertungen: Lese Erfahrungsberichte und Bewertungen von Kunden, um einen Eindruck von der Zuverlässigkeit und den nachhaltigen Praktiken des Energie- oder Wasserversorgers zu erhalten.

Indem Du diese Kriterien berücksichtigst, kannst Du einen Energie- oder Wasserversorger finden, der sich für Nachhaltigkeit und Umweltschutz einsetzt.

Platz für Deine Notizen:

Telekommunikationsanbieter

Frage bei Telekommunikationsanbietern nach ihren Umwelt- und Recyclingpraktiken. Achte darauf, dass sie Maßnahmen zur Energieeffizienz ergreifen und sich für umweltverträgliche Entsorgung von Elektronik einsetzen.

Bei der Suche nach einem nachhaltigen Telekommunikationsanbieter gibt es einige Merkmale, die Du beachten kannst:

Energieeffizienz: Achte darauf, ob der Telekommunikationsanbieter Maßnahmen zur Energieeffizienz in seinen Betrieben ergreift. Dies umfasst den Einsatz energieeffizienter Geräte und Infrastrukturen sowie den Einsatz erneuerbarer Energien für den Betrieb der Netzwerke und Rechenzentren.

CO2-Bilanz: Informiere Dich über die CO2-Bilanz des Telekommunikationsanbieters. Ein nachhaltiger Anbieter sollte bestrebt sein, seine Treibhausgasemissionen zu reduzieren und langfristige Klimaziele zu verfolgen. Sie können auch in Projekte zur Kompensation von CO2-Emissionen investieren.

Recycling und E-Waste-Management: Überprüfe, ob der Anbieter Maßnahmen zur Entsorgung und zum Recycling von Elektroschrott (E-Waste) hat. Ein nachhaltiger Anbieter sollte sich um eine umweltverträgliche Entsorgung von Geräten kümmern und aktiv daran arbeiten, Elektroschrott zu reduzieren.

Grüne Netzwerke: Erkundige Dich, ob der Anbieter auf den Ausbau von grünen Netzwerken setzt. Dazu gehören energieeffiziente Übertragungstechnologien und Netzwerkinfrastrukturen sowie der Einsatz erneuerbarer Energien für den Netzwerkbetrieb.

Nachhaltige Beschaffung: Prüfe, ob der Anbieter bei der Beschaffung von Geräten und Dienstleistungen Nachhaltigkeitskriterien berücksichtigt. Das schließt den Einsatz von umweltfreundlichen Materialien, faire Arbeitsbedingungen und soziale Verantwortung in der Lieferkette ein.

Transparenz und Berichterstattung: Ein nachhaltiger Telekommunikationsanbieter sollte über seine Nachhaltigkeitsleistung transparent berichten. Achte auf Nachhaltigkeitsberichte oder Informationen zu den Nachhaltigkeitszielen und -maßnahmen des Anbieters.

Kundenbewertungen: Lese Erfahrungsberichte und Bewertungen von Kunden, um Einblicke in die Nachhaltigkeitspraktiken des Telekommunikationsanbieters zu erhalten.

Indem Du diese Aspekte berücksichtigst, kannst Du einen Telekommunikationsanbieter finden, der sich für Nachhaltigkeit und Umweltschutz engagiert.

Anregung: Viele Handys oder Smartphones werden lediglich für einen Zeitraum von anderthalb bis zwei Jahren genutzt. Nach dieser Zeitspanne lockt oft das nächste Modell, das mit erweiterten Fähigkeiten aufwartet, schneller arbeitet oder einfach eine sehr attraktivere Optik hat. Trotzdem bleibt das vorherige Handy funktionsfähig. In diesem Zusammenhang stellt sich jeder von uns die Frage: Kann ich mein Smartphone nicht länger nutzen und somit einen nachhaltigen Beitrag leisten?

Häufig verführen Telekommunikationsanbieter bei Vertragsverlängerungen mit Gratisangeboten oder kostengünstigen Modellen. Dies kann dazu führen, dass man trotz funktionierendem alten Handy zugreift. Mittlerweile bieten einige Anbieter auch Gutschriften als Alternative an, um die Nutzungsdauer von Mobiltelefonen zu verlängern. Es ist eine lohnenswerte Überlegung, aktiv nach solchen Gutschriften zu fragen, da dies zur Nachhaltigkeit beiträgt.

Ein Smartphone vereint zahlreiche Funktionen und ersetzt somit viele andere Einzelgeräte. Diese kleinen, vielseitigen Computer übernehmen die Rolle von MP3-Playern, Navigationsgeräten und Digitalkameras. Eine Überlegung wert ist daher die schrittweise Ersetzung anderer Geräte durch das Smartphone – eine nachhaltige Wahl im Hinblick auf den Ressourcenverbrauch.

Zusätzliche Ratschläge für den umweltbewussten Umgang mit Elektrogeräten kannst Du ebenfalls in Betracht ziehen. Indem Du Dein Konsumverhalten überdenkst, trägst Du dazu bei, dass unsere Erde auch für kommende Generationen lebenswert bleibt.

Informiere Dich über Nachhaltigkeitsengagement

Recherchiere über die Nachhaltigkeitsbemühungen der Unternehmen, mit denen Du in Kontakt stehst. Achte auf deren Umweltbilanz, soziale Verantwortung und Transparenz. Unternehmen, die nachhaltige Praktiken verfolgen und über ihre Maßnahmen berichten, sind oft die bessere Wahl.

Nachhaltigkeitsengagement bezieht sich auf die aktiven Bemühungen eines Unternehmens, ökologische, soziale und ökonomische Aspekte in seine Geschäftspraktiken und Entscheidungsprozesse zu integrieren. Es geht darum, langfristige Verantwortung zu übernehmen und einen positiven Beitrag zur Gesellschaft und Umwelt zu leisten, anstatt nur kurzfristige Gewinne zu verfolgen.

Es gibt verschiedene Möglichkeiten, wie Unternehmen ihr Nachhaltigkeitsengagement zeigen können:

Nachhaltigkeitsberichte: Viele Unternehmen veröffentlichen jährliche oder regelmäßige Nachhaltigkeitsberichte, in denen sie über ihre Nachhaltigkeitsstrategie, -ziele, -maßnahmen und -leistungen berichten. Diese Berichte geben Einblicke in die Bemühungen des Unternehmens in Bezug auf Umweltschutz, soziale Verantwortung, Lieferkettenmanagement, Mitarbeiterengagement und vieles mehr.

Nachhaltigkeitsziele und -strategien: Unternehmen können klare Nachhaltigkeitsziele und -strategien formulieren, die darauf abzielen, ihre Umweltauswirkungen zu reduzieren, soziale Ungerechtigkeiten zu bekämpfen und wirtschaftlichen Nutzen auf nachhaltige Weise zu schaffen. Diese Ziele sollten messbar, zeitgebunden und mit klaren Maßnahmen verbunden sein.

Zertifizierungen und Mitgliedschaften: Einige Unternehmen lassen sich durch unabhängige Zertifizierungen und Mitgliedschaften in Nachhaltigkeitsorganisationen oder -initiativen prüfen. Beispiele für solche Zertifizierungen sind B Corp-Zertifizierung, LEED-Zertifizierung für grüne Gebäude oder das Fairtrade-Siegel. Die Teilnahme an solchen Programmen zeigt, dass das Unternehmen sich einem hohen Nachhaltigkeitsstandard verpflichtet fühlt.

Transparenz und Offenheit: Unternehmen, die ihr Nachhaltigkeitsengagement ernst nehmen, sollten transparent über ihre Praktiken und Leistungen berichten. Dies beinhaltet die Offenlegung von Umweltauswirkungen, sozialen Maßnahmen, Stakeholder-Engagement und anderen relevanten Aspekten. Transparenz ermöglicht es Kunden und Interessengruppen, die Nachhaltigkeitsbemühungen des Unternehmens zu beurteilen.

Stakeholder-Engagement: Nachhaltige Unternehmen bemühen sich, ihre Stakeholder einzubeziehen und mit ihnen in einen Dialog zu treten. Das bedeutet, dass sie die Meinungen und Bedürfnisse ihrer Kunden, Mitarbeiter, Lieferanten, Gemeinden und anderer Interessengruppen berücksichtigen und in ihre Entscheidungsprozesse integrieren.

Beim Bewerten von Nachhaltigkeitsbemühungen von Unternehmen kannst Du auf die genannten Faktoren achten. Nachhaltigkeitsberichte, öffentlich verfügbare Informationen, Zertifizierungen und das Engagement des Unternehmens in Initiativen geben Dir Aufschluss über seine Nachhaltigkeitsleistung und den Grad seines Engagements. Kundenbewertungen und Erfahrungsberichte können ebenfalls hilfreich sein

Unterstütze lokale und soziale Unternehmen: Suche nach Dienstleistern in Deiner Region, die soziale und nachhaltige Werte verfolgen. Kleinere, lokale Unternehmen sind oft stärker mit ihrer Gemeinschaft verbunden und achten eher auf ökologische und soziale Aspekte.

Indem Du Dienstleister auswählst, die nachhaltige Praktiken unterstützen und Wert auf soziale Verantwortung legen, kannst Du dazu beitragen, eine nachhaltigere Wirtschaft zu fördern und Unternehmen zu unterstützen, die sich für eine bessere Zukunft einsetzen.

Platz für Deine Notizen:

Die Gemeinswohlökonomie

In unserer hektischen Welt, in der Ressourcen knapper werden und Umweltprobleme immer drängender werden, ist es wichtiger denn je, nachhaltige Lebensweisen zu entdecken und umzusetzen. Einer der vielversprechendsten Ansätze, um dies zu erreichen, ist die Gemeinwohlökonomie. Dieser Artikel beleuchtet, wie die Gemeinwohlökonomie als Leitprinzip dazu beitragen kann, Nachhaltigkeit im Alltag zu gestalten und eine positive Veränderung für uns selbst und die Umwelt herbeizuführen.

Die Gemeinwohlökonomie ist mehr als nur eine ökonomische Theorie – sie ist eine Bewegung, die auf ethischen Werten und dem Streben nach einer gerechteren und nachhaltigen Gesellschaft basiert. Sie geht über das herkömmliche Verständnis von Wohlstand und Erfolg hinaus und setzt stattdessen auf Prinzipien wie Solidarität, ökologische Verantwortung und soziale Gerechtigkeit.

Ein zentraler Aspekt der Gemeinwohlökonomie ist die Neubewertung des wirtschaftlichen Erfolgs. Statt ausschließlich auf finanzielle Kennzahlen zu fokussieren, betrachtet sie auch den Beitrag eines Unternehmens oder einer Organisation zum Gemeinwohl. Dies kann durch soziale Initiativen, Umweltschutzmaßnahmen und faire Arbeitsbedingungen erreicht werden. Indem Unternehmen nicht nur auf Profit abzielen, sondern auch darauf achten, wie sie die Gesellschaft und die Umwelt positiv beeinflussen können, wird ein nachhaltiger Ansatz gefördert.

Im Alltag bedeutet die Anwendung der Gemeinwohlökonomie, bewusste Entscheidungen zu treffen, die das Gemeinwohl fördern. Das kann bedeuten, lokale Produkte zu bevorzugen, um Transportwege zu minimieren und regionale Wirtschaftskreisläufe zu stärken. Dazu gehört auch der bewusste Umgang mit Ressourcen, um Abfall zu reduzieren und die Umweltbelastung zu verringern. Gerechter Handel, soziale Teilhabe und die Förderung von Bildung und Kultur sind ebenfalls zentrale Elemente, die im Einklang mit den Prinzipien der Gemeinwohlökonomie stehen.

Die Gemeinwohlökonomie bietet nicht nur einen Ansatz zur individuellen Veränderung, sondern kann auch auf gesellschaftlicher Ebene wirken. Immer mehr Unternehmen erkennen den Wert der Gemeinwohlbilanz und integrieren diese in ihre Geschäftsmodelle. Politische Entscheidungsträger beginnen, diese Ideen in ihre Programm- und Gesetzesinitiativen einzubeziehen.

Indem wir uns auf die Prinzipien der Gemeinwohlökonomie stützen, haben wir die Möglichkeit, unsere Denkweise zu verändern und einen nachhaltigen Lebensstil zu führen. Dieser Ansatz ermutigte uns, über den eigenen Tellerrand hinauszublicken, gemeinschaftliche Lösungen zu finden und aktiv zur Verbesserung unserer Umwelt beizutragen. Letztendlich bietet die Gemeinwohlökonomie einen Weg, wie wir im Einklang mit unseren Werten handeln können, um nicht nur für uns selbst, sondern auch für kommende Generationen eine bessere Zukunft zu gestalten.

Die Identifizierung von Unternehmen, die nach dem Gemeinwohlökonomieprinzip handeln, erfordert oft eine gewisse Recherche und Aufmerksamkeit.

Hier sind einige Tipps, wie Du als Konsument solche Unternehmen erkennen kannst:

Gemeinwohl-Berichte: Einige Unternehmen, insbesondere solche, die stark an der Gemeinwohlökonomie beteiligt sind, veröffentlichen Gemeinwohl-Berichte. Diese Berichte bieten detaillierte Einblicke in die sozialen und ökologischen Auswirkungen des Unternehmens und wie es zur Förderung des Gemeinwohls beiträgt.

Mission und Werte: Schaue Dir die Mission und die Werte eines Unternehmens an. Unternehmen, die nach dem Gemeinwohlökonomieprinzip handeln, legen oft Wert auf soziale Verantwortung, Nachhaltigkeit, Transparenz und das Wohl der Gemeinschaft.

Nachhaltigkeitsmaßnahmen: Unternehmen, die sich für die Gemeinwohlökonomie einsetzen, setzen oft Maßnahmen darüber hinaus, die über gesetzliche Anforderungen gehen. Dies können Initiativen zur Reduzierung von CO_2-Emissionen, fairen Arbeitsbedingungen, sozialer Integration und mehr sein.

Zertifizierungen und Labels: Es gibt verschiedene Zertifizierungen und Labels, die auf soziale Verantwortung und Nachhaltigkeit hinweisen. Zum Beispiel das „B-Corp"-Zertifikat, das Unternehmen auszeichnet, die soziale und ökologische Ziele verfolgen.

Transparenz und Offenheit: Unternehmen, die nach dem Gemeinwohlökonomieprinzip handeln, sind oft transparent über ihre Geschäftspraktiken, ihre Lieferketten und ihre sozialen und ökologischen Auswirkungen. Achte auf Unternehmen, die bereit sind, Informationen offen zu teilen.

Soziale Projekte und Partnerschaften: Unternehmen, die sich für das Gemeinwohl engagieren, arbeiten häufig mit lokalen Gemeinschaften, Non-Profit-Organisationen oder Initiativen zusammen, um positive Veränderungen zu bewirken.

Stellungnahmen und Verpflichtungen: Schau nach, ob das Unternehmen öffentliche Stellungnahmen oder Verpflichtungen zur Einhaltung ethischer und nachhaltiger Prinzipien abgibt, sei es in Bezug auf Umweltschutz, faire Arbeitsbedingungen oder andere soziale Aspekte.

Recherche und Online-Quellen: Recherchiere online nach Unternehmen, die sich der Gemeinwohlökonomie verschrieben haben. Es gibt Plattformen, auf denen nachhaltige Unternehmen vorgestellt werden, sowie Nachrichtenartikel und Blogbeiträge, die darüber berichten.

Kommunikation mit dem Unternehmen: Zögere nicht, das Unternehmen direkt anzusprechen und nach Informationen über ihre Bemühungen in Bezug auf Gemeinwohlökonomie zu fragen. Ein offener und ehrlicher Dialog kann Dir einen guten Einblick geben.

Eigene Werte abgleichen: Letztendlich ist es wichtig, dass die Werte und Prinzipien des Unternehmens mit Deinen eigenen Vorstellungen von Nachhaltigkeit und Gemeinwohl im Einklang stehen.

Denke daran, dass Unternehmen auf unterschiedlichen Ebenen in die Gemeinwohlökonomie involviert sein können. Einige unternehmen nur erste Schritte in diese Richtung, während andere tiefer in die Umsetzung der Prinzipien eingebunden sind. Deine Unterstützung für nachhaltige Unternehmen trägt dazu bei, die Nachfrage nach solchen Praktiken zu erhöhen und einen positiven Einfluss auf die Wirtschaft zu haben.

Platz für Deine Notizen:

Kapitel 10

Nachhaltigkeit beim Reisen

Die Reise zu einem nachhaltigen Morgen: Praktische Schritte für verantwortungsbewusstes Reisen

In einer Welt, in der das Bewusstsein für Umweltprobleme und nachhaltiges Handeln immer wichtiger wird, gewinnt auch das Thema nachhaltiges Reisen an Bedeutung. Im Streben nach unvergesslichen Abenteuern und kulturellen Erfahrungen erkennen immer mehr Menschen die Notwendigkeit, verantwortungsbewusst und ökologisch verträglich zu reisen.

Obwohl das Reisen zweifellos eine Bereicherung für unser Leben sein kann, hinterlässt es oft einen ökologischen Fußabdruck. Dennoch gibt es zahlreiche Möglichkeiten für Privatpersonen, ihre Reisepraktiken anzupassen, um positive Veränderungen zu bewirken. Diese Anpassungen reichen von der Wahl des Transportmittels über die Unterstützung lokaler Gemeinschaften bis hin zur bewussten Entscheidung, wie wir unsere Ressourcen nutzen.

In diesem Kapitel erkunden wir eine Vielzahl von praktischen Tipps, wie jeder von uns dazu beitragen kann, das Konzept des nachhaltigen Reisens zu verkörpern und gleichzeitig die Schönheit und Vielfalt unserer Welt zu entdecken.

Als Privatperson kannst Du beim Reisen viele nachhaltige Entscheidungen treffen, um Deinen ökologischen Fußabdruck zu minimieren und verantwortungsbewusst zu handeln. Hier sind einige Tipps:

Transportmittel: Wähle so umweltfreundliche Transportmittel wie möglich. Reise per Zug oder Bus anstelle von Flugzeugen, wenn die Strecke praktikabel ist. Falls ein Flug unvermeidlich ist, wähle Direktflüge, um Zwischenlandungen zu vermeiden.

Unterkünfte: Suche nach Unterkünften, die sich auf Nachhaltigkeit konzentrieren. Umweltzertifikate wie „Green Key" oder „Travelife" können ein Indikator für nachhaltige Praktiken sein. Wiederverwendbare Handtücher und Bettwäsche sind ebenfalls ein Zeichen für umweltfreundliche Unterkünfte.

Vermeidung von Einwegplastik: Verzichte auf Einwegplastik so weit wie möglich. Bring Deine eigene wiederverwendbare Wasserflasche, Trinkhalme, Tupperware oder Stoffbeutel mit.

Lokale Produkte und Dienstleistungen: Unterstütze lokale Wirtschaften, indem Du lokale Produkte, Restaurants und Dienstleistungen wählst. Dies fördert nicht nur die örtliche Wirtschaft, sondern reduziert auch den CO2-Ausstoß durch den Transport von importierten Gütern.

Nachhaltige Touren und Aktivitäten: Wähle Touren und Aktivitäten, die die Umwelt und die Kultur respektieren. Meide Aktivitäten, die wild lebende Tiere stören oder gefährden könnten.

Energie und Wasser sparen: Achte auf Deinen Energie- und Wasserverbrauch, indem Du beispielsweise das Licht ausschaltest, wenn Du den Raum verlässt, und Wasser sparsam verwendest.

Öffentlicher Nahverkehr und Fahrradverleih: Nutze den öffentlichen Nahverkehr oder leihe Dir ein Fahrrad, um die Umgebung zu erkunden, anstatt individuelle Fahrzeuge zu benutzen.

Mülltrennung: Achte darauf, Deinen Müll ordnungsgemäß zu trennen und zu entsorgen. Informiere Dich über die lokalen Recyclingrichtlinien.

Kompensation von CO2-Emissionen: Wenn Du fliegst oder anderweitig CO2-Emissionen verursachst, kannst Du erwägen, Deine Emissionen durch Investitionen in Klimaschutzprojekte auszugleichen.

Respektiere die lokale Kultur und Umwelt: Sei respektvoll gegenüber den örtlichen Bräuchen, Traditionen und der Natur. Vermeide schädliche Verhaltensweisen wie das Abbrechen von Pflanzen oder das Betreten geschützter Bereiche.

Langsames Reisen: Anstatt viele Orte in kurzer Zeit zu besuchen, nimm Dir Zeit, um die Umgebung wirklich kennenzulernen. Dies reduziert den Stress für die Umwelt und ermöglicht tiefere kulturelle Erfahrungen.

Bildung und Sensibilisierung: Informiere Dich über die örtlichen Umwelt- und Kulturthemen, um ein besseres Verständnis für Deine Reiseziele zu entwickeln.

Vermeidung von Souvenirs aus bedrohten Arten: Kaufe keine Produkte, die aus bedrohten Tierarten oder gefährdeten Pflanzen hergestellt wurden, um illegalen Handel und Umweltschäden zu verhindern.

Die Kombination dieser Maßnahmen kann dazu beitragen, dass Deine Reisen nachhaltiger und umweltfreundlicher werden. Denke daran, dass selbst kleine Veränderungen eine positive Wirkung haben können, wenn viele Menschen mitmachen.

Hier sind einige weitere Maßnahmen, die Du beim Reisen beachten kannst, um noch mehr Nachhaltigkeit zu fördern:

Essen und Trinken: Wähle lokale und saisonale Lebensmittel, um die Nachfrage nach importierten Produkten zu reduzieren. Vermeide übermäßigen Fleischkonsum, da die Fleischproduktion oft eine hohe Umweltbelastung verursacht. Entscheide Dich stattdessen für pflanzliche Optionen.

Umweltfreundliche Produkte: Verwende umweltfreundliche Körperpflegeprodukte und Sonnenschutzmittel, um das Risiko von schädlichen Chemikalien in Wasser und Natur zu minimieren. Verzichte auf Wegwerfartikel wie Einwegrasierer und Einwegzahnbürsten.

Minimalismus und Packliste: Packe bewusst und vermeide übermäßiges Mitführen von Dingen, die Du wahrscheinlich nicht benötigst. Leichteres Gepäck reduziert den Energieverbrauch im Transport.

Energieeffizienz: Schalte elektrische Geräte wie Lichter, Klimaanlagen und Heizungen aus, wenn Du den Raum verlässt. Nutze Energieeffizienztechnologien wie smarte Thermostate in Deiner Unterkunft, um den Energieverbrauch zu minimieren.

Müllvermeidung: Vermeide unnötige Verpackungen und bring wiederverwendbare Behälter mit, um Lebensmittelreste aufzubewahren. Sammle Deinen eigenen Müll ein und trenne ihn gemäß den lokalen Recyclingrichtlinien.

Bewusster Tourismus: Meide überfüllte Touristenattraktionen zu Spitzenzeiten, um den Druck auf empfindliche Ökosysteme zu reduzieren. Informiere Dich vor Ort über respektvolle Verhaltensweisen, insbesondere in kulturell sensiblen Gebieten.

Nutzung erneuerbarer Energien: Wähle Unterkünfte, die erneuerbare Energiequellen wie Solarenergie nutzen, um den Kohlenstoff-Fußabdruck zu reduzieren.

Unterstützung von NGOs und Initiativen: Recherchiere im Voraus, ob es lokale Umweltorganisationen oder gemeinnützige Projekte gibt, die Du unterstützen kannst.

Teilen und Leihen: Teile Taxi- oder Fahrtkosten mit anderen Reisenden, wenn möglich, um den Verkehr zu reduzieren. Nutze Sharing-Plattformen für Fahrräder, Roller oder Autos anstelle individueller Mietoptionen.

Bildung und Sensibilisierung: Lerne über die Kultur, Geschichte und Umwelt Deines Reiseziels, um eine tiefere Wertschätzung zu entwickeln.

Lärmschutz und Rücksichtnahme: Reduziere Lärm, um Tiere nicht zu stören und die lokale Gemeinschaft zu respektieren.

Digitale Dokumente: Verzichte auf ausgedruckte Unterlagen und Reisedokumente, wo immer es möglich ist, um Papier zu sparen.

Diese zusätzlichen Maßnahmen können dazu beitragen, Deine Bemühungen um nachhaltiges Reisen zu verstärken und gleichzeitig die Umwelt und lokale Gemeinschaften zu schützen.

Hier sind weitere Maßnahmen, mit denen Du beim Reisen noch mehr Beiträge zum Umweltschutz, zur Energieeinsparung und zur Nachhaltigkeit leisten kannst:

Freiwilligenarbeit: Suche nach Möglichkeiten, Dich an örtlichen Umweltschutz- oder Gemeinschaftsprojekten zu beteiligen, während Du reist.

CO2-neutrales Reisen: Erkunde Optionen, um Deinen CO2-Ausstoß durch den Kauf von CO2-Kompensationen oder Investitionen in erneuerbare Energieprojekte auszugleichen.

Eco-Friendly Transportmittel: Entscheide Dich für Elektrofahrzeuge, wenn Du ein Fahrzeug mietest, oder erkunde Elektrofahrräder als umweltfreundliche Option.

Bewusste Souvenirs: Kaufe Souvenirs von lokalen Kunsthandwerkern oder Geschäften, die auf nachhaltige Praktiken und fair gehandelte Produkte setzen.

Umweltbildungsprogramme: Beteilige Dich an lokalen Umweltbildungsprogrammen oder Workshops, um Dein Wissen zu erweitern und andere Reisende zu inspirieren.

Nachhaltige Unterkünfte: Buche Unterkünfte, die energieeffiziente Technologien wie Solarstrom und Wassereinsparungen verwenden.

Community-Engagement: Trete in Kontakt mit den Einheimischen, um ihre Perspektiven zu verstehen und Möglichkeiten zur Zusammenarbeit zu erkunden.

Verantwortungsbewusstes Tauchen und Schnorcheln: Wenn Du Wasseraktivitäten genießt, wähle Anbieter, die die marine Umwelt schützen und die Richtlinien für verantwortungsbewusstes Tauchen einhalten.

Upcycling und Reparieren: Falls Du während der Reise feststellst, dass Du etwas reparieren oder ersetzen musst, bevorzuge Reparatur- oder Upcycling-Optionen gegenüber Neukauf.

Verzicht auf Flugzeug-Toilettenartikel: Verzichte auf die Verwendung von Einweg-Toilettenartikeln im Flugzeug, um unnötigen Abfall zu vermeiden.

Wasser sparen: Achte auf Deinen Wasserverbrauch, sei es beim Duschen, Zähneputzen oder Geschirrspülen, um den Wasserverbrauch zu minimieren.

Teilen von Informationen: Teile Deine Reiseerfahrungen und nachhaltigen Praktiken über soziale Medien oder Reiseblogs, um andere zu inspirieren.

Gemeinschaftsprojekte unterstützen: Erkunde lokale Initiativen oder Projekte, die auf Umweltschutz, Bildung und soziale Gerechtigkeit abzielen, und trage aktiv dazu bei.

Lasst uns gemeinsam die Reiselandschaft verändern, indem wir bewusst handeln, Verantwortung übernehmen und die Schönheit unserer Welt bewahren. Jede einzelne nachhaltige Entscheidung, die wir treffen, hat eine positive Wirkung – nicht nur auf unsere Reiseerfahrung, sondern auch auf die Zukunft unseres Planeten. Machen wir nachhaltiges Reisen zu einer unverzichtbaren Tradition und hinterlassen wir eine Erde, die wir stolz an kommende Generationen weitergeben können.

Platz für Deine Notizen:

Kapitel 11

Nachhaltigkeit in der Gemeinschaft

Engagement für Nachhaltigkeit auf lokaler Ebene

Es gibt viele Möglichkeiten, wie Du Dich sozial für mehr Nachhaltigkeit engagieren kannst. Hier sind einige Vorschläge:

Bewusstsein schaffen: Informiere Dich über nachhaltige Praktiken und teile dieses Wissen mit anderen. Organisiere Informationsveranstaltungen, Vorträge oder Workshops in Deiner Gemeinde, Schule oder Arbeitsstelle, um Menschen über die Bedeutung von Nachhaltigkeit aufzuklären.

Freiwilligenarbeit: Engagiere Dich bei örtlichen Umweltorganisationen, Nachhaltigkeitsinitiativen oder gemeinnützigen Projekten, die sich für den Umweltschutz einsetzen. Du kannst beispielsweise an Strandreinigungsaktionen, Baumpflanzungen oder Recyclingprogrammen teilnehmen.

Konsumverhalten ändern: Achte darauf, wie Du konsumierst und versuche, nachhaltige Entscheidungen zu treffen. Kaufe lokale und saisonale Produkte, bevorzuge faire und ökologisch produzierte Waren und reduziere Deinen Verbrauch von Einwegartikeln. Unterstütze Unternehmen, die sich für Umweltschutz und soziale Verantwortung einsetzen.

Politisch aktiv werden: Informiere Dich über die politischen Maßnahmen in Bezug auf Nachhaltigkeit und beteilige Dich an politischen Diskussionen. Schreibe Briefe an politische Entscheidungsträger, um Deine Anliegen auszudrücken, und nimm an öffentlichen Anhörungen oder Versammlungen teil, um Deine Stimme zu Gehör zu bringen.

Bildung fördern: Engagiere Dich in der Bildung und Sensibilisierung für Nachhaltigkeit. Du kannst beispielsweise Schulen oder Bildungseinrichtungen besuchen, um mit Schülern über Nachhaltigkeit zu sprechen oder Umweltclubs gründen, um das Bewusstsein für Umweltfragen zu stärken.

Nachhaltige Gemeinschaften unterstützen: Suche nach lokalen Initiativen oder Gemeinschaften, die nachhaltiges Leben fördern, und werde Teil von ihnen. Das kann beispielsweise eine Gemeinschaftsgärtnerei, ein Repair Café oder ein Wohnprojekt sein, das auf ökologische und soziale Nachhaltigkeit ausgerichtet ist.

Netzwerke bilden: Finde Gleichgesinnte und schließe Dich Gruppen oder Netzwerken an, die sich für Nachhaltigkeit einsetzen. Gemeinsam könnt ihr größere Projekte realisieren, Erfahrungen austauschen und voneinander lernen.

Es gibt eine Vielzahl von Netzwerken und Organisationen, die sich für Nachhaltigkeit und Umweltschutz einsetzen. Hier sind einige bekannte Beispiele:

Greenpeace: Eine weltweit aktive Umweltschutzorganisation, die sich für Themen wie Klimawandel, Artenvielfalt, Ozeane und Wälder einsetzt. Greenpeace führt Kampagnen durch, organisiert Protestaktionen und setzt sich für politische Veränderungen ein.

WWF: Eine internationale Naturschutzorganisation, die sich für den Schutz von Tier- und Pflanzenarten, die Bewahrung natürlicher Lebensräume und die Bekämpfung des Klimawandels einsetzt. Der WWF arbeitet weltweit mit Regierungen, Unternehmen und Gemeinschaften zusammen.

350.org: Eine globale Bewegung, die sich für den Ausstieg aus fossilen Brennstoffen und den Übergang zu erneuerbaren Energien einsetzt. 350.org mobilisiert Menschen zu Aktionen wie Demonstrationen, Kampagnen und Divestment-Bemühungen, um den Druck auf Regierungen und Unternehmen zu erhöhen.

B Corp: Eine Zertifizierung für Unternehmen, die ihre soziale und ökologische Leistung messen und verbessern möchten. B Corp Unternehmen verpflichten sich, nicht nur Profit zu machen, sondern auch positive Auswirkungen auf die Gesellschaft und die Umwelt zu erzielen.

Global Compact: Eine weltweite Bewegung „Global Compact der Vereinten Nationen“ von Gemeinschaften, die den Übergang zu einer nachhaltigen und resilienten Zukunft fördern. Die Transition-Bewegung „The Transition Network“ unterstützt lokale Initiativen bei der Entwicklung nachhaltiger Projekte in Bereichen wie Lebensmittelproduktion, erneuerbare Energien, Verkehr und Bildung.

Friday for Future: Eine weltweite Schüler- und Studentenbewegung, Friday for Future, die sich für eine konsequentere Klimapolitik einsetzt. Die Bewegung organisiert regelmäßige Streiks und Demonstrationen, um auf die Dringlichkeit des Klimawandels aufmerksam zu machen und politische Maßnahmen zu fordern.

Diese Liste ist bei weitem nicht erschöpfend, und es gibt viele weitere Netzwerke und Organisationen, die sich für Nachhaltigkeit einsetzen. Je nachdem, wo Du lebst, könnten auch lokale oder regionale Netzwerke und Initiativen existieren, denen Du beitreten kannst.

wichtig! Selbst kleine Schritte können einen Unterschied machen. Beginne damit, kleine Veränderungen in Deinem eigenen Leben vorzunehmen und ermutige andere, sich ebenfalls für Nachhaltigkeit einzusetzen. Gemeinsam können wir eine nachhaltigere Zukunft schaffen.

Platz für Deine Notizen:

Schlussfolgerung

Ein nachhaltiges Leben führen - Schritte in die Zukunft

Ein nachhaltiges Leben zu führen bedeutet, bewusste Entscheidungen zu treffen, die langfristig positive Auswirkungen auf die Umwelt, die Gesellschaft und die eigene Lebensqualität haben. Es geht darum, Ressourcen zu schonen, die Umwelt zu schützen und sozial verantwortlich zu handeln. Hier sind nochmal die wichtigsten Schritte zusammengefasst, die Du in die Zukunft gehen kannst, um ein nachhaltiges Leben zu führen:

Bewusstsein schaffen: Informiere Dich über die Auswirkungen Deines Lebensstils auf die Umwelt und die Gesellschaft. Bildung und Bewusstsein sind der erste Schritt, um nachhaltige Entscheidungen treffen zu können.

Ernährungsgewohnheiten ändern: Reduziere Deinen Fleischkonsum und wähle stattdessen ökologisch und fair produzierte Lebensmittel. Unterstütze lokale Landwirte und wähle saisonale und regionale Produkte.

Konsumverhalten überdenken: Frage Dich, ob Du wirklich alles brauchst, was Du kaufst. Kaufe bewusst und achte auf nachhaltig hergestellte Produkte, fair gehandelte Waren und umweltfreundliche Verpackungen. Vermeide Einwegartikel und bevorzuge langlebige, reparierbare Produkte.

Energie und Wasser sparen: Reduziere Deinen Energieverbrauch, indem Du energiesparende Geräte verwendest, Dein Zuhause gut isolierst und bewusst mit Energie umgehst. Spare Wasser, indem Du effiziente Wasserhähne und Duschköpfe verwendest und bewusst mit Wasser umgehst.

Nachhaltige Mobilität: Nutze öffentliche Verkehrsmittel, Fahrrad oder gehe zu Fuß, wenn möglich. Falls Du ein Auto besitzt, wähle ein umweltfreundliches Modell oder teile Fahrten mit anderen, um den Kraftstoffverbrauch zu reduzieren.

Abfall reduzieren und recyceln: Vermeide Einwegartikel und versuche, Abfall so weit wie möglich zu reduzieren. Trenne und recycel Deine Abfälle richtig und entsorge sie umweltgerecht.

Nachhaltig am Arbeitsplatz: Schritt für Schritt die Gewohnheiten neu gestalten.

Nachhaltige Finanzen und Dienstleister: Wähle Banken und Versicherungen, die nachhaltige Investitionen tätigen und soziale und ökologische Kriterien berücksichtigen.

Nachhaltig Reisen: Neu denken, neu reisen und neue Traditionen entwickeln.

Gemeinschaft engagieren: Engagiere Dich in Deiner Gemeinschaft für nachhaltige Projekte und Initiativen. Tausche Dich mit anderen aus, teile Wissen und inspiriere andere, ebenfalls nachhaltige Entscheidungen zu treffen.

Es bereitet mir Freude zu erfahren, dass Du Dich verstärkt für Nachhaltigkeit einsetzen möchtest. Ebenso bin ich gespannt auf Dein Feedback, zusätzliche Ideen und Anregungen sowie natürlich auf Deine eigenen Erfahrungen. Es ist durchaus verständlich, dass nicht jeder sofort sämtliche Veränderungen umsetzen kann, da Zeit oft begrenzt ist. Zudem werden individuelle Ergebnisse nicht immer auf dieselbe Art erreicht, da unsere Lebensumstände vielfältig sind. Daher sollten wir gemeinsam unser Wissen teilen und voneinander lernen.

Folge mir auch gerne auf meinem Blog: Nachhaltigkeit.

Gemeinsam können wir Großes erreichen!

Quellen

Das Quellenverzeichnis

Kapitel 2 - Grundlagen:

Eine mögliche Definition von Nachhaltigkeit ist: Nachhaltigkeit ist ein Handlungsprinzip bei der Nutzung von Ressourcen. Hierbei soll eine dauerhafte Bedürfnisbefriedigung gewährleistet werden, indem die natürliche Regenerationsfähigkeit der beteiligten Systeme bewahrt wird, vor allem von Lebewesen und Ökosystemen.
https://de.wikipedia.org/wiki/Nachhaltigkeit

Nachhaltigkeit ist ein Handlungsprinzip bei der Nutzung von Ressourcen. Hierbei soll eine dauerhafte Bedürfnisbefriedigung gewährleistet werden, indem die natürliche Regenerationsfähigkeit der beteiligten Systeme bewahrt wird, vor allem von Lebewesen und Ökosystemen.
https://www.bpb.de/shop/zeitschriften/apuz/188663/was-ist-nachhaltigkeit-dimensionen-und-chancen/

Die Bedeutung von Nachhaltigkeit liegt in der Rücksicht auf die nächsten Generationen und der gleichberechtigten Betrachtung der drei Dimensionen der Nachhaltigkeit – wirtschaftlich effizient, sozial gerecht, ökologisch tragfähig.
https://www.bmz.de/de/service/lexikon/nachhaltigkeit-nachhaltige-entwicklung-14700/

Globalisierung und ihre Komplexität der Bertelsmann Stiftung.
https://www.bertelsmann-stiftung.de/fileadmin/files/BSt/Publikationen/GrauePublikationen/Die_Globalisierung_und_ihre_Komplexitaet-de_ST-NW.pdf

Was macht eine nachhaltige Ernährung aus? Veröffentlicht vom Umweltbundesamt. Darin wird erklärt, wie unsere Ernährungsgewohnheiten die Umwelt, das Klima, die Gesundheit und die soziale Gerechtigkeit beeinflussen. Es werden auch einige Tipps gegeben, wie wir durch eine nachhaltige Ernährung eine umweltgerechte Landwirtschaft unterstützen können.
https://www.umweltbundesamt.de/umweltatlas/umwelt-landwirtschaft/mein-handeln/nachhaltige-ernaehrung/was-macht-eine-nachhaltige-ernaehrung-aus-0

Bundesministerium für Umwelt, Naturschutz und nukleare Sicherheit (BMU), das eine Seite über Nachhaltiger Konsum bereitstellt. Darin wird beschrieben, wie unser Konsumverhalten die Umwelt, das Klima und die sozialen Bedingungen in anderen Ländern beeinflusst. Es werden auch einige Maßnahmen und Initiativen vorgestellt, die einen nachhaltigen Konsum fördern sollen.
https://www.bmuv.de/themen/nachhaltigkeit-digitalisierung/konsum-und-produkte/nachhaltiger-konsum

Das Umweltbundesamt, das einen Artikel über Häufige Fragen zur Energiewende veröffentlicht hat. Darin wird erläutert, warum wir unseren Energieverbrauch reduzieren und auf erneuerbare Energien umsteigen müssen, um die Treibhausgasemissionen und den Ressourcenverbrauch zu senken. Es werden auch einige Ziele und Maßnahmen der deutschen Energiepolitik vorgestellt, die eine kohlenstoffärmere Energieversorgung anstreben.
https://www.umweltbundesamt.de/themen/klima-energie/klimaschutz-energiepolitik-in-deutschland/haeufige-fragen-zur-energiewende

Ein Forschungsprojekt der UBA, das die ökologischen Auswirkungen der verschiedenen Verkehrsmittel berechnet hat.
https://www.transportbranche.de/umweltfreundlich-so-oekologisch-sind-die-verschiedenen-transportmittel/

Das Umweltbundesamt, das Informationen über nachhaltige Mobilität und die wichtigsten Klimaschutzmaßnahmen im Verkehr bietet.
https://www.umweltbundesamt.de/themen/verkehr/nachhaltige-mobilitaet

Ein Umwelttipp des Umweltbundesamtes, der die Vorteile von Bus und Bahn fahren erklärt.
https://www.umweltbundesamt.de/umwelttipps-fuer-den-alltag/mobilitaet/bus-bahn-fahren

Gesunde Ernährung:

Ein Buchkapitel, das die gesundheitlichen Vorteile einer nachhaltigen Ernährung beschreibt.
https://application.wiley-vch.de/books/sample/3527718109_c01.pdf

Eine Definition einer nachhaltigen Ernährung vom Bundeszentrum für Ernährung, die die Aspekte von Umwelt, Lebensmittelsicherheit und Gesundheit berücksichtigt.
https://www.bzfe.de/nachhaltiger-konsum/grundlagen/nachhaltige-ernaehrung/

Ein Artikel vom Umweltbundesamt, der Tipps gibt, wie man eine nachhaltige Ernährung umsetzen und die Landwirtschaft unterstützen kann.
https://www.umweltbundesamt.de/umweltatlas/umwelt-landwirtschaft/mein-handeln/nachhaltige-ernaehrung/was-macht-eine-nachhaltige-ernaehrung-aus-0

Ein Konzept des Bundesministeriums für Ernährung und Landwirtschaft, das die Ziele und Maßnahmen für eine nachhaltige Ernährung darstellt.
https://www.bmel.de/DE/themen/ernaehrung/nachhaltiger-konsum/konzept-nachhaltige-ernaehrung.html

Konsum:

Das Bundesministerium für Umwelt, Naturschutz und nukleare Sicherheit (BMU) definiert nachhaltigen Konsum als ein Verbraucherverhalten, das Umwelt- und soziale Aspekte berücksichtigt.
https://www.bmuv.de/themen/nachhaltigkeit-digitalisierung/konsum-und-produkte/nachhaltiger-konsum
Das Umweltbundesamt (UBA) erklärt, dass Konsum verschiedene Bedürfnisfelder umfasst, wie Wohnen, Mobilität, Ernährung und Bekleidung.
https://www.umweltbundesamt.de/service/uba-fragen/was-ist-nachhaltiger-konsum

Das Bundesministerium für wirtschaftliche Zusammenarbeit und Entwicklung (BMZ) beschreibt das Nationale Programm für Nachhaltigen Konsum als eine Maßnahme, um die negativen Wirkungen des Konsums zu begrenzen.
https://www.bmz.de/de/agenda-2030/sdg-12

CareElite bietet 50 Tipps für den grünen Alltag an, die sich auf ökologische, ökonomische und soziale Nachhaltigkeit beziehen, z.B. durch umweltfreundliche Mobilität, Strom aus erneuerbaren Quellen, Plastikmüllreduzierung und faire Kleidung.
https://www.careelite.de/nachhaltig-leben-tipps-alltag/

Energieeffizienz und erneuerbare Energie:

Das Umweltbundesamt (UBA) zeigt in einer Studie, dass erneuerbare Energien und Energieeffizienz eine Schlüsselrolle für den Klimaschutz spielen.
https://www.umweltbundesamt.de/presse/pressemitteilungen/erneuerbare-energien-energieeffizienz

Das Bundesamt für Wirtschaft und Ausfuhrkontrolle (BAFA) bietet eine Bundesförderung für effiziente Gebäude an, die unter anderem den Einsatz von erneuerbaren Energien unterstützt.
https://www.bafa.de/DE/Energie/Effiziente_Gebaeude/Foerderprogramm_im_Ueberblick/foerderprogramm_im_ueberblick_node.html

Die Deutsche Energie-Agentur (dena) betont, dass Energieeffizienz eine Voraussetzung für die Energiewende ist und dass unser Energieverbrauch halbiert werden muss.
https://www.dena.de/themen-projekte/energieeffizienz/

Nachhaltige Mobilität:

Das Umweltbundesamt (UBA) beschreibt nachhaltige Mobilität als ein Konzept, das verschiedene Maßnahmen zur Reduzierung von Umweltbelastungen und sozialen Ungleichheiten im Verkehrssektor umfasst.
https://www.umweltbundesamt.de/themen/verkehr/nachhaltige-mobilitaet

Das Fraunhofer-Institut für Solare Energiesysteme (ISE) erklärt, dass nachhaltige Mobilität neue Technologien für die Verkehrswende benötigt, wie beispielsweise Elektrofahrzeuge oder Wasserstoffantriebe.
https://www.ise.fraunhofer.de/de/nachhaltige-mobilitaet.html

Abfallmanagement und Recycling:

Wirtschaftswissen.de erklärt, dass ein betriebliches Abfallmanagement, das Abfälle vermeidet und verwertet, natürliche Ressourcen schont und das Unternehmensimage fördert.
https://www.wirtschaftswissen.de/arbeitssicherheit-datenschutz/umweltschutz/entsorgung/

Das Umweltbundesamt (UBA) informiert, dass das Abfallrecht das Ziel hat, alle Siedlungsabfälle umweltverträglich zu verwerten und so die Umweltbelastung zu reduzieren.
https://www.umweltbundesamt.de/themen/abfall-ressourcen/abfallwirtschaft/abfallrecht

Die Dringlichkeit der Müllvermeidung und Abfalltrennung zur Bekämpfung der Mülldeponien-Problematik

Das Umweltbundesamt hat ein Abfallvermeidungsprogramm verabschiedet, das Ziele, Maßnahmen und Indikatoren für die Reduzierung von Abfällen in verschiedenen Bereichen enthält.
https://www.umweltbundesamt.de/themen/abfall-ressourcen/abfallwirtschaft/abfallvermeidung

Utopia.de hat einen Ratgeber veröffentlicht, der die wichtigsten Tipps und Fakten zur Mülltrennung und Recycling erklärt und häufige Fragen und Irrtümer klärt.
https://utopia.de/ratgeber/muelltrennung-recycling/

Die Berliner Stadtreinigung (BSR) hat eine Webseite erstellt, die die Vorteile und Möglichkeiten der Abfallvermeidung und Abfalltrennung aufzeigt und praktische Hinweise gibt.
https://www.bsr.de/abfallvermeidung-und-trennung-20988.php

Nachhaltigkeit am Arbeitsplatz:

Mitvergnügen.com gibt 11 Tipps für mehr Nachhaltigkeit am Arbeitsplatz, wie z.B. Office Sharing, Fahrgemeinschaften oder Homeoffice.
https://mitvergnuegen.com/2020/nachhaltigkeit-am-arbeitsplatz/

TÜV SÜD bietet 5 Tipps für mehr Nachhaltigkeit am Arbeitsplatz, wie z.B. grüne Energie, digitale Kommunikation oder ökologische Büromaterialien.
https://www.tuvsud.com/de-de/wissenswert/newsletter/value-newsletter/3-2021/nachhaltigkeit-am-arbeitsplatz

Ozon-io.de erklärt, wie ökologische Nachhaltigkeit am Arbeitsplatz erreicht werden kann, wie z.B. Müllvermeidung, Wassersparen oder Pflanzen im Büro.
https://ozon-io.de/2021/11/oekologische-nachhaltigkeit-am-arbeitsplatz/

Nachhaltigkeit bei der Auswahl von Dienstleistern:

Eine Studie von PwC zeigt, dass 83 Prozent der Befragten auf Umweltaspekte bei der Auswahl von Lieferanten und Dienstleistern achten, und dass Verhaltenskodizes und Nachhaltigkeitszertifizierungen wichtige Instrumente dafür sind.
https://www.pwc.de/de/im-fokus/abschlusspruefung/green-audit-2022.html

Ein Blogbeitrag von dormakaba gibt fünf Tipps, worauf man bei der Auswahl eines Dienstleisters achten sollte, wie z.B. die Erfahrung, die Qualität, die Sicherheit und die Nachhaltigkeit des Anbieters.
https://blog.dormakaba.com/de/5-dinge-die-es-bei-der-auswahl-eines-dienstleisters-zu-beachten-gilt/

Die Commerzbank hat einen Standard für eine nachhaltige Beschaffung sowie Verhaltensgrundsätze entwickelt, die ökologische, soziale und ethische Kriterien für ihre Dienstleister und Lieferanten festlegen.
https://www.commerzbank.de/nachhaltigkeit/umwelt-klima/sustainable-operations-klimaneutralitaet/betriebliches-umweltmanagement/nachhaltige-beschaffung/

Nachhaltigkeit in der Gemeinschaft:

Das Gemeinschaftswerk Nachhaltigkeit ist eine offene Plattform für alle, die sich für eine nachhaltige Gesellschaft einsetzen. Es bietet Informationen, Inspiration und Vernetzungsmöglichkeiten für verschiedene Akteure.
https://gemeinschaftswerk-nachhaltigkeit.de/

Ein Beitrag von Quartier Zukunft beschreibt, wie Gemeinschaft als ein Übungsfeld für nachhaltige Entwicklung gesehen werden kann, indem sie Beziehungen und ein Gespür für Zusammenhänge fördert.
https://www.quartierzukunft.de/gemeinschaft-und-nachhaltigkeit-eine-gedankenskizze/

Umweltschutz:

Der WWF gibt Tipps, wie man Ressourcen schonen und das Leben nachhaltiger gestalten kann, z.B. durch Plastikvermeidung, einen nachhaltigen Umgang mit Holz und Papier und das Sparen von Strom und Energie.
https://www.wwf.de/aktiv-werden/tipps-fuer-den-alltag/

Greenpeace erklärt, wie wir als Gesellschaft nachhaltiger leben und den Klimaschutz beschleunigen können, indem wir unser Verhalten ändern, z.B. durch eine pflanzenbasierte Ernährung, einen bewussten Konsum und eine aktive Beteiligung.
https://www.greenpeace.de/engagieren/nachhaltiger-leben

Das Umweltbundesamt informiert über die verschiedenen Treibhausgase, ihre Quellen und ihre Wirkung auf das Klima. Es erklärt auch, wie die Emissionen vergleichbar gemacht werden können, indem man die Treibhausgaspotenziale (Global Warming Potentials) verwendet.
https://www.umweltbundesamt.de/themen/klima-energie/klimaschutz-energiepolitik-in-deutschland/treibhausgas-emissionen/die-treibhausgase

Die Bundesregierung stellt das Klimaschutzgesetz vor, das die Klimaneutralität Deutschlands bis 2045 vorsieht. Es legt auch die jährlichen Emissionsminderungsziele für die einzelnen Sektoren fest, um den Treibhausgasausstoß zu reduzieren.
https://www.bundesregierung.de/breg-de/schwerpunkte/klimaschutz/klimaschutz-gesetz-2021-1913672

Das Umweltbundesamt zeigt auch die Treibhausgasminderungsziele Deutschlands auf, die im Klimaschutzgesetz festgelegt sind. Die Emissionen sollen bis 2030 um mindestens 65 % und bis 2040 um mindestens 88 % gesenkt werden (gegenüber 1990).
https://www.umweltbundesamt.de/daten/klima/treibhausgasminderungsziele-deutschlands

Wirtschaftliche Stabilität:

Das Bundesministerium für Wirtschaft und Klimaschutz erklärt, wie Nachhaltigkeit in der Wirtschaft umgesetzt werden kann, indem Aspekte wie Umweltschutz, soziale Gerechtigkeit, Menschenrechte und nachhaltige Entwicklung miteinander verbunden werden. Es stellt auch verschiedene Initiativen und Projekte vor, die zu einer nachhaltigen Außenwirtschaft beitragen.
https://www.bmwk.de/Redaktion/DE/Dossier/nachhaltigkeit.html

Das Institut der deutschen Wirtschaft Köln analysiert die Herausforderungen für die Soziale Marktwirtschaft, die sich aus den unterschiedlichen Gerechtigkeitsvorstellungen und Wachstumskonzepten der potenziellen Koalitionspartner ergeben. Es zeigt auch Optionen für ein nachhaltiges und generationengerechtes Wachstum auf, das ökologische, ökonomische und soziale Ziele berücksichtigt.
https://www.iwkoeln.de/fileadmin/user_upload/Studien/policy_papers/PDF/2021/IW-Policy-Paper_2021-Gerechtigkeit-Nachhaltigkeit-Wachstum.pdf

Das Bundesministerium für wirtschaftliche Zusammenarbeit und Entwicklung beschreibt das Ziel 16 der Agenda 2030, das Frieden, Gerechtigkeit und starke Institutionen umfasst. Es betont die Bedeutung von staatlichen Einrichtungen, die Ungleichheiten abbauen und Gerechtigkeit für alle gewährleisten können. Es präsentiert auch einige Beispiele für die deutsche Entwicklungszusammenarbeit in diesem Bereich.
https://www.bmz.de/de/agenda-2030/sdg-16

Resilienz gegenüber Krisen:

Eine Pandemie bewältigen und eine Gesellschaft zur Nachhaltigkeit transformieren: Beide Aufgaben haben Parallelen, aus denen sich lernen lässt.
https://www.nachhaltigkeitsrat.de/aktuelles/resilienz-wie-man-fuer-krisen-kuenftig-vorsorgen-kann/

Mit der Strategie der Bundesregierung zur Stärkung der Resilienz gegenüber Katastrophen soll Deutschland nachhaltig krisenfester werden.
https://www.bundesregierung.de/breg-de/service/publikationen/deutsche-strategie-zur-staerkung-der-resilienz-gegenueber-katastrophen-2062054

Buchempfehlung: Entwicklung, Nachhaltigkeit und Resilienz haben viele Dimensionen, die miteinander verknüpft sind.
https://link.springer.com/chapter/10.1007/978-3-658-26941-8_7

Ressourcenschonung:

Die Nutzung natürlicher Ressourcen und die Konkurrenzen um knappe Ressourcen steigen weltweit. Gleichzeitig nehmen damit globale Umweltprobleme zu.
https://www.umweltbundesamt.de/themen/abfall-ressourcen/ressourcenschonung-in-der-umweltpolitik

Globales Wirtschaftswachstum und Ressourcenverbrauch müssen durch nachhaltige Produktion entkoppelt werden. Die Zukunft liegt in der Kreislaufwirtschaft.
https://www.nachhaltigkeitsrat.de/nachhaltige-entwicklung/ressourcenschonung-und-kreislaufwirtschaft/

Der effizientere Einsatz von Ressourcen kann die Umweltbelastungen begrenzen, die Bedürfnisse der Konsumenten erfüllen, die Wettbewerbsfähigkeit der deutschen Wirtschaft stärken und nachhaltig Beschäftigung sichern.
https://www.umweltbundesamt.de/themen/abfall-ressourcen/ressourcenschonung-in-produktion-konsum

Bewusstseinsbildung und Vorbildwirkung:

Bewusstseinsbildung: Nachhaltige Praktiken fördern ein besseres Verständnis für Umwelt- und Sozialfragen und tragen dazu bei, ein nachhaltiges Bewusstsein in der Gesellschaft zu etablieren.
https://www.cassini.de/leistungen/nachhaltigkeitsmanagement

Bildung ist ein Prozess, mit dessen Hilfe Menschen wie Gesellschaften ihr volles Potenzial verwirklichen können.
https://www.bpb.de/lernen/politische-bildung/193097/umwelt-und-nachhaltige-entwicklung/

Junge Menschen an Bildung für Nachhaltigkeit zu beteiligen, ist ein zentraler Schlüssel zum Erreichen der globalen Nachhaltigkeitsziele.
https://www.umweltbundesamt.de/sites/default/files/medien/1410/publikationen/2020-06-29_texte_118-2020_umweltbildung-bne.pdf

Langfristige Lebensqualität:

Die Deutsche Nachhaltigkeitsstrategie orientiert sich an den Leitlinien der Generationengerechtigkeit, Lebensqualität, sozialer Zusammenhalt und internationale Verantwortung.
https://www.cassini.de/leistungen/nachhaltigkeitsmanagement

Die Agenda 2030 der Vereinten Nationen hat das Leitbild, weltweit ein menschenwürdiges Leben zu ermöglichen und gleichzeitig die natürlichen Lebensgrundlagen dauerhaft zu bewahren.
https://www.bundesregierung.de/breg-de/themen/nachhaltigkeitspolitik/die-un-nachhaltigkeitsziele-1553514

Die Leitlinien der Nachhaltigkeitsstrategie zeigen den Weg auf, in welche Richtung sich unser Land bewegen muss, um nachhaltiger zu werden.
https://www.bundesregierung.de/breg-de/themen/nachhaltigkeitspolitik/eine-strategie-begleitet-uns/leitbild-der-nachhaltigkeitsstrategie-392374

Kapitel 3 - Nachhaltige Ernährung

Auswirkungen unserer Ernährungsgewohnheiten auf die Umwelt:

Treibhausgasemissionen:

Laut dem Umweltbundesamt ist die Landwirtschaft für einen erheblichen Teil der Methan- und Lachgasemissionen in Deutschland verantwortlich.
https://www.umweltbundesamt.de/daten/land-forstwirtschaft/beitrag-der-landwirtschaft-zu-den-treibhausgas

Die Produktion von Fleisch und Milchprodukten erzeugt große Mengen an Methan, einem starken Treibhausgas.
https://www.bauernverband.de/topartikel/treibhausgasemissionen-aus-der-landwirtschaft

Zudem werden bei der Herstellung von Düngemitteln und dem Betrieb von landwirtschaftlichen Maschinen große Mengen an Kohlendioxid freigesetzt.
https://www.bmel.de/SharedDocs/Pressemitteilungen/DE/2021/040-treibhausgasemissionen-2020.html

Landnutzung:

Laut einer Studie von CareElite entfallen mehr als die Hälfte des durchschnittlichen Flächenbedarfs pro Kopf auf Fleisch- und Wurstprodukte.
https://www.careelite.de/flaechenverbrauch-fuer-fleisch/

Die Abholzung von Wäldern für Weideland und Futtermittelanbau führt zu einem Verlust an natürlichen Lebensräumen und zu höheren Treibhausgasemissionen.
https://www.landwirtschaft.de/diskussion-und-dialog/umwelt/wie-klimaschaedlich-sind-tierische-lebensmittel

Die Landwirtschaft produziert neben den tierischen Produkten auch pflanzliche Lebensmittel, Bioenergie und Biorohstoffe.
https://www.bmel.de/DE/themen/landwirtschaft/landwirtschaft_node.html

Wasserverbrauch:

Laut dem WWF ist Wasser die Grundlage jeden Lebens in der Landwirtschaft, sowohl für die Pflanzen als auch für die Tiere.
https://www.wwf.de/themen-projekte/landwirtschaft/klima-boden-und-wasser-in-der-landwirtschaft/wasserbedarf-in-der-landwirtschaft

Die landwirtschaftliche Produktion erfordert große Mengen an Wasser, insbesondere für den Anbau von Futtermitteln wie Baumwolle.
https://www.wwf.de/themen-projekte/fluesse-seen/wasserverbrauch/wasser-verschwendung/

Die Bewässerung von Feldern führt zu einem erhöhten Wasserverbrauch und kann zu Wasserknappheit in bestimmten Regionen führen.
https://www.landwirtschaft.de/diskussion-und-dialog/umwelt/wie-viel-wasser-steckt-in-landwirtschaftlichen-produkten/

Statistiken:
Laut Umweltbundesamt verbrauchen wir pro Kopf indirekt mehr als 7.200 Liter Wasser pro Tag durch den Konsum von Gütern aus Industrie und Landwirtschaft.
https://www.landwirtschaft.de/diskussion-und-dialog/umwelt/wie-viel-wasser-steckt-in-landwirtschaftlichen-produkten/

Der Wasserfußabdruck eines Lebensmittels ist die Menge an Wasser, die für seine Herstellung benötigt wird. Zum Beispiel hat ein Kilogramm Rindfleisch einen Wasserfußabdruck von etwa 15.400 Litern, während ein Kilogramm Kartoffeln nur etwa 290 Liter benötigt.
https://youtu.be/K27rqVSGJRY

Verschmutzung von Gewässern:

Das Umweltbundesamt erklärt, wie Düngemittel die Luft und die Böden belasten können und wie Schwermetalle in Düngemitteln zu einer Verschmutzung von Gewässern führen können.
https://www.umweltbundesamt.de/themen/landwirtschaft/umweltbelastungen-der-landwirtschaft/duengemittel

Die Heinrich-Böll-Stiftung berichtet, wie Pestizide die Lebewesen in Gewässern schädigen können und wie die regulatorisch akzeptable Konzentration pro Wirkstoff oft überschritten wird.
https://www.boell.de/de/2022/01/12/pestizide-im-wasser-da-schwimmt-was-mit

Greenpeace zeigt, wie der Biolandbau eine Alternative zum Einsatz von künstlichen Pestiziden darstellt und wie Nützlinge gefährliche Pestizide ersetzen können.
https://www.greenpeace.de/biodiversitaet/landwirtschaft/anbau/pestizide-zerstoeren-umwelt

Statistik: Die Heinrich-Böll-Stiftung berichtet über eine Studie, die mehr als 100 kleine Fließgewässer in zwölf Bundesländern auf Pestizidrückstände untersucht hat. Die Ergebnisse zeigen, dass 75 Prozent der Proben mindestens einen Pestizidwirkstoff enthielten und 40 Prozent der Proben den Qualitätsnormen nicht entsprachen.
https://www.boell.de/de/2022/01/12/pestizide-im-wasser-da-schwimmt-was-mit

Energieverbrauch:

Die Bundeszentrale für politische Bildung gibt einen Überblick über den globalen und deutschen Energieverbrauch und die damit verbundenen Treibhausgasemissionen.
https://www.bpb.de/kurz-knapp/zahlen-und-fakten/datenreport-2021/umwelt-energie-und-mobilitaet/330308/energie-aufkommen-verbrauch-auswirkungen/

Statistik: Das Umweltbundesamt zeigt die Emissionsquellen in Deutschland nach Sektoren auf und erläutert die Rolle des Energiesektors als größter Verursacher von Treibhausgasen.
https://www.umweltbundesamt.de/themen/klima-energie/treibhausgas-emissionen/emissionsquellen

Umwelt im Unterricht beschäftigt sich mit dem Zusammenhang zwischen Lebensmitteln, Ernährungsgewohnheiten und ihrer Klimabilanz. Es bietet auch einige Abbildungen, wie z.B. den CO2-Fußabdruck verschiedener Lebensmittel oder den Anteil der Ernährung an den Gesamtemissionen.
https://www.umwelt-im-unterricht.de/hintergrund/lebensmittel-ernaehrungsgewohnheiten-und-ihre-klimabilanz/

Ecogreen erklärt die Energieeffizienz in der Lebensmittelindustrie und gibt Tipps, wie man Fördermittel für Energieeinsparmaßnahmen erhalten kann.
https://www.ecogreen-gruppe.de/energieeffizienz-in-der-lebensmittelindustrie/

Die DLG präsentiert die Ergebnisse des Trendmonitors 2021, der die Investitionen und Trends in der Lebensmittel- und Getränkeindustrie analysiert. Es enthält auch einige Abbildungen, wie z.B. die Investitionsschwerpunkte oder die wichtigsten Herausforderungen für die Branche.
https://www.dlg.org/de/lebensmittel/themen/publikationen/trendmonitor/dlg-trendmonitor-lebensmitteltechnik-2021

Lebensmittelverschwendung:

Das Bundesministerium für Ernährung und Landwirtschaft gibt an, dass in Deutschland pro Jahr etwa 12 Millionen Tonnen Lebensmittel im Müll landen, wovon 6,1 Millionen Tonnen in privaten Haushalten entstehen.
https://www.bmel.de/DE/themen/ernaehrung/lebensmittelverschwendung/studie-lebensmittelabfaelle-deutschland.html

Die Welthungerhilfe berichtet, dass weltweit etwa 1,3 Milliarden Tonnen Lebensmittel pro Jahr verschwendet werden, was einem Drittel der gesamten Nahrungsmittelproduktion entspricht.
https://www.welthungerhilfe.de/lebensmittelverschwendung/

Die Verbraucherzentrale erklärt die Folgen der Lebensmittelverschwendung für die Umwelt, die Ressourcen und die Welternährung. Sie nennt auch einige Tipps, wie man Lebensmittelabfälle vermeiden kann.
https://www.verbraucherzentrale.de/wissen/lebensmittel/auswaehlen-zubereiten-aufbewahren/lebensmittelverschwendung-folgen-fuer-umwelt-ressourcen-welter-naehrung-59565

Das BMEL bietet auch Schulmaterialien zum Thema Lebensmittelverschwendung an, die Schülerinnen und Schüler sensibilisieren und motivieren sollen, aktiv zu werden. Die Materialien enthalten u.a. Arbeitsblätter, Plakate und Infografiken.
https://www.bmel.de/DE/themen/ernaehrung/lebensmittelverschwendung/schulmaterial.html

Die Welthungerhilfe stellt ebenfalls einige Abbildungen zur Verfügung, wie z.B. den Anteil der Lebensmittelverschwendung an den Gesamtemissionen oder die Verteilung der Lebensmittelabfälle nach Sektoren.
https://www.bmel.de/DE/themen/ernaehrung/lebensmittelverschwendung/lebensmittelverschwendung_node.html

Statistik: Eine Infografik, die die Lebensmittelverschwendung pro Kopf und Jahr in Deutschland darstellt.
https://de.statista.com/infografik/25875/geschaetzte-menge-der-jaehrlichen-lebensmittelabfaelle-in-deutschland/

Praktische Wege für eine umweltfreundliche Ernährung im Alltag:

Wähle saisonale und regionale Lebensmittel:

Die Studie „Ökologische Fußabdrücke von Lebensmitteln und Gerichten in Deutschland“ vom Umweltbundesamt und dem ifeu-Institut untersucht den CO2-Fußabdruck von knapp 200 Lebensmitteln und berücksichtigt dabei Faktoren wie konventionellen oder ökologischen Landbau, saisonale oder regionale Produktion, inländische Produktion oder Import.
https://www.umweltbundesamt.de/sites/default/files/medien/6232/dokumente/ifeu_2020_oekologische-fussabdruecke-von-lebensmitteln.pdf

https://www.ifeu.de/projekt/oekologischer-fussabdruck-von-lebensmitteln-und-gerichten-in-deutschland/

Die Webseite „Less Emissions“ bietet eine Übersicht über den CO2-Fußabdruck von verschiedenen Lebensmitteln und praktische Tipps für eine klimafreundliche Ernährung. Sie empfiehlt, tierische Lebensmittel, insbesondere Fleisch und Fisch, zu reduzieren und auf regionale und saisonale Produkte zu achten.
https://imbstudent.donau-uni.ac.at/lessemissions2/co2-fussabdruck-von-lebensmitteln/

Die Bundeszentrale für politische Bildung erklärt, was die Verfügbarkeit von Nahrung bedeutet und welche Faktoren sie beeinflussen.
https://www.bpb.de/themen/globalisierung/welternaehrung/192109/verfuegbarkeit-von-nahrung/

Das Umweltbundesamt gibt Tipps, wo man regionale und saisonale Lebensmittel finden kann und warum sie gut für die Umwelt sind.
https://www.umweltbundesamt.de/umweltatlas/umwelt-landwirtschaft/mein-handeln/nachhaltige-ernaehrung/woher-bekomme-ich-regionale-saisonale-lebensmittel

Die Verbraucherzentrale zeigt, wie die Klimabilanz für Lebensmittel berechnet wird und wie man klimafreundlicher essen kann.
https://www.verbraucherzentrale.de/sites/default/files/2022-03/vz-br-ernaehrung-klima-screen.pdf

Vermeide Lebensmittelverschwendung:

Das Umweltbundesamt gibt Tipps, wie man Lebensmittelverschwendung vermeiden kann, zum Beispiel durch richtige Lagerung, Portionierung und Verwertung von Resten. Es erklärt auch, welche Folgen die Lebensmittelverschwendung für die Umwelt hat.
https://www.umweltbundesamt.de/umwelttipps-fuer-den-alltag/essen-trinken/lebensmittelverschwendung-vermeiden
https://www.umweltbundesamt.de/themen/wider-die-verschwendung

Die Bundesregierung informiert über ihre Strategie zur Reduzierung von Lebensmittelabfällen und stellt verschiedene Initiativen und Projekte vor, die sich für dieses Ziel einsetzen.
https://www.bundesregierung.de/breg-de/aktuelles/weniger-lebensmittelabfaelle-2029762

Mindesthaltbarkeitsdatum:

Die Verbraucherzentrale erklärt den Unterschied zwischen Mindesthaltbarkeitsdatum (MHD) und Verbrauchsdatum und gibt Beispiele für Lebensmittel, die kein MHD benötigen.
https://www.verbraucherzentrale.de/wissen/lebensmittel/auswaehlen-zubereiten-aufbewahren/mindesthaltbarkeitsdatum-mhd-ist-nicht-gleich-verbrauchsdatum-13452

Die Tafel gibt einen Überblick über die Haltbarkeit von Lebensmitteln nach dem MHD und gibt Tipps, wie man sie richtig lagert und überprüft.
https://www.tafel.de/fileadmin/media/Presse/Pressemitteilungen/PDF/2018/2018-12-17_Faltblatt_MHD_webversion.pdf

Das foodsharing Wiki erläutert, wie man mit Lebensmitteln nach dem MHD umgeht und welche Kriterien für die Weitergabe oder Entsorgung gelten.
https://wiki.foodsharing.de/Mindesthaltbarkeitsdatum_und_Verbrauchsdatum

Reduziere den Konsum von Fleisch und Milchprodukten:

Der NABU erklärt, wie die Fleischproduktion zu Treibhausgasemissionen, Wasserverbrauch und Entwaldung beiträgt und gibt Tipps für einen nachhaltigeren Fleischkonsum.
https://www.nabu.de/umwelt-und-ressourcen/oekologisch-leben/essen-und-trinken/fleisch/13310.html

Das Umweltbundesamt beschreibt, wie die Milchproduktion zu Ressourcenverbrauch und Umweltbelastungen führt und welche Alternativen es gibt, wie zum Beispiel pflanzliche oder zellbasierte Milchprodukte.
https://www.umweltbundesamt.de/sites/default/files/medien/1410/publikationen/2020-06-25_trendanalyse_fleisch-der-zukunft_web_bf.pdf

Die Heinrich-Böll-Stiftung zeigt, wie die Fleisch- und Milchproduktion zu CO2-Emissionen beiträgt und warum eine stärker pflanzenbetonte Ernährung notwendig ist, um die Klimaschutzziele zu erreichen.
https://www.boell.de/de/2021/11/12/co2-emissionen-unserer-fleischproduktion

Es gibt aber auch viele Möglichkeiten, einige Fleisch- und Milchprodukte durch pflanzliche Alternativen zu ersetzen:

Das Bundesministerium für Ernährung und Landwirtschaft (BMEL) bietet einen Überblick über verschiedene pflanzliche Alternativen zu Fleischwaren und Milcherzeugnissen und ihre gesundheitlichen Aspekte.
https://www.bmel.de/DE/themen/verbraucherschutz/lebensmittelsicherheit/spezielle-lebensmittel/alternative-lebensmittel-fleisch-milch.html

Das Bundeszentrum für Ernährung (BZfE) stellt verschiedene Fleischalternativprodukte vor und bewertet sie im Hinblick auf Gesundheit und Klima.
https://www.bzfe.de/nachhaltiger-konsum/orientierung-beim-einkauf/fleischersatzprodukte/

Die Website smarticular.net gibt Tipps für pflanzliche Eiweißquellen, die wenig bekannt sind, aber sehr wertvoll sind.
https://www.smarticular.net/proteine-ohne-fleisch-die-besten-gruenen-eiweissquellen/

Kaufe biologische und nachhaltige Produkte:

Das Umweltbundesamt erklärt, wie Biolebensmittel zur Pflege und Erhaltung natürlicher Ressourcen, zum Schutz von Klima und Umwelt und zur Förderung von Tierwohl und Artenvielfalt beitragen.
https://www.umweltbundesamt.de/umwelttipps-fuer-den-alltag/essen-trinken/biolebensmittel

Der Bund Ökologische Lebensmittelwirtschaft (BÖLW) beschreibt, wie biologischer Anbau den Boden fruchtbar hält, die Wasserqualität schützt, die Biodiversität erhält und den Klimawandel mindert.
https://www.boelw.de/service/bio-faq/klima-umwelt/artikel/was-bringt-bio-fuer-die-umwelt/

Der Lebensmittelverband Deutschland informiert über die gesetzlichen Vorschriften für Biolebensmittel und ihre Vorteile für die Umwelt.
https://www.lebensmittelverband.de/de/lebensmittel/nachhaltigkeit-und-umwelt/bio

Vermeide übermäßig verpackte Lebensmittel:

Das Bundesministerium für Ernährung und Landwirtschaft (BMEL) informiert über die verpflichtenden Angaben auf verpackten Lebensmitteln, die Dir helfen können, die Art und Menge der Verpackung zu erkennen.
https://www.bmel.de/DE/themen/ernaehrung/lebensmittel-kennzeichnung/lebensmittel-kennzeichnung_node.html

Die Verbraucherzentrale erklärt, wie Du die Zutatenliste von verpackten Lebensmit-

teln lesen kannst, um zu sehen, ob sie unnötige Zusatzstoffe oder Aromen enthalten.
https://www.verbraucherzentrale.de/wissen/lebensmittel/kennzeichnung-und-inhaltsstoffe/lebensmittelkennzeichnung-was-muss-drauf-stehen-5430

Das Portal Lebensmittelklarheit definiert, was ein vorverpacktes Lebensmittel ist und wie Du es von anderen Lebensmitteln unterscheiden kannst.
https://www.lebensmittelklarheit.de/fragen-antworten/vorverpacktes-lebensmittel

Wie man definiert, ob Lebensmittel übermäßig verpackt sind:

Das Umweltbundesamt informiert über die verschiedenen Arten von Verpackungen und wie sie recycelt oder verwertet werden können.
https://www.umweltbundesamt.de/themen/abfall-ressourcen/produktverantwortung-in-der-abfallwirtschaft/verpackungen

Das Umweltbundesamt erklärt auch die Vorteile von Mehrwegverpackungen gegenüber Einwegverpackungen und wie sie gesetzlich gefördert werden.
https://www.umweltbundesamt.de/themen/abfall-ressourcen/produktverantwortung-in-der-abfallwirtschaft/verpackungen/mehrwegverpackungen-mehrwegverpackungssysteme

Die Website Packhelp zeigt einige Beispiele von Primärverpackungen, die unterschiedliche Funktionen und Designs haben.
https://packhelp.de/verpackungsarten/

Nutze lokale Märkte und Bauernhöfe:

Die Website Landwirtschaft.de informiert über die verschiedenen Möglichkeiten, Lebensmittel direkt beim Bauern zu kaufen, wie z. B. Hofläden, Abo-Kisten oder Wochenmärkte.
https://www.landwirtschaft.de/landwirtschaft-erleben/landwirtschaft-hautnah/auf-dem-hof/direkt-beim-bauern-kaufen/

https://www.landwirtschaft.de/landwirtschaft-verstehen/wie-funktioniert-landwirtschaft-heute/absatzwege-vom-acker-auf-den-teller/

Das Bundeszentrum für Ernährung erklärt die Vorteile der Direktvermarktung für Landwirte und Verbraucher und gibt Beispiele für verschiedene Formen der Direktvermarktung, wie z. B. Marktschwärmereien oder Solidarische Landwirtschaft.
https://www.bzfe.de/nachhaltiger-konsum/einkaufsorte-finden/direktvermarktung/

Pflanze einen eigenen Garten:

Ein eigener Garten ist ein Wohlfühlparadies und eine grüne Oase, die Dir Ruhe und Erholung bietet.
https://blog.tectake.de/de/10-gruende-fuer-einen-eigenen-garten/
https://www.unser-daheim.de/garten/

Ein eigener Garten hält Dich fit und gesund, da Du Dich an der frischen Luft bewegst und mit der Natur verbindest.
https://www.dekorationgarten.com/gartenarbeit/vorteile-eines-gartens-zu-hause-zuhause-gesellschaft-und-umwelt/

Ein eigener Garten ermöglicht Dir, hochwertige, frische und geschmackvolle Lebensmittel zu ernten, die Du nachhaltig und gesund anbaust.
https://www.meine-beitraege.de/alltagsleben/der-eigen-garten-vor-und-nachteile/
https://www.lflus.com/de/Vorteile-eines-eigenen-Gartens/

Wähle pflegeleichte Arten aus, die gut in Containern oder kleinen Gärten wachsen können, wie Tomaten, Paprika, Erdbeeren oder Mini-Obstbäume.
https://www.mein-schoener-garten.de/service/aktuelle-hefte/mein-schoener-garten-spezial-gemuese-kraeuter-obst-anbauen-43319

Nutze vertikale Strukturen wie Regale, Gitter oder hängende Taschen, um den verfügbaren Raum zu maximieren und Pflanzen in die Höhe zu ziehen.
https://www.watson.de/nachhaltigkeit/nachhaltig%20leben/482867144-obst-und-gemuese-selbst-zu-hause-anbauen-so-klappt-es-in-der-wohnung

Nutze sonnige Fensterbretter, um Kräuter wie Basilikum, Oregano, Minze und Petersilie anzupflanzen. Diese kleinen Pflanzen sind leicht zugänglich und können das ganze Jahr über geerntet werden.
https://www.compo.de/ratgeber/pflanzenpflege/krauter-obst-gemuese/krauter-selbst-ziehen

Trinke Leitungswasser oder nutze wiederverwendbare Behälter

Umweltauswirkungen: Durch das Trinken von Leitungswasser reduzierst Du Deinen Beitrag zu Plastikverschmutzung und CO2-Emissionen, die durch die Produktion und den Transport von Flaschenwasser verursacht werden.
https://www.aquawissen.de/leitungswasser-oder-mineralwasser-besser/
https://www.careelite.de/warum-leitungswasser-trinken-vorteile/

Kostenersparnis: Leitungswasser ist deutlich kostengünstiger als Mineralwasser. Du kannst jederzeit frisches Wasser direkt aus dem Wasserhahn genießen, ohne zusätzliche Kosten.
https://www.hna.de/verbraucher/leitungswasser-trinken-taeglich-jeden-tag-wasser-mineralien-kalk-gesundheit-lt-91059644.html

Qualität und Regulierung: Leitungswasser unterliegt in vielen Ländern strengen Qualitätskontrollen und -standards. Wasserwerke überwachen und behandeln das Leitungswasser, um sicherzustellen, dass es sicher zum Verzehr ist.
https://www.verbraucherzentrale.de/leitungswasser-fragen-und-fakten-zu-dem-idealen-getraenk-34783

Gesundheitliche Vorteile: Leitungswasser ist ein gesundes Getränk. Es enthält keine zusätzlichen Inhaltsstoffe wie Zucker oder künstliche Zusatzstoffe, die in einigen Flaschenwässern enthalten sein können.
https://fitpeople.com/de/gesundheit/leitungswasser-trinken-vor-und-nachteile/

Verwende wiederverwendbare Behälter für Getränke, Snacks und Mahlzeiten unterwegs

Umweltschutz: Wiederverwendbare Behälter helfen dabei, die Menge an Einwegverpackungen und Abfall zu reduzieren, die zur Plastikverschmutzung und hohen Energie- und Ressourcenverbrauch beitragen.
https://www.umweltbundesamt.de/themen/abfall-ressourcen/produktverantwortung-in-der-abfallwirtschaft/verpackungen/fragen-antworten-verpackungen-verpackungsabfaelle

Kostenersparnis: Wiederverwendbare Behälter können zu erheblichen Kostenersparnissen führen, da Du keine Einwegverpackungen kaufen musst. Du kannst Deine eigenen Behälter verwenden und dadurch Geld sparen.
Gesundheitliche Aspekte: Wiederverwendbare Behälter ermöglichen Dir mehr Kontrolle über die Qualität und Sicherheit der Verpackungen. Du kannst Behälter aus hochwertigen Materialien wählen, die keine schädlichen Chemikalien freisetzen.
https://e-warentest.de/wiederverwendbare-gefrierbeutel/

Bequemlichkeit: Wiederverwendbare Behälter sind langlebig, robust und für den wiederholten Gebrauch ausgelegt. Du kannst sie leicht reinigen und wiederverwenden. Außerdem kannst Du sie in vielen Restaurants, Bars und öffentlichen Trinkbrunnen nutzen.
https://utopia.de/ratgeber/essen-to-go-mehrwegboxen-verpackungsmuell-corona/

Informiere Dich über nachhaltige Fischerei und Meeresfrüchte:

Bestandsbewirtschaftung: Eine nachhaltige Fischerei beruht auf einer effektiven Bestandsbewirtschaftung, die die Fischbestände auf einem gesunden und produktiven Niveau hält. Die Bestandsbewirtschaftung umfasst die Festlegung von Fangquoten, Schonzeiten, Mindestgrößen für gefangene Fische und die Begrenzung von Beifang.
Umweltauswirkungen minimieren: Nachhaltige Fischerei minimiert die Auswirkungen auf das marine Ökosystem, indem sie Lebensräume wie Korallenriffe, Seegraswiesen und Schutzgebiete schützt. Sie reduziert auch Meeresverschmutzung, Überfischung und zerstörerische Fischereipraktiken wie Grundschleppnetzfischerei
Transparenz und Rückverfolgbarkeit: Eine nachhaltige Fischerei beinhaltet auch Transparenz und Rückverfolgbarkeit entlang der Lieferkette. Dies ermöglicht es Verbrauchern, Informationen über den Ursprung des gefangenen Fischs, die Fangmethoden und die Nachhaltigkeitspraktiken zu erhalten
https://www.msc.org/de/ueber-uns/msc-zertifizierungskriterien

Schonung gefährdeter Arten: Nachhaltige Fischerei schützt gefährdete oder bedrohte Arten durch das Festlegen von Schutzgebieten, Fangverbote oder Beschränkungen.
https://www.wwf.de/themen-projekte/meere-kuesten/fischerei/nachhaltige-fischerei/

Selektive Fangmethoden: Nachhaltige Fischereipraktiken verwenden selektive Fangmethoden, um Beifang zu minimieren und nur die gewünschten Arten zu fangen.
https://de.wikipedia.org/wiki/Nachhaltige_Fischerei

Die Deutsche Stiftung Meeresschutz setzt sich für nachhaltige Fischerei ein und bietet Informationen über verschiedene Projekte und Kampagnen.
https://www.stiftung-meeresschutz.org/foerderung/nachhaltiger-fischfang/

Die Website quarks.de beschreibt die Zukunft der Fischerei und wie die Fanggrenzen festgelegt werden sollten.
https://www.quarks.de/gesundheit/ernaehrung/zukunft-der-fischerei/

Kapitel 4 - Die Herausforderungen des Konsums in einer Wegwerfgesellschaft

Die Wikipedia bietet eine Definition und einen Überblick über den Begriff Wegwerfgesellschaft und seine Kritik.
https://de.wikipedia.org/wiki/Wegwerfgesellschaft

Die Website Utopia.de gibt Tipps, wie man gegen die Wegwerfgesellschaft handeln und nachhaltiger konsumieren kann.
https://utopia.de/ratgeber/gegen-die-wegwerfgesellschaft-das-hilft/

Das Buch Willkommen in der Wegwerfgesellschaft von Wolfgang König analysiert die Ursachen und Folgen der Wegwerfmentalität und macht Vorschläge für eine bessere Zukunft.
https://www.umweltdialog.de/de/management/Publikationen/2019/Willkommen-in-der-Wegwerfgesellschaft.php

Bewusster Konsum in allen Lebenslagen:

Das Bundesministerium für wirtschaftliche Zusammenarbeit und Entwicklung (BMZ) erklärt, warum nachhaltiger Konsum und nachhaltige Produktion wichtig sind für die Agenda 2030 und welche Maßnahmen die Bundesregierung dafür ergreift.
https://www.bmz.de/de/agenda-2030/sdg-12

Die Website Utopia.de zeigt, wie bewusster Konsum die Welt verändern kann und gibt Beispiele für nachhaltige Alternativen in verschiedenen Lebensbereichen.
https://utopia.de/ratgeber/so-kann-bewusster-konsum-die-welt-veraendern/

Das Bundesumweltministerium (BMU) und das Umweltbundesamt (UBA) bieten Tipps für den Alltag, wie man nachhaltiger konsumieren kann, und stellen einen Rechner zur Verfügung, mit dem man die Umweltauswirkungen des Online-Handels berechnen kann.
https://www.bmuv.de/themen/nachhaltigkeit-digitalisierung/konsum-und-produkte/nachhaltiger-konsum

Zutatenliste:
Der Lebensmittelverband Deutschland bietet eine Liste der Zusatzstoffe, die für die Herstellung von verarbeiteten Bio-Lebensmitteln zugelassen sind, und erklärt, welche davon zu den Zutaten landwirtschaftlichen Ursprungs gerechnet werden.
https://www.lebensmittelverband.de/de/lebensmittel/inhaltsstoffe/zusatzstoffe/liste-lebensmittel-zusatzstoffe-bio-lebensmittel

Die Website Lebensmittelklarheit informiert über die Vorgaben der EU-Öko-Verordnung, die alle Bio-Produkte einhalten müssen, und gibt Tipps, worauf man beim Einkauf achten sollte.
https://www.lebensmittelklarheit.de/informationen/wo-bio-drauf-steht-muss-bio-drin-sein

Die Website oekolandbau.de erläutert, unter welchen Bedingungen konventionelle Zutaten in Bio-Produkten erlaubt sind, und wie man den Anteil dieser Zutaten berechnen kann.
https://www.oekolandbau.de/verarbeitung/verkauf/kennzeichnung/bio-kennzeichung/berechnung-konventionelle-zutaten/

Preis:

Bio-Landwirtschaft ist arbeitsintensiver und erfordert mehr Handarbeit und Pflege.
https://www.oekolandbau.de/bio-im-alltag/einkaufen-und-kochen/einkaufen/warum-sind-biolebensmittel-teurer/

Bio-Landwirte verzichten auf chemische Pestizide und Düngemittel und verwenden natürliche Methoden, die die Ernteerträge beeinflussen können.
https://www.boelw.de/service/bio-faq/handel/artikel/sind-bio-lebensmittel-teurer/

Bio-Landwirte verwenden oft längere Anbauphasen und haben geringere Ernteausfälle, was zu längeren Produktionszeiten und Kosten führt.
https://eatsmarter.de/ernaehrung/bio-lebensmittel/kosten-bio-lebensmittel-mehr

Bio-Anbau und -Tierhaltung:

Der Bund Ökologische Lebensmittelwirtschaft (BÖLW) erklärt auf seiner Website, was Bio-Tierhaltung bedeutet und welche Vorteile sie für Umwelt und Klima hat.
https://www.boelw.de/themen/tier/haltung/

Der BÖLW informiert auch über die neuen Bio-Tierhaltungsregeln, die ab 2021 in der EU gelten sollen.
https://www.boelw.de/themen/eu-oeko-verordnung/neues-biorecht/artikel/neues-bio-recht-ab-2021-bio-tierhaltungsregeln-komplett/

Das Portal oekolandbau.de beschreibt die Prinzipien der artgerechten Tierhaltung im ökologischen Landbau und gibt Beispiele für verschiedene Tierarten.
https://www.oekolandbau.de/bio-im-alltag/bio-fuer-die-umwelt/tierhaltung/

Qualität vor Quantität :

Das Portal business-wissen.de erklärt, wie man die Qualität von Produkten, Dienstleistungen und Prozessen messen und bewerten kann. Es beschreibt die Bedeutung von Qualitätszielen, Qualitätskriterien und Qualitätsanforderungen.
https://www.business-wissen.de/hb/qualitaet-von-produkten-dienstleistungen-und-prozessen-messen-und-bewerten/

Die Website bscdesigner.com bietet einen Leitfaden für Qualitäts-KPIs und Scorecard. Es zeigt, wie man Qualitätskennzahlen definiert, analysiert und visualisiert.
https://bscdesigner.com/de/qualitats-kpis.htm

Das Buch „Qualität: Gegenstand, Definition und Begriffe" von Jürgen P. Bläsing gibt einen Überblick über die verschiedenen Aspekte und Dimensionen von Qualität. Es erläutert die historische Entwicklung und die theoretischen Grundlagen des Qualitätsmanagements.
https://link.springer.com/chapter/10.1007/978-3-658-40220-4_1

Was sind die wichtigsten Qualitätskriterien?

Die wichtigsten Qualitätskriterien können je nach Produkt, Dienstleistung oder Prozess variieren. Allgemein kann man aber einige Qualitätsmerkmale nennen, die oft relevant sind, wie zum Beispiel:
Funktionalität: Das Produkt oder die Dienstleistung erfüllt die Anforderungen und Erwartungen der Kunden.
Benutzbarkeit: Das Produkt oder die Dienstleistung ist einfach und angenehm zu bedienen.
Zuverlässigkeit: Das Produkt oder die Dienstleistung funktioniert fehlerfrei und konsistent.
Robustheit: Das Produkt oder die Dienstleistung ist widerstandsfähig gegen Störungen und Anomalien.
Performance: Das Produkt oder die Dienstleistung hat eine hohe Geschwindigkeit, Effizienz und Kapazität.
Sicherheit: Das Produkt oder die Dienstleistung schützt die Daten und die Privatsphäre der Kunden.
https://www.generic.de/blog/softwarequalitaet-kriterien-guter-softwareprodukte-und-die-rolle-von-clean-code
Kundenorientierung: Das Produkt oder die Dienstleistung erfüllt und übertrifft die Kundenerwartungen und sichert den nachhaltigen Erfolg des Unternehmens.
https://www.dgq.de/fachbeitraege/die-7-grundsaetze-des-qualitaetsmanagements/
Diese Qualitätskriterien können mit verschiedenen Methoden gemessen, bewertet und verbessert werden. Zum Beispiel können Qualitätsziele, Qualitätskennzahlen, Qualitätsprüfungen, Qualitätsaudits oder Qualitätszertifikate verwendet werden.
https://www.business-wissen.de/hb/qualitaet-von-produkten-dienstleistungen-und-prozessen-messen-und-bewerten/

Kapitel 5 - Energieeffizienz und erneuerbare Energien

Der Einfluss des Energieverbrauchs auf den Klimawandel:

Das Bundesministerium für wirtschaftliche Zusammenarbeit und Entwicklung (BMZ) erklärt, dass die Verbrennung fossiler Brennstoffe zur Energiegewinnung die wichtigste Ursache für den Klimawandel ist und dass eine zukunftsfähige Energieversorgung für alle Menschen klimaneutral sein muss.
https://www.bmz.de/de/themen/klimawandel-und-entwicklung/energie-und-klima

Das Umweltbundesamt (UBA) zeigt, dass vor allem der Energiesektor mit stationären und mobilen Quellen Treibhausgase, besonders Kohlendioxid, emittiert, aber auch die Industrieprozesse und die Landwirtschaft relevant sind.
https://www.umweltbundesamt.de/themen/klima-energie/treibhausgas-emissionen/emissionsquellen

Die Bundeszentrale für politische Bildung (bpb) beschreibt, wie Deutschland eine Energiewende anstrebt, um statt fossiler Energieträger und Kernenergie erneuerbare Quellen zu nutzen und damit die Energieversorgung nachhaltig zu machen.
https://www.bpb.de/kurz-knapp/zahlen-und-fakten/datenreport-2021/umwelt-energie-und-mobilitaet/330308/energie-aufkommen-verbrauch-auswirkungen/

Praktische Tipps zur Energieeinsparung im Alltag:

Beleuchtung optimiert:

Die Website energiespartipps.de gibt 12 Tricks zum Strom sparen mit Licht, wie zum Beispiel Licht ausschalten, Tageslicht nutzen, LED-Lampen verwenden oder Dimmer einsetzen.
https://energiespartipps.de/strom-sparen-licht/

Die Website lampify.de gibt Tipps zum Energiesparen bei der Beleuchtung für verschiedene Räume und Zwecke, wie zum Beispiel indirekte Beleuchtung, Bewegungsmelder, Zeitschaltuhren oder Lichtfarbe berücksichtigen.
https://lampify.de/news/tipps-zum-energiesparen-bei-der-beleuchtung/

Die Website lampenwelt.de erklärt, wie man Stromsparen mit Beleuchtung kann, indem man sparsame Lampen einsetzt, die richtige Helligkeit wählt, reflektierende Oberflächen nutzt oder Gruppenschaltungen einrichtet.
https://www.lampenwelt.de/inspiration/stromsparen-mit-beleuchtung/

Effiziente Geräte verwenden:

https://verbraucherzentrale-energieberatung.de/news-wissen/magazin/sparsame-haushaltsgeraete/
https://www.verivox.de/strom-gas/energie-sparen/ratgeber/energieeffiziente-geraete-energiesparen-mit-haushaltsgeraeten-1120037/
https://www.verbraucherzentrale.de/wissen/energie/strom-sparen/strom-sparen-im-haushalt-einfache-tipps-10734

Heizung und Kühlung regulieren:

https://www.heizung.de/ratgeber/diverses/tipps-zum-energiesparen-mit-der-heizung.html

https://www.verbraucherzentrale.de/wissen/energie/heizen-und-warmwasser/heizung-10-einfache-tipps-zum-heizkosten-sparen-13892

https://verbraucherzentrale-energieberatung.de/energie-sparen/heizenergie/

Isolierung verbessern

https://www.verbraucherzentrale.de/wissen/energie/energetische-sanierung/tipps-so-packen-sie-die-waermedaemmung-fuers-eigenheim-richtig-an-40001

https://www.dein-heizungsbauer.de/ratgeber/energie-sparen/waermedaemmung/

https://www.heimhaus.de/magazin/technik-umwelt/energie-sparen/daemmen-energieeinsparung/

Wasser sparen:

https://www.co2online.de/energie-sparen/wasser-sparen/wasserspartipps/wasser-sparen-kaltwasser/

https://www.verbraucherzentrale.de/wissen/energie/heizen-und-warmwasser/kosten-fuer-warmwasser-senken-das-koennen-sie-als-hausbesitzer-tun-17755

Energiebewusst kochen:

https://www.stromvergleich.de/energie-sparen/haushalt/topf-nach-herdplattengroesse-waehlen

http://topfset-tests.de/energiesparende-toepfe/

https://www.zinsen-berechnen.de/spartipps-stromverbrauch/topfgroesse.php

Wasch- und Spülmaschine effizient nutzen:

https://www.umweltbundesamt.de/umwelttipps-fuer-den-alltag/elektrogeraete/geschirrspueler-spuelmaschine

https://www.verbraucherzentrale.de/wissen/energie/strom-sparen/spuelmaschine-kaufen-worauf-sie-achten-sollten-5562
https://www.1000-haushaltstipps.de/spuelmaschine-effizient-nutzen-tipps-zu-wasserverbrauch-zusaetzen-die-optimale-beladung.html

Standby-Verbrauch reduzieren:

https://www.vattenfall.de/infowelt-energie/energie-sparen-im-haushalt-stand-by

https://www.badenova.de/blog/standby-modus-vermeiden-energiespartipp/

https://www.logoenergie.de/standby-stromverbrauch-sparen

Home Office optimieren:

https://blog.wwf.de/tipps-homeoffice-nachhaltig/

https://www.homeoffice.de/blogs/blog/energie-sparen-im-homeoffice

https://www.co2online.de/energie-sparen/energiesparen-im-unternehmen/homeoffice-und-energiesparen/

Erneuerbare Energiequellen und Möglichkeiten zur Nutzung erneuerbarer Energien:

Solarenergie:

Das Umweltbundesamt erklärt, wie Photovoltaik funktioniert und welchen Beitrag sie zur Stromversorgung leistet.
https://www.umweltbundesamt.de/themen/klima-energie/erneuerbare-energien/photovoltaik

Die Website Solarenergie.de beschreibt, wie Sonnenenergie in elektrischen Strom umgewandelt wird und welche Vorteile sie hat.
https://solarenergie.de/hintergrundwissen/solarenergie-nutzen

Die Europäische Kommission informiert über die Technologien der konzentrierten Solarenergie (CSP) und ihre Rolle für die Klimaneutralität.
https://commission.europa.eu/news/focus-solar-energy-harnessing-power-sun-2022-09-13_de

Windenergie:

Die Fraunhofer-Gesellschaft erklärt, wie Windenergieanlagen funktionieren und welche Vorteile sie haben.
https://www.fraunhofer.de/de/forschung/aktuelles-aus-der-forschung/wir-haben-die-energie/windenergie.html

Die Website ARD-alpha berichtet über den Anteil der Windenergie am deutschen Strommix und die Herausforderungen des Windkraftausbaus.
https://www.ardalpha.de/wissen/umwelt/nachhaltigkeit/windkraft-windraeder-erneuerbare-energien-102.html
Das Umweltbundesamt informiert über die rechtlichen Grundlagen und Ziele für die Flächenausweisung für Windenergie an Land.
https://www.umweltbundesamt.de/themen/klima-energie/erneuerbare-energien/windenergie-an-land

Wasserkraft:

Die Website von StudySmarter erklärt die Arten, Funktionsweise und Vor- und Nachteile von Wasserkraft.
https://www.studysmarter.de/schule/geographie/nachhaltigkeit/wasserkraft/

Die Website von Chemie-Schule beschreibt die physikalischen Grundlagen von Wasserkraft.
https://www.chemie-schule.de/KnowHow/Wasserkraft

Die Website von Voith zeigt das Potenzial und die Vorteile von Wasserkraft für die erneuerbare Energie.
https://voith.com/corp-de/wasserkraft-einfach-erklaert.html

Biomasse:

Die Website von chemie.de erklärt die Definition und Zusammensetzung von Biomasse.
https://www.chemie.de/lexikon/Biomasse.html

Die Website von biologie-seite.de beschreibt die Messung und Verteilung von Biomasse.
https://www.biologie-seite.de/Biologie/Biomasse

Die Website von Umweltbundesamt diskutiert die Vor- und Nachteile von Bioenergie.
https://www.umweltbundesamt.de/themen/klima-energie/erneuerbare-energien/bioenergie

Die Website von energiemarie.de zeigt die Beispiele und Anwendungen von Biomasse Energie.
https://energiemarie.de/umwelt/erneuerbare-energie/bioenergie/biomasse

Geothermie:

Die Website von heizung.de erklärt die Definition und Funktion von Geothermie.
https://www.heizung.de/ratgeber/diverses/die-geothermie-und-ihre-vor-und-nachteile.html

Die Website von stiebel-eltron.de beschreibt die Vorteile und Kosten von Geothermie.
https://www.stiebel-eltron.de/de/home/produkte-loesungen/erneuerbare_energien/waermepumpe/ratgeber/geothermie.html

Die Website von quarks.de gibt einen Überblick über die Geothermie in Deutschland.
https://www.quarks.de/technik/energie/geothermie-unendliche-waerme-aus-der-tiefe/

Die Website von Umweltbundesamt informiert über die Umweltauswirkungen und Potenziale von Geothermie.
https://www.umweltbundesamt.de/themen/klima-energie/erneuerbare-energien/geothermie

Die Website von energie-experten.org zeigt die Funktionsweise und Nutzungsformen von Geothermie.
https://www.energie-experten.org/erneuerbare-energien/erdwaerme/geothermie

Meeresenergie:

Das Video von simpleclub erklärt die Grundlagen und Arten von Meeresenergie.
https://simpleclub.com/lessons/erdkunde-meeresenergie

Die Website von DKE informiert über das Potenzial und die Herausforderungen von Meeresenergie.
https://www.dke.de/de/arbeitsfelder/energy/meeresenergie

Die Website von Umweltbundesamt beschreibt die Energiegewinnung im Meer und ihre Umweltauswirkungen.
https://www.umweltbundesamt.de/themen/wasser/gewaesser/meere/nutzung-belastungen/energiegewinnung-im-meer

Kapitel 6 - Nachhaltige Mobilität

Die Bedeutung der Verkehrsmittelwahl für die Umwelt:

Die Website des Umweltbundesamtes erklärt, wie die Verkehrsvermeidung und die Verlagerung auf umweltschonendere Verkehrsmittel zu einer nachhaltigen Mobilität beitragen können.
https://www.umweltbundesamt.de/themen/verkehr/verkehrsmittelwahl

Ein weiterer Artikel des Umweltbundesamtes beschreibt die sozialen Aspekte der Verkehrswende und wie die Wahl des Verkehrsmittels die Lebensqualität und die Gesundheit der Bevölkerung beeinflusst.
https://www.umweltbundesamt.de/themen/verkehr/nachhaltige-mobilitaet/soziale-aspekte-der-verkehrswende

Ein Buch von Springer analysiert die Verkehrsmittelwahl im Güterverkehr und wie die Verkehrspolitik die externen Kosten des Verkehrs reduzieren kann.
https://link.springer.com/book/10.1007/3-7908-1754-6

Grüne Mobilität wählen: Nachhaltige Verkehrsalternativen für eine bessere Umwelt und Lebensqualität:

Nachhaltige Alternativen zum Individualverkehr im Mittelpunkt: Diese Seite berichtet über ein interkommunales Netzwerk von zehn Ortenauer Städten und Gemeinden,

die künftig im Nahverkehr enger kooperieren wollen, um die Mobilität in der Region klimafreundlicher zu gestalten.
https://www.sonnenseite.com/de/mobilitaet/nachhaltige-alternativen-zum-individualverkehr-im-mittelpunkt/

Nachhaltige Mobilität: Alternativen zum Auto | Umwelt im Unterricht ...: Diese Seite bietet Hintergrundinformationen und Unterrichtsmaterialien zum Thema nachhaltige Mobilität und zeigt einen Mix verschiedener Verkehrsmittel, die umweltfreundlicher sind als das Auto.
https://www.umwelt-im-unterricht.de/hintergrund/nachhaltige-mobilitaet-alternativen-zum-auto/

Mehr Lebensqualität durch intelligente Mobilität - KPMG Deutschland: Diese Seite beschäftigt sich mit den Herausforderungen und Chancen einer intelligenten Mobilität in der Stadt und stellt verschiedene Konzepte vor, wie Carsharing, Fahrradverleih oder autonomes Fahren.
https://kpmg.com/de/de/home/branchen/oeffentlicher-sektor/smart-city/intelligente-mobilitaet.html

ADFC - Dossier: Elektrofahrräder: Diese Seite erklärt die Unterschiede zwischen Pedelecs, schnellen Pedelecs und E-Bikes und gibt Tipps zur Auswahl, Nutzung und Sicherheit von Elektrofahrrädern.
https://www.adfc.de/artikel/elektrofahrraeder/

E-Roller / E-Scooter vs E-Bike - 5 Gründe für meine Entscheidung: Diese Seite vergleicht die Vor- und Nachteile von E-Rollern / E-Scootern und E-Bikes anhand von fünf Kriterien: Größe, Reichweite, Geschwindigkeit, Kosten und Fahrspaß.
https://eroller-mit-zulassung.de/e-roller-e-scooter-vs-e-bike/

E-Bike, E-Scooter, E-Roller & Co. – welches elektrische ...: Diese Seite stellt verschiedene elektrische Fortbewegungsmittel vor, wie E-Bike, E-Scooter, E-Roller, Segway oder Monowheel und informiert über ihre Umweltbilanz, Zulassung und Versicherung.
https://www.polarstern-energie.de/magazin/artikel/elektrische-fortbewegungsmittel/

Elektromobilität und andere umweltfreundliche Transportlösungen:

Warum überhaupt Elektromobilität? - BMUV: Diese Seite erklärt die Vorteile von Elektrofahrzeugen für das Klima und die Umwelt und die Ziele der Bundesregierung für die Förderung der Elektromobilität.
https://www.bmuv.de/themen/luft-laerm-mobilitaet/verkehr/elektromobilitaet

Nachhaltige Mobilität | Umweltbundesamt: Diese Seite informiert über die Umweltauswirkungen des Verkehrs und die Möglichkeiten zur Verbesserung der Nachhaltigkeit durch verschiedene Maßnahmen, wie z.B. den Ausbau des öffentlichen Nahverkehrs, die Förderung des Rad- und Fußverkehrs, die Nutzung alternativer Antriebe und Kraftstoffe oder die Digitalisierung.
https://www.umweltbundesamt.de/themen/verkehr/nachhaltige-mobilitaet

Elektromobilität - Fraunhofer ISI: Diese Seite stellt die Forschungsaktivitäten des Fraunhofer-Instituts für System- und Innovationsforschung ISI im Bereich der Elektromobilität vor. Die Forschungsthemen umfassen u.a. die Analyse von Markt- und Nutzerakzeptanz, die Bewertung von Umwelt- und Klimawirkungen, die Entwicklung von Geschäftsmodellen und Ladeinfrastrukturen oder die Integration von Elektromobilität in das Energiesystem.
https://www.isi.fraunhofer.de/de/themen/elektromobilitaet.html

Entscheidungsfindung bei umweltfreundlichen Transportmöglichkeiten: Faktoren und Analyse:

Auf dem Weg zur Nachhaltigen Mobilität - BMUV: Diese Seite beschreibt die Strategie der Bundesregierung für eine nachhaltige Mobilität, die auf einem Umweltverbund aus öffentlichen Verkehrsmitteln, Fahrrad und Fußverkehr basiert. Sie stellt auch verschiedene Förderprogramme und Initiativen vor, die die Entwicklung und Nutzung von umweltfreundlichen Transportlösungen unterstützen.
https://www.bmuv.de/themen/luft-laerm-mobilitaet/verkehr/auf-dem-weg-zur-nachhaltigen-mobilitaet

Nachhaltige Mobilität | Umweltbundesamt: Diese Seite informiert über die Umweltauswirkungen des Verkehrs und die Möglichkeiten zur Verbesserung der Nachhaltigkeit durch verschiedene Maßnahmen, wie z.B. den Ausbau des öffentlichen Nahverkehrs, die Förderung des Rad- und Fußverkehrs, die Nutzung alternativer Antriebe und Kraftstoffe oder die Digitalisierung.
https://www.umweltbundesamt.de/themen/verkehr/nachhaltige-mobilitaet

Green Logistics: Wie wird das Transportwesen nachhaltiger?: Diese Seite erklärt das Konzept der Green Logistics, das eine ganzheitliche Optimierung von logistischen Strategien, Systemen, Strukturen und Prozessen zur Schaffung einer umweltfreundlicheren Warenwirtschaft und umweltgerechter und ressourceneffizienter Logistikprozesse umfasst.
https://gruenderplattform.de/green-economy/green-logistics

Elektromobilität und Menschenrechte: Die Schattenseiten der grünen Revolution:

Die Grünen im Bundestag haben einen Artikel veröffentlicht, in dem sie ihre Position zur Verkehrswende darlegen und die Vorteile der Elektromobilität für das Klima und die Gesellschaft hervorheben.
https://www.gruene-bundestag.de/themen/mobilitaet/elektromobilitaet-auf-die-ueberholspur-bringen
Das Deutsche Global Compact Netzwerk hat ein menschenrechtliches Risiko-Assessment im Bereich Elektromobilität durchgeführt, in dem es die Herausforderungen und Empfehlungen für die Lieferketten von Magneten und Akkus für Elektrofahrzeuge analysiert hat.
https://www.globalcompact.de/migrated_files/wAssets/docs/Menschenrechte/DGCN_HRRA_Abschlussbericht-Maerz-017.pdf
Das Bundesministerium für Umwelt, Naturschutz und nukleare Sicherheit hat eine Webseite erstellt, auf der es die Gründe für die Förderung der Elektromobilität erläutert und die ökologischen Vorteile von Elektrofahrzeugen gegenüber Verbrennern aufzeigt.
https://www.bmuv.de/themen/luft-laerm-mobilitaet/verkehr/elektromobilitaet

Wasserstoffbetriebene Fahrzeuge: Eine vielversprechende Alternative zu Elektrofahrzeugen durch grünen Wasserstoff:

Der ADAC hat einen Artikel veröffentlicht, in dem er die Funktionsweise, das Angebot und die Tests von Brennstoffzellenautos mit Wasserstoff erklärt und die Vor- und Nachteile dieser Technologie gegenüber Elektrofahrzeugen aufzeigt.
https://www.adac.de/verkehr/tanken-kraftstoff-antrieb/alternative-antriebe/wasserstoffauto-so-funktioniert-es/

Nextpit hat eine Liste der besten Modelle von Autos mit Wasserstoffantrieb zusammengestellt, darunter der Toyota Mirai, der Hyundai Nexo und der Honda Clarity Fuel Cell.
https://www.nextpit.de/die-besten-autos-mit-wasserstoffantrieb

Beitrag der Konsumenten zur Gestaltung der Zukunft:

Das Zukunftsinstitut hat einen Artikel veröffentlicht, in dem es die Trends und Herausforderungen des zukünftigen Konsums analysiert und die Rolle von Services, Arrangements und Gestaltung als Schlüsselfaktoren für die Zufriedenheit der Konsumenten hervorhebt.
https://www.zukunftsinstitut.de/artikel/zukunft-konsum/

Die Bundesregierung informiert über das Ziel 12 der Agenda 2030, das sich mit nachhaltiger Produktion und Konsum beschäftigt. Sie erklärt, wie sie dieses Ziel umsetzt und welche Maßnahmen sie ergreift, um die Ressourceneffizienz zu erhöhen, den Abfall zu reduzieren und die Verbraucher zu sensibilisieren.
https://www.bundesregierung.de/breg-de/themen/nachhaltigkeitspolitik/produzieren-konsumieren-181666

Das Murmann Magazin hat vier Thesen zur Zukunft des Konsums formuliert, in denen es die Veränderungen in den Bedürfnissen, Werten und Erwartungen der Konsumenten beschreibt. Es zeigt, wie sich die Konsumenten von morgen stärker für Nachhaltigkeit, Individualität, Transparenz und Partizipation interessieren.

https://murmann-magazin.de/economy/2017/10/konsument-2030-vier-thesen-zur-zukunft-des-konsums/

Kapitel 7 - Abfallmanagement und Recycling

Die Problematik von Abfall und Mülldeponien:

Abfallentsorgung: Hinter den Kulissen der ungelösten Plastikkrise: Diese Seite beschreibt die Probleme, die durch die globale Plastikproduktion und -entsorgung entstehen. Sie zeigt, wie Plastikmüll die Umwelt verschmutzt, das Klima verändert und die Gesundheit gefährdet. Sie plädiert für eine Reduzierung des Plastikkonsums und eine Verbesserung des Recyclings.
https://www.boell.de/de/2019/05/27/abfallentsorgung-hinter-den-kulissen-der-ungeloesten-plastikkrise

Deponierung und Lagerung | Umweltbundesamt: Diese Seite informiert über die rechtlichen und technischen Anforderungen an die Deponierung von Abfällen in Deutschland. Sie erklärt, welche Abfälle auf welche Deponieklasse gehören und wie sie vorbehandelt werden müssen. Sie betont, dass die Deponierung nur als letzte Option erfolgen soll, wenn eine Verwertung nicht möglich ist.
https://www.umweltbundesamt.de/themen/abfall-ressourcen/entsorgung/deponierung-lagerung

15 innovative Lösungen für unser Müllproblem (die du noch nicht kennst): Diese Seite stellt einige kreative und nachhaltige Ideen vor, wie man mit dem Müllproblem umgehen kann. Sie zeigt Beispiele von Unternehmen, Organisationen und Einzelpersonen, die Abfälle reduzieren, recyceln oder in Energie umwandeln.
https://citizensustainable.com/de/innovative-loesungen-muell/

Maßnahmen zur Müllvermeidung und Abfalltrennung:

Die Website des Umweltbundesamtes erklärt die Bedeutung von Sensibilisierung und Kommunikation für die Abfallvermeidung und gibt Tipps für verschiedene soziale Gruppen.
https://www.umweltbundesamt.de/themen/abfall-ressourcen/abfallwirtschaft/abfallvermeidung
Der Naturschutzbund Deutschland (NABU) beschreibt die Vorteile des Recyclings und gibt Hinweise zur richtigen Mülltrennung.
https://www.nabu.de/umwelt-und-ressourcen/oekologisch-leben/alltagsprodukte/19838.html

Der Energieversorger ENTEGA bietet 25 Tipps und Fakten zur Müllvermeidung, insbesondere zu Elektroschrott und Plastik.
https://www.entega.de/blog/muellvermeidung-tipps/

Weitere Maßnahmen zur Müllvermeidung und Abfalltrennung:

Die Website des Umweltbundesamtes informiert über die Europäische Woche der Abfallvermeidung und die verschiedenen Aktionen und Lösungen, die zur Abfallvermeidung beitragen können.
https://www.umweltbundesamt.de/themen/abfall-ressourcen/abfallwirtschaft/abfallvermeidung
Die Website des BUND erklärt die Abfallhierarchie und gibt Beispiele für Abfallvermeidung, wie zum Beispiel Mehrwegsysteme oder Kompostierung.
https://www.bund.net/ressourcen-technik/abfall-und-rohstoffe/

Kapitel 8 - Nachhaltigkeit am Arbeitsplatz

Energieeffizienz im Büro: Nachhaltige Wege zum Energie sparen im Arbeitsalltag:

https://www.gruender.de/hr-office/energie-sparen-buero/

https://blog.hubspot.de/marketing/energiesparen-im-buero

https://www.polarstern-energie.de/magazin/artikel/kollege-strom-energie-am-arbeitsplatz/

Kapitel 9 - Nachhaltigkeit bei der Auswahl von Dienstleistern

Nachhaltige Entscheidungen bei Dienstleistern. Wie du umweltbewusste Banken und ethische Versicherungen auswählst:

Umweltbewusste Banken und ethische Versicherungen haben eigens festgelegte ethische und ökologische Kriterien, die sie ihrem gesamten Bankgeschäft zugrunde legen.
https://www.verbraucherzentrale.de/wissen/geld-versicherungen/nachhaltige-geldanlage/geld-anlegen-wie-nachhaltig-koennen-banken-wirklich-sein-21461

Diese Kreditinstitute vermeiden Investitionen in Branchen wie Waffenhandel, Tabak oder umweltschädigende Industrien und investieren stattdessen in Projekte, die den Umweltschutz, erneuerbare Energien und soziale Verantwortung fördern.
https://www.forbes.com/advisor/de/girokonto/bestes-girokonto-oekobank-ethische-bank/

Diese Institutionen sind oft transparenter über ihre Investitionen und Geschäftspraktiken und ermöglichen es den Kunden, besser nachzuvollziehen, wie ihr Geld verwendet wird und sind oft Vorreiter bei der Entwicklung und Unterstützung innovativer Lösungen für nachhaltige Entwicklung und beschleunigen den Fortschritt in Richtung einer nachhaltigen Wirtschaft.
https://utopia.de/bestenlisten/die-besten-nachhaltigen-banken/

Erkennung von Banken mit transparenter Berichterstattung:

Die Corporate Social Responsibility Directive (CSRD) bereitet den Weg hin zu einer verlässlichen und akkuraten Nachhaltigkeitsberichterstattung. Ab dem Geschäftsjahr 2024 ist die CSRD für viele Unternehmen das erste Mal anzuwenden.
https://www.ey.com/de_de/financial-services/csrd-und-finanzinstitute

ESG und Sustainable Finance wird für Banken zum (regulatorischen) Imperativ, die Weiterentwicklung der Nachhaltigkeitsberichterstattung weist der Finanzfunktion eine zentrale Rolle bei der notwendigen Transformation zu.
https://klardenker.kpmg.de/digital-hub/esg-reporting-bei-banken-und-auswirkungen-auf-die-finanzfunktion/

Ziel ist eine transparente und verlässliche Fortschrittsberichter-stattung mit Hilfe von Daten hoher Qualität.
https://bankenverband.de/sustainable-finance/sustainable-finance-bericht-der-privaten-banken-2021/

Kapitel 10 - Nachhaltigkeit beim Reisen

Praktische Schritte für verantwortungsbewusstes Reisen:

Nachhaltig reisen bedeutet, handverlesene Orte zu finden, die Ressourcen schonend

nutzen und die Gäste vom Alltag entschleunigen können.
https://utopia.de/ratgeber/nachhaltig-reisen-oeko-reiseportale/

Nachhaltig reisen bedeutet auch, Tipps für eine umweltfreundliche Reise zu befolgen, die dem sogenannten sanften Tourismus entspricht.
https://www.careelite.de/nachhaltigkeit-tourismus-nachhaltig-reisen/

Nachhaltig reisen bedeutet schließlich, Ideen und Inspirationen zu erhalten, wie die nächste Reise umwelt- und klimaneutral gelingt.
https://www.nachhaltiges-reisen.org/

Nachhaltig reisen bedeutet, sparsame Auto-Anreise zu wählen oder mit dem Elektroauto zu fahren.
https://www.adac.de/reise-freizeit/ratgeber/reisetipps/nachhaltiger-urlaub/
Nachhaltig reisen bedeutet, so selten wie möglich zu fliegen und lange Urlaube statt Kurztrips zu machen.
https://www.careelite.de/nachhaltigkeit-tourismus-nachhaltig-reisen/

Nachhaltig reisen bedeutet, Zug oder Bus für Städtereisen zu nutzen und CO2-Ausgleichszahlungen zu leisten.
https://www.dw.com/de/sieben-tipps-f%C3%BCr-nachhaltiges-reisen/a-57122434

Für Kompensation von CO2-Emissionen kannst Du Dich auf das Umweltbundesamt beziehen, das Informationen über verschiedene Anbieter und Qualitätskriterien für Klimaschutzprojekte bietet.
https://www.umweltbundesamt.de/umwelttipps-fuer-den-alltag/uebergreifende-tipps/kompensation-von-treibhausgasemissionen

https://www.umweltbundesamt.de/umwelttipps-fuer-den-alltag/essen-trinken/klima-umweltfreundliche-ernaehrung
https://www.umweltbundesamt.de/themen/wirtschaft-konsum/produkte/oekodesign/oekodesign-richtlinie

https://www.umweltbundesamt.de/umwelttipps-fuer-den-alltag

https://www.umweltbundesamt.de/themen/verkehr/nachhaltige-mobilitaet

https://www.wwf.de/aktiv-werden/tipps-fuer-den-alltag/energie-spartipps/nachhaltig-mobil/
https://www.eurowings.com/de/informieren/ueber-uns/Nachhaltigkeit.html

Kapitel 11 - Nachhaltigkeit in der Gemeinschaft

Engagement für Nachhaltigkeit auf lokaler Ebene:

Für Bewusstsein schaffen kannst Du Dich auf die Website von Umwelt im Unterricht

beziehen, die Hintergrundinformationen und Unterrichtsmaterialien zu Umweltthemen und nachhaltigem Konsum bietet.
https://www.umwelt-im-unterricht.de/hintergrund/umweltbewusstsein-konsumverhalten-und-nachhaltiger-konsum/

Für Konsumverhalten ändern kannst Du Dich auf die Website des WWF beziehen, der Tipps für einen nachhaltigen Konsum gibt.
https://www.wwf.de/themen-projekte/landwirtschaft/ernaehrung-konsum/nachhaltiger-konsum

Für Politisch aktiv werden kannst Du Dich auf die Website der Denkwerkstatt Konsum beziehen, die Informationen und Anregungen für politisches Engagement bietet.
https://denkwerkstatt-konsum.umweltbundesamt.de/politik

Anlagen

Inventur - Checkliste

Lagerort	Menge	Artikelname	MHD

Literaturliste

Buchtitel	ISBN

Kosteneinsparungen

Kosten	Vorher	Maßnahmen	Nacher

Selbstreflektion

Maßnahme	Einschätzung

Umsetzungen

Reihenfolge	Maßnahme, so simple wie möglich

Zielliste

Maßnahme	Zeitfokus

Erfolg sichtbar an.... / Messbar an....	Erfolg er- reicht

Foodmanager

Die Life & Food Farm

KÜHLSCHRANK	SCHRANK	GEFRIERSCHRANK	SPORT

Mhh...food...

Woche:

	FRÜHSTÜCK	MITTAG / SNACK	ABEND
MONTAG			
DIENSTAG			
MITTWOCH			
DONNERSTAG			
FREITAG			
SAMSTAG			
SONNTAG			

Lasst es Euch schmecken !
Eure Mandy

Follow us on Instagram
die_life_and_food_farm

Warum dieses Buch verschenken?

Möchtest Du Deinen Mitarbeitern ein Geschenk machen, das über den Moment hinausgeht. „Der Nachhaltigkeits-Kompass“ ist eine Bereicherung für jede Bibliothek und ein Geschenk, das Wissen und positive Veränderung fördert. Es kann auch als Teil Deiner Kundenbindungsprojekte dienen, indem es Deinen Kunden zeigt, dass Du Dich für eine nachhaltige Zukunft einsetzst.

Profitiere von unseren attraktiven Sonderkonditionen, um dieses Buch in größerer Stückzahl zu erwerben. Teile die Vision einer grünen Zukunft mit Deinen Mitarbeitern, Kunden und Partnern. Kontaktiere uns jetzt, um mehr über unsere Angebote zu erfahren und den Weg zu einer nachhaltigen Welt gemeinsam zu gehen.

Lass das Buch „Der Nachhaltigkeits-Kompass“ zu Deiner Quelle der Inspiration werden, um eine grünere Zukunft zu gestalten.

Handel heute für morgen!

Entdecken Sie eine grünere Zukunft mit „Der Nachhaltigkeits-Kompass" und dem Kochbuch „OnTop"!

Möchtest Du nicht nur Nachhaltigkeit in Deinen Alltag integrieren, sondern auch Deine Sinne mit bewusster Ernährung beleben? Dann laden wir Dich ein, zwei inspirierende Werke zu kombinieren: „Der Nachhaltigkeits-Kompass" und das Kochbuch „OnTop".

In „Der Nachhaltigkeits-Kompass" findst Du wertvolle Anleitungen, wie Du mit Klugheit und Entschlossenheit eine nachhaltigere Zukunft gestalten kannst. Von umsetzbaren Tipps bis hin zu tiefgreifenden Einblicken zeigt dieses Buch, wie kleine Veränderungen einen großen Unterschied bewirken können.

Und nun, mit dem Kochbuch „OnTop", habst Du die Möglichkeit, bewusstes Essen zu genießen, das im Einklang mit Deiner umweltfreundlichen Einstellung steht. Dieses Kochbuch bietet köstliche Rezepte, die nicht nur Deinen Gaumen erfreuen, sondern auch die Umwelt respektieren. Von saisonalen Zutaten bis hin zu nachhaltigen Zubereitungsweisen ist „OnTop" der perfekte Begleiter für alle, die einen aktiven und bewussten Lebensstil pflegen.

Warum diese Kombination verschenken?

Verschenk diese zwei Bücher zusammen, um eine ganzheitliche Herangehensweise an Nachhaltigkeit zu fördern. Ein perfektes Geschenk für Mitarbeiter, Kunden oder Partner, die sowohl ihren Lebensstil als auch ihre Ernährung im Einklang mit einer grünen Zukunft bringen möchten. Gemeinsam motivieren „Der Nachhaltigkeits-Kompass" und „OnTop" zu positiven Veränderungen im Alltag.

Kombiniere Wissen und Genuss, um eine grünere und bewusstere Zukunft zu gestalten. Starte Deine Reise noch heute!

Für Fragen und Anregungen:
mail@life-and-food-farm.com

1. Auflage 2023

Life & Food Farm
Der/die Herausgeber bzw. der/die Autor(en), exklusiv lizenziert an die Life & Food Farm UG.

Text und Redaktion: Mandy Hindenburg
Design- und Umschalgsgestaltung: Mandy Hindenburg

Softcover:	**ISBN 978-3-96988-152-1**
Taschenbuch:	ISBN 978-3-96988-150-7
Kindle	ISBN 978-3-96988-151-4
Hardcover	ISBN 978-3-96988-154-5
eBook:	ISBN 978-3-96988-153-8
PDF beschreibbar	ISBN 978-3-96988-156-9

www.life-and-food-farm.com